教會重塑系列

異類 僑居者

有別於世界的信仰羣體

二版

侯活士
韋利蒙 著 曾景恒 譯

基道出版社

▼

Re: 教會重塑系列

異類僑居者

有別於世界的信仰羣體

Resident Aliens: Life in the Christian Colony
Where Resident Aliens Live: Exercises for Christian Practice

作者
侯活士 Stanley Hauerwas
韋利蒙 William H. Willimon

譯者
曾景恒 Vivien Tsang

審校
鄧紹光

責任編輯
林諾欣、梁冠霆

裝幀設計
奇文雲海・設計顧問

■

出版 / 發行
基道出版社
香港沙田火炭坳背灣街 26 號富騰工業中心 10 樓 1011 室
LOGOS PUBLISHERS
Unit 1011, 10/F, Fo Tan Ind. Centre, 26 Au Pui Wan St., Shatin, Hong Kong
電話：(852) 2687-0331　傳真：(852) 2687-0281
網址：https://www.logos.com.hk

承印
陽光印刷製本廠

●

7/2012 初版　12/2017 二版
Cat. No. LP376-2A
ISBN: 978-962-457-445-6

刷次	12	11	10	9	8	7	6	5	4	3
年份	2033	2032	2031	2030	2029	2028	2027	2026	2025	2024

中文版編者序

侯活士（Stanley Hauerwas）及韋利蒙（William H. Willimon）就教會、倫理等課題撰寫了不少書，有些著作曾在美國引起不少討論，而《異類僑居者》（*Resident Aliens: Life in Christian Colony*）便是其中之一。

他們二人於一九八九年出版此書。兩位作者在書中的討論，要針對的是美國教會的具體處境，尤其是教會與社會/政治的關係。正如作者在書中所提，西方教會所身處的世界已轉變了，那不再是基督教王國（Christendom），不再是一個認識上帝、認識耶穌為主的社會（縱使美國人仍常把「主佑美國」〔God bless America〕掛在嘴邊）。教會需要重新思想其與社會之間的關係，正視自己在世界中應有的角色及位置。

因此，在書中二人以「異類僑居者」（resident aliens）這形象來形容在世的基督徒，藉此強調基督徒那種異類的性質，是世界所不認識、不理解的羣體。我們這羣基督徒是異類，因為我們是一羣認耶穌為主，忠於上帝的故事的人，然而我們所身處的世界卻不是這樣，它不認識上帝、不認耶穌為主；它只按自己的喜惡、需要，建立自己的主。這就是基督徒與世界之間的差異。這種異類的性質並不是形而上的，彷彿基督徒是由不一樣的物質所造；基督徒的異類性質呈現在其生活方式，就是一種因認耶穌為主、跟隨耶穌的教導而有的，有別於世界的，亦不為世界所理解的生活方式。

這種生活方式不是一種個人英雄式的生活方式，而是一種羣體的生活，就是教會的生活。兩位作者以「僑居地」來形容教會，這不是説教會單單是一羣有共同特性的人的聚集，彷彿是類似社區中心或同鄉會等東西。對作者而言，這個僑居地亦是一個養育場，要培養的是一羣記得上帝的故事，會聆聽上帝的故事，並忠於這故事而活的人。

他們的觀點看似沒有新的東西，事實上他們的寫作目的亦不在於此（參頁 185）。他們的寫作的目的，乃在於重提基督信仰中一些重要內容，一些真（true）的東西，就是一些現今教會在面對世界時所需要的東西。可是，不論是自由派還是保守派，他們都難以理解及接受作者二人的主張，他們提出了不少疑問及批評。概括而言，他們不是指控二人為新教派／小眾主義（new sectarianism），主張教會抽離世界，就是質疑他們的意見是否實際。為此，侯活士及韋利蒙於一九九六年撰寫續集《異類僑居者所居之處》（*Where*

Resident Aliens Live: Exercises for Christian Practice），以回應別人的批評及質疑，並重申他們的主張及立場。他們亦以不少的故事、教會的經驗，以證明其主張的實在性。

這兩本英文原書雖寫於至少十六年前，而且所回應的主要是美國的處境，但對於作者二人所陳述的問題、所提出的觀點，華人教會相信不太陌生。在華人教會的處境中，我們所面對的也是一個不認識上帝、不認耶穌為主的社會及文化。在這樣的環境中，教會該如何忠於上帝，忠於上帝故事而活？我們該如何看待作為教會的我們，與社會文化及政權的關係？對傳道牧者及信徒而言，甚麼才是重要的事？這些都不只是美國教會的問題，也是華人教會所要思想、反省的課題。基道出版社特別把這兩本英文書翻譯為中文，並合併起來出版（第一部為《異類僑居者》，而第二部則為《異類僑居者所居之處》），不單希望為讀者引介侯活士及韋利蒙的討論，更希望為讀者帶來更整全的圖畫，好清晰掌握兩位作者的觀點，盼望有助我們一同反思今天教會的處境。

邵樟平序

還記得第一次拿起《異類僑居者》(*Resident Aliens*；編按：即本書的第一部)英文原書時，便被它深深吸引。及後，在乘地鐵往返時，我追看此書不斷，不到兩星期便讀完它。書上劃滿的鉛筆線，標記著一次又一次被書中的話擊中，心弦震盪，共鳴不已。只是當時未及細想：「為何此書對我產生這樣大的作用？」當我認真看清書封面文案後，才恍然大悟。

書封面的文案是這樣寫的：「為那些覺察到文化與職事有某些地方出了問題的人，作出的一個具挑釁性的基督教評估」(“A provocative Christian assessment of culture and ministry for people who know that something is wrong”)。我明白了。我正是深深感到，華人基督教在很多方面都似乎出了問題的人。而當我閱讀作者對文化和基督教職事所作那直率、大膽、激烈、辛辣、具挑釁性的評估時，我內心隱隱覺得，華人教會正需要認真細聽這提醒。那就如深谷迷途客，偶聞晨鐘；又如滿身塵垢者，遇上清泉，豈不令人欣喜若狂呢？

我在這裏只會提到作者所點出的問題，至於如何疏解這些弊病，因這裏的篇幅所限，就只能讓讀者自行在書中發現了。

兩位作者指出，基督教錯判了它與文化的關係：當基督教領袖大伙兒跟隨著神學家田立克（Paul Tillich），將基督教翻譯成現代人的詞彙，將「上帝」譯成「終極實在」、「信心」譯成「終極關懷」時，他們其實是讓現代世界去為教會設限；既限定了問題，亦限死了答案。於是，福音的內容被掉包了，世界卻可以依然故我。這是一等一的錯判。

他們還指出，基督教錯判了它與政治的關係：不論是保守派，或是自由派的基督教，它們都是以一種君士坦丁主義（即教會與世界結盟）的方式去處理教會與世界所面對的問題。教會這種政治取向，便是為世界大多數人所認同的價值系統服務，為它作出推銷。因此，當世人都在捍衛民主、自由、人權時，教會的政治便只能去捍衛民主、自由、人權了。

他們亦指出，基督教錯判了它與救恩的關係：基督教的領袖們以為救恩所帶來的，是一個自由的世界；但是，他們卻忽略了，當世界已理所當然地否定了上帝的存在時，那種對人類的軟弱本質和存在目的均不加理會的救恩，所帶來的便不是真正的自由，而只是自我中心、孤獨、虛浮和無休止的消費主義。

他們還繼續指出，基督教錯判了它與倫理的關係、它與權力和真理的關係、它與職事的關係、傳道人與訓練的關係、傳道人與信徒的關係、職事與整個世界的關係⋯⋯

或者，讓我們試聽一下他們一些具挑釁性的辛辣話吧！

> 當美國的教會正忙於以為自己在改變世界時，世界已在宣布，它已成功消滅或駁回教會。（本書頁 157）

> 保守派—自由派這兩個極端，都無助於為教會診斷其困局，因為⋯⋯我們可以看出，不論是自由派抑或是保守派，它們的出發點只有些微的差異而已。兩者都假定，教會主要的政治重要性，是按世俗國家本身的前設，幫助為其國民建設起一個更美好的世界。（本書頁 170）

《異類僑居者》的挑釁，自然激起了很多教會領袖的反擊。對於教會領袖以同樣的辛辣所作的反擊，這兩位作者便在《異類僑居者所居之處》（*Where Resident Aliens Live*；編按：即本書的第二部）中作出回應。這一次，作者並非以辛辣來回應辛辣，而是更專心地說故事（其實前書已說了不少故事）。他們一個一個故事地說，而讀者便一個一個耐心地聽。這是一種很有趣的體驗。

還有，讀者讀這兩本書時必須緊記：作者評估的對象是那個有血有肉的美國基督教，而不是一個抽象的基督教。因此，讀到某些地方覺得有點不知所云，是很自然的事；不過，那應不會影響大家對全書主旨的了解。

最後，就讓我引用作者的一段話來作結吧！

> 我們較早時經已斷言，今天基督徒所面對的挑戰，並不是要把基督教的信念翻譯為現代的慣用語，而是要形塑一個羣體、一羣異類僑居者（resident aliens）。這是一個明確地由我們的信念所塑造的羣體，當我們認信上帝是父、子和聖靈時，沒有一個人會不明白它是甚麼意思的。（本書頁 186）

禤智偉序

「侯活士（Stanley Hauerwas）總是指責別人搞錯，他自己有說錯過甚麼嗎？」每逢一些朋友以此來調侃我，我總是樂於滿足他們的好奇心：當然有！「異類僑居者」（resident aliens）這個令侯活士在美國教會變得家傳戶曉的隱喻，就是一個很好（或很壞？）的例子。無論從聖經教導或神學角度，這個比喻也不太適切，因為彼得前書二章雖論到信徒是在世寄居的客旅，但基督徒嚴格上不是「異鄉人」，關鍵在於我們沒有像猶太人那樣被流散後的故土鄉愁。[1]基督徒羣體不需要像第二代新移民一樣，要在努力融入社會、歸化入籍，與維護固有文化、語言、習俗之間作出取捨，因為我們沒有一段曾經擁有的黃金歲月，也沒有一個可以認祖歸宗的故國，我們無處可逃，生於斯、長於斯，只能暫且在當下札營安頓。侯活士又將教會比擬為「基督徒殖民地」（Christian colony），不必要地使人聯想起那些在新寄居地羣族而居、自我封閉的民族村（ghetto），這個形象忽略了教會是一個迎向終末（而不是擁抱過去）、普及萬民（而不是自我繁殖）的朝聖羣體；它誤導我們，以為教會已經全面掌握一整套日常生活的藍圖，只要我們「照辦煮碗」循規蹈矩按此生活，就能不染俗塵，保存純全聖潔的基督徒身分，避免隨波逐流；它甚至令教會外的人誤會我們要先在自己部落的地盤生根，然後再往外擴張領土。但這些都絕不是侯活士心目中的意思，可見任何類比皆有不盡完善之處，尤其切忌脫離語境脈絡而望文生義。

美國人所講的"resident aliens"，指的是取了「綠卡」的準移民；換言之，侯活士故意將美國基督徒低貶成猶如擁有永久居留權的次等外國人，為要打破他們自以為當家作主的安逸心態。事實上，基督徒在美國人口仍佔多數，但美國早已（或從來？）不是一個（屬於）基督徒的社會；而侯活士認為，這是值得教會慶幸的大好消息！因為，只有當美國的基督徒直面這個真相，他們才會慢慢不再將國家的命運，與天國和救恩捆綁在一起，不再沉迷於利用福音去改造社會。侯活士要提醒美國的基督徒他們具有「異類」的身分，停止幻想因為自己有分一手創建國家，就順理成章地是國家的主人翁。侯活士這本書針對的是美國信徒的美國主義——也就是一種借屍還魂的君士坦丁主義與政治自由主義的結晶——想苦口婆心地規勸他們及早戒毒，並為他們克服脫癮症狀提供紓緩治療。

對照香港教會自回歸後的種種發展變化，我們卻可能剛好開始染上毒癮，將君士坦丁主義這種毒藥當做靈丹。我們以為自己是小得不能再小的少數，但原來在政治、經濟、社會上各專業領域，基督徒佔有不成比例的影響力，特區政府自特首以降三司十二局的主要官員一度有半數是新教或天主教徒！而建制內外的信徒，對貧富懸殊、官商勾結、地產霸權、蝗蟲禍港等施政失誤的惡果，早已感到不耐煩，並認為教會理應當仁不讓、撥亂反正，為城邦謀福祉。所以，無論左中右的基督徒都有一個共同的政治願景：基督徒/基督教會/基督教價值要發揮塑造社會變革的功能，就算不能上台執政，也要取信於民、被主流接納，至少要在公共領域佔一席位，享有當然的話語權。於是，當香港基督徒聽到侯活士說「教會首要的任務是成為教會」，難怪大多數人的即時反應，是跟美國信徒一樣激烈地抗拒他的流別主義（sectarianism；編按：或譯「教派主義」或「小眾主義」），我們害怕教會「開倒車」，再次退出公共領域而變得故步自封、不理世事，無論那將意味著超級教會那種獨立王國的目中無人、我行我素，或者小羣教會的遺世獨立、孤芳自賞。我們寧願走一條西方教會已走過，並證明為徹底失敗的老路，對侯活士的警告充耳不聞。

我懇請讀者閱讀這本書的時候，不要即時上綱上線，本能地作出心理抵抗。就像本書第二部所引那些對侯活士諸多的誤讀和批評一樣，我們很可能會覺得侯活士迴避了對教會在二十一世紀所面對的種種政治、經濟等重大課題的深層次分析，他放棄了以理服人，反以一些動人故事去掩飾經不起驗證的神學既定立場；他的理想既不能被普遍化，他心目中的教會就根本不可行。這是極大的諷刺，因為本書並無隱藏的宏大的神學議程，也不是要樹立甚麼神學系統，或創新一些放諸四海皆準、但富爭議性的神學原理。正如本書第二部的解釋，侯活士寫作的原意就是單純地用眾多活生生的真人真事，來證明教會真的可能，並為此獻上頌讚感恩。他想勸勉我們：絕對不應因為自己教會個別的不足，就否定別的教會在一些哪怕是毫不起眼的細微地方，在我們習以為常的教會生活中活現忠信。

侯活士或者比他的批評者更清楚知道，從表面上看，基督徒可以跟非信徒毫無差別，無論是他們在不同社會崗位上所需要承擔的責任，或是他們對美好生活的追求（特別是如何建立家庭、教養子女），他們可以與不信／未信的人無異。教會本應有抗逆主流文化（counter-cultural）的特質，但現實上卻事與願違（counter-factual）；相反，每當基督徒忠於所信的，我們就會被世界看成「異類」，但被世界唾棄，不是教會的目標，而是教會成為教會的結果。單單道聽塗說「異類僑居者」，卻不去耐心閱讀本書，我們就無法領會到，基督徒是要不斷告別舊有屬世的生活習慣，學習成為來臨中的天國的子民。所以，侯活士提出的是關於身分認同和效忠歸屬的問題，這是政治性的問題，而不是社會性或文化性的。所謂「教會成為教會」的意思，只不過是指教會必須要求自己成為一個能培育出門徒的羣體，效忠事奉同一個主。教會的本性就是一個政治體，她本身就是一羣新造的

「人民」，她不需要靠向世俗的政治作貢獻以證成自己，她自有與其身分相稱的政治活動，那就是教會生活，就是教會**作為**生活。

誰說單單宣講「耶穌是主」不夠「政治」？誰說侯活士是個對「政治」冷感的流別主義者？

註釋：

1. Miroslav Volf, "Soft Difference: Theological Reflections on the Relation Between Church and Culture in 1 Peter," *Ex Auditu* 10 (1994): 15～30.

目錄

第二部　異類僑居者所居之處：基督徒踐行的操練
（Where Resident Aliens Live: Exercises for Christian Practice）

第一部

Resident Aliens: Life in the Christian Colony

異類僑居者

基督徒在僑居地上的生活

你們當以基督耶穌的心為心：他本有上帝的形像，不以自己與上帝同等為強奪的；反倒虛己，取了奴僕的形像，成為人的樣式；既有人的樣子，就自己卑微，存心順服，以至於死，且死在十字架上。所以，上帝將他升為至高，又賜給他那超乎萬名之上的名，叫一切在天上的、地上的，和地底下的，因耶穌的名無不屈膝，無不口稱「耶穌基督為主」，使榮耀歸與父上帝。……我們卻是天上的國民，並且等候救主，就是主耶穌基督從天上降臨。他要按著那能叫萬有歸服自己的大能，將我們這卑賤的身體改變形狀，和他自己榮耀的身體相似。

腓立比書二章 5 至 11 節，三章 20 至 21 節

給

蘭格福（Thomas Langford）

和

丹尼斯・甘寶（Dennis Campbell）

前言

保羅在寫給腓立比教會的書信中，引用了一個深深吸引著我們的意象，它成了一個藉以改變整卷書的氣氛的象徵。在勸勉腓立比教會「當以基督耶穌的心為心」(對一般人來說，這絕非易事)後，保羅繼而告訴這間荒涼的、苦苦掙扎著的教會：「上帝在你們心裏運行，為要成就他的美意。」(腓二 13) 保羅提醒他們：「我們……是天上的國民」(三 20)。

在簡短幾行裏，保羅呼召腓立比的基督徒要成為一趟精彩的歷險 (adventure) 的一部分——也就是，要像基督般生活和死去，也要以基督為榜樣，以基督的心為心。然而，他亦要他們「喜樂」(腓三 1)，因為上帝要在他們裏面，以他們平凡的、活在一起而為會眾的生命，使他們享受作為世上的神聖代表的喜樂。成為教會，充滿了驚奇，是歷險的旅程；這要求是極高的，但同時又充滿喜樂。

喚起這趟關於我們的旅程的意象，再次在腓立比書三章20節出現：「我們……是天上的國民」。莫法特（Moffatt；編按：其中一個聖經譯本）生動地把這個「國民」（*politeuma*）身分，翻譯為「我們是來自天上的僑居者」（"We are a colony of heaven"）。住在散居地的猶太人，他們深知道以陌生人的身分在陌生地居住，以及異類者（aliens）設法在別人的地盤上立界求存，究竟意味著甚麼。猶太基督徒每天在自己的會堂裏生活，他們早已明白到，異類僑居者（resident aliens）必須在不認識錫安的上帝之地上，繼續傳講上帝的名字、述說上帝的故事、唱頌錫安的詩歌，這是何等的重要。

僑居地（colony）是一灘頭陣地、前哨據點，是一個被另一個文化包圍著的文化孤島，是一處把故鄉的價值觀重複教導和傳遞給年青一代的地方，也是親切地培育、強化異類僑居者那獨有的語言和生活方式的地方。

我們認為，現代美國教會不太強調要命名教會為僑居地，以及名命基督徒為異類僑居者。然而，我們認為，成為僑居地乃是教會的本性，在任何時間及境況中亦然。把你所認識的真實教會形容為在異類文化裏的僑居地，或許有點兒戲劇化。但我們認為，旅美的教會已經變質了；要對基督忠心，**我們**就要改變；若非如此，基督教只會淪為向世界妥協的宗教。

教會是一個僑居地，是一個被另一個文化包圍著的文化孤島。藉著水禮，我們的國民身分（citizenship）從一個主權的支配下，轉移至另一個主權，並且無論身處哪一個文化之中，我們都成為異類僑居者。身為牧者和平信徒，我們打算按照我們被納入那被稱為「教會」的僑居地，能夠為牧者及其教會的職事帶來一具批判性、但存著盼望的反思。具有批判性，是因為我們認為教會的想法和生活必須改變方向；存著盼望，是因為在你我的教會裏，「上帝在你們心裏運行，為要成就祂的美意」。

成為僑居者但卻是異類的，乃是一條孤獨的公式，只有少數人能夠忍受箇中的孤獨。的而且確，單憑自己是無法服事的，因為我們的孤獨可以輕易變成自義或自我憎厭。基督徒要生存下去，就必須互相扶持，以數不盡的細微行動來告訴對方，我們並不孤獨，上帝與我們同在。因此，友誼並不是基督徒生命偶爾的邂逅。

一同執筆寫作此書時，我們敏銳地意識到，許多的友誼使我們的生命成為可能——不僅是因為我們享受彼此之間的友誼。然而，我們盼望這本書能見證著我們對眾多友人的虧欠，無論是遠或近，他們的生命比我們的更精彩，卻藉著與我們同行，也讓我們活得更精彩。我們尤其要感謝以下的人，他們參與審閱、評論及潤飾原稿，包括：賓夕凡尼亞州（Pennsylvania）阿勒格尼學院（Allegheny College）的卡特賴德（Michael Cartwright）教授、馬里蘭州（Maryland）羅耀拉學院（Loyola College）的格雷格．瓊斯（Greg Jones）教授、杜克大學（Duke University）宗教系研究院課程的朗（Steve Long）和肯尼森（Phil Kenneson），以及杜克大學神學院的基爾拔（Paul Gilbert）博士。我們特別把這本書獻給兩位朋友，我們亦有幸成為他們的朋友，他們致力於培訓耶穌基督的工人。身為杜克大學神學院的教務長，他們時常提醒我們，愛主的心與敬虔生活乃是合而為一的。他們使我們的生命成為可能。

於杜克大學神學院
一九八九年

1
現代世界
學習問正確的問題

在一九六〇至一九八〇年間，一個古老而缺乏思想的世界結束了，一個嶄新的世界卻漸露頭角。我們並非故作戲劇化的描述。雖然有很多人還未聽到這個消息，但這卻是真的：一個疲憊不堪的舊世界已經結束，一個充滿刺激的新世界正在等待人們的接納。這本書是關於在一個明顯已經改變的世界中，對何謂作基督徒，或更準確地說，何謂作關心基督徒的牧者，提出一個新的看法。

一個改變了的世界

我們是在甚麼時候改變了？是如何改變的？雖然這聽起來好像無關痛癢，但我們其中一人嘗試將這轉變的一刻，定在一九六三年一個星期日的晚上。那時，在南卡羅來納州格林威爾市（Greenville, South Carolina），霍士劇院（Fox

Theater）在星期日如常營業，此舉乃違抗州政府長久以來深受尊重的「藍色法規」（blue laws；譯註：美國殖民時期由清教徒〔Puritan〕訂立的法律，禁止在星期日跳舞、喝酒、從事商業交易等）。我與同是邦克本街教會（Buncombe Street Church）衞理公會少年團契（Methodist Youth Fellowship）的固定成員，一行七人按照協議，刻意讓人看見我們從正門進入教會，然後偷偷從後門溜走，到霍士劇院欣賞韋恩（John Wayne）的電影。

那一個晚上，成了南卡羅萊納州基督教王國（Christendom）的分水嶺。南卡羅萊納州格林威爾市是西方世界中力抗世俗化的最後防線。那天晚上，它卻終於淪陷，不再是教會的支柱了。教會失去了所有優勢，霍士劇院直接向教會宣戰，爭奪成為塑造青年人世界觀的那一位。在一九六三年的那一夜，霍士劇院在這次前哨戰勝出了。

你看，我們的父母從來不用擔心我們會否成為基督徒。教會是市內惟一的「娛樂場所」。每逢星期日，市內所有商店都不會營業，甚至連一加侖汽油也買不到。每個星期日的早上九時四十五分，市內總會交通擠塞，因為所有人都趕著上主日學。由於對那個世界中的大部分問題視而不見——可別忘了當時是一個種族分隔的世界——人們看見的便是一個看似美好、沒有問題的世界。父母帶小孩子上主日學去，這是要對一切美好的、完全的、有道理的，和美國的東西加以肯定。教會、家庭和政府形成了一個國家聯盟（national consortium），一起灌輸「基督教的價值觀」。不少人會成為基督徒，不過是因為有幸在南卡羅萊納州格林威爾市（或德州喜悅樹林〔Pleasant Grove, Texas〕）等地出生而已。

幾年前，我們二人便醒覺和認識到，無論我們的父母對這個世界和基督教信仰的信念是否合理，今天已**沒有人**會再相信這一套了。至少是幾乎沒有人會相信。無論我們是在五旬宗（Pentecostals）、天主教（Catholics）、信義宗（Lutherans）或聯合衞理公會（United Methodists）的信徒中間，我們都甚少遇見一些年青父母、大專學生或汽車維修員會相信，今天在美國的基督教王國那慷慨和友善的環境中，單單呼吸它的空氣和喝它的水，人就可以自自然然成為基督徒。有小部分人或許仍然會相信，只要我們選出一些「基督徒」議員、通過一些新的法例，和修補一下聯邦預算案，我們便能建構起「基督教」文化，或至少是一種較為公義的文化。然而，大部分人都知道，這不過是一種感人的落伍想法。全部不同類別的基督徒都正在醒覺和認識到，這個已經不再是「我們的世界」了——若它過去曾經是的話。

我們並非暗示信徒在一九六三年之前有更好的生活。我們只是想指出，在霍士劇院於星期日營業之前，基督徒還可以一直欺騙自己，以為我們是在掌權，可以改變世界，以及創造了一種基督教文化。

我們的確相信世界已經改變了，但這個改變並非從霍士劇院在星期日營業開始。藉著耶穌基督，世界其實早已徹底改變了，我們一直嘗試理解自那時開始的改變其所包含的意義，但卻不斷失敗。在霍士劇院於星期日營業之前，我們還可以說服自己，以一種已改寫了（adapted）和馴化了（domesticated）的福音，我們可以把美國的價值觀嵌入一個鬆散的基督教框架之內，如此，我們就可以在文化中佔一重要席位。這個進路在三一三年（君士坦丁〔Constantine〕的「米蘭敕令」〔Edict of Milan〕）開始，並據我們所知，在一九六三年結束。當然，「君士坦丁主義」（Constantinianism）早於三一三年已經出現，並且，在一九六三年之前已經結束；不過，生日和死忌卻能提醒我們，昔日與現在所發生的事，並非一成不變的。

我們不是說所有活在三一三至一九六三年的基督徒都是不忠心的。對於那些與「現今的君士坦丁」同一陣線的基督徒（當考慮到他們認為那些是他們可作的選擇時），其實有很多地方是我們可以欣賞的。對於那些堅持所有受造物必須每星期有一天安息，因而拒絕所有非榮耀上帝的行為（例如：在星期日看電影），其實有很多地方是值得欣賞的。再者，我們亦留意到，自三一三至一九六三年間，很多基督徒以不同的方式去拒絕憑基督之名，以強制的措施來維護社會的秩序。我們**要**說的只是，當那個世界步入晚年時，我們便有機會去發現那個一直存在的事實：教會作為上帝呼召出來的羣體，體現了另一個可供選擇的社會，是這個世界按自己的方式難以理解的。

君士坦丁式的世界觀的終結——標示着愈來愈少人認同教會需要「基督教」的文化氛圍，來支持和塑造它的年青人——是一個不值得為之哀傷的死亡。反之，它乃是一個值得慶祝的機會。將教會與世界統合起來的古老君士坦丁模式的沒落，標誌著美國基督徒最終得著釋放，它可以忠誠地讓今天成為基督徒的人，踏上一個叫人興奮的歷險。

我們其中一人從前的牧區（parish），恰與猶太會堂為鄰。有一天，他與會堂的拉比一邊喝咖啡，一邊聽他說：「在格林威爾市作猶太人十分困難。我們要時刻告訴兒女：『其他人可以這樣做，但你不可以。你是特別的、是與眾不同的。你是猶太人，有著不一樣的故事，和不一樣的價值觀。』」

「拉比，或者你不會相信，」我說。「但早幾天，就在這個『聖經地帶』（Bible-belt；譯註：美國南部和中西部有著較強的基督教信仰基礎的地區）的格林威爾市中，我在一間以年青夫婦為主的教會，在其學校的班房中也聽到近似的一番話。」

對於那些願意去聆聽會眾——尤其是年青父母——的牧者，他們會聽見會眾愈來愈多對自己的兒女說：「其他人可以這樣做，但你不可以。你是特別的、是與眾不同的。你有著不一樣的故事，和不一樣的價值觀。你是基督徒。」

我們相信能夠辨認出這一點，標誌著我們的教會在世界觀上出現了巨大的改變，這將會改變教會在世界中運作的方式。現在，我們的教會可以自由地擁抱我們的根源，更貼近會堂的模式——一個不會要求世界去做它自己才能做的事的信仰羣體。我們過去曾經在神學上認識的，今天卻親身經歷了：特土良（Tertulian）是對的——基督徒並非在諸如格林威爾市或其他地方自然**生出來**的。基督徒是由甘於冒險的教會（adventuresome church）所刻意**造出來**的。教會要再次學會去問正確的問題，而惟有基督才能給予正確的答案。

正確的神學問題

當然，我們所提到的大部分事情，都是在一九六三年那個星期日晚上很久之前便已經發生。自啟蒙運動（Enlightenment）以來，一直吸引著我們最出色的神學家去苦心鑽研的一個神學企劃，就是如何讓現代世界接受福音？

神學家告訴我們，基督徒乃處於一個相當尷尬的位置，因為他們的信仰乃是植根於一些古老和甚具地方色彩的近東著作，而這些著作所提及的，是一個名為耶穌的古老和甚具地方色彩的近東猶太人的生命。現代基督徒若要注視耶穌的生平、受死與復活，便要跨越德國哲學家萊辛（Gotthold E. Lessing）所稱的歷史的「醜陋鴻溝」（ugly wide ditch）。哥白尼（Nicolaus Copernicus）在教會盡力要他閉口的情況下，最終仍能說服我們，太陽並非環繞著地球運行的，於是一切事物便改變了。我們不能不相信，哥白尼的革命為教會帶來首次的巨變。所有人的世界觀都轉變成「現代的世界觀」了。然而，那個可憐的古老教會，卻仍然停留在前人留下來的「前科學（pre-scientific；即前現代〔premodern〕）的世界觀」裏。

這說明了教會的神學為甚麼至少有一個世紀，一直是以護教為主的。教會並不希望再次犯上那個否定哥白尼的錯誤。我們在大學上的第一科宗教科，就是探討如何讓聖經能夠適應科學的世界觀。我們要將創世記那個古代的宇宙觀，跟科學所啟迪的真正宇宙觀作比較。我們要認識摩西並不可能寫下五經，保羅也不可能寫下以弗所書。到了上講道學時，老師教導我們要一手拿著聖經，一手拿著當天的報紙。牧者是一個勇敢地將聖經裏的古老世界和嶄新真實的現代世界連繫起來的人。所有人都採納了士來馬赫（Friedrich D. E. Schleiermacher）的企劃，致力使那些基督教的「有教養的輕蔑者」（cultured despisers）視信仰為可信的。

我們這一代最有力的護教神學家是田立克（Paul Tillich）。在某個角度來說，他似乎是最現代的——一個徹底地與現代思潮（尤其存在主義的〔existentialist〕）展開對話的神學家，他可以把我們那個古舊、承傳下來的思想模式，翻譯成現代的模式。上帝＝終極的實在（Ultimate Reality）；信仰＝終極的關懷（Ultimate Concern）；諸如此類。

其實，田立克並非如他給人的第一個印象那樣創新的。對他最適切的描述是十九世紀最後一位偉大神學家、系統神學家；他的基本假設是，「現代世界」引發了一場思想危機，令人陷入了巨大的智性兩難局面（intellectual dilemma），以致我們必須對基督教思想進行翻譯，方能讓現代人理解。當現代牧者站在講壇上向一羣現代會眾講道時，那牧者就成了連繫聖經裏的古代世界與現代人的新世界的橋梁。我們認為，這道詮釋橋梁是單向的。現代的信仰詮釋者習慣讓「現代世界」決定問題，因此亦限制了答案。教會的現代問題，真的如田立克所說的是在智性上的兩難局面：如何把信仰的古代世界，與不信的現代世界連繫起來？

田立克的立場可以有很多種的理解方法，不過，粗略來說，他認為，相信基督教雖然是愈來愈難的事，但很多現代人卻難以避免成為一名宗教者。事實上，宗教成為特定的田立克式類別，而「基督教」不過是其中一員。在美國式的效益主義處境下（utilitarian setting），這早已成了一種粗疏的普遍情況（艾森豪威爾〔Dwight D. Eisenhower〕），它不管你相信甚麼，只要你相信某些東西就行了。與布特曼（Rudolf Bultmann）一樣，田立克認為問題並非在於基督教本身是不可信的，而是在於基督教背負了太多虛假的智性包袱。現代神學家會問：誰會在乎耶穌有沒有在水面上行走，或摩西有沒有分開紅海，或基督有沒有身體復活？重要的並非這些前科學的思想模式，重要的是承托著這些思想模式的存在主義式實在（existential reality）。一切事物都必須翻譯成存在主義，方能叫人相信。今天，當存在主義已經落伍時，現代神學家便會較喜歡將一切事物翻譯成懷德海式（Whiteheadian）的進程神學（process theology）、最新的心理分析論述，或馬克思主義（Marxist）的分析，以致令它顯得可信。

我們愈來愈能發現，這種企劃的原意雖好，卻只會誤導我們。這套「翻譯的神學」（theology of translation）假設了有**真正**（real）基督教的某種核心存在，那種抽象的本質（essence），在改變了某些古老的近東標籤之後，仍然可以保存下來。然而，這個觀點卻扭曲了基督教的本性（nature）。我們在耶穌身上所見到的，並不是有關上帝、世界、人類等基本概念的表達；我們見到的，是一個邀請，即邀請我們一同加入、參與一個運動，成為一羣子民。我們的現代神學嘗試進行翻譯，在這行動中，我們已經不自覺地扭曲了福音，把它轉化成截然不同的東西——抽離耶穌而得出來的概念，而非那位與祂的子民同在的耶穌。

相信任何人都必須相信某種東西，這是大部分護教學傾向接受的基礎。這是一種君士坦丁式的主張：宗教信仰是無可避免的。君士坦丁知道，要延續帝國的發展，百姓若不再是古典的異教徒，就必須成為帝國的基督徒。如果人民沒有相信某些東西，你就無法管治這個世界。我們最優秀的思想家被徵召進入君士坦丁的集團，令當權者接受這個信仰，以致基督徒現在亦可以同享那些權力。畢竟，如果我們基督徒講的一套語言是帝國的人難以明白的，我們便永遠無法在文化中顯得重要。護教學乃是基於以下的政治假設：基督徒能否將教會性的宣稱轉化成智性的設想，某程度上對我們是有重大利害關係的，它使我們能夠一方面忠於基督，另一方面卻在仍未認識基督的世界裏，進入政治體制之中。這做法是轉化福音而非轉化我們自己。就是這種君士坦丁式的設想，把基督教轉化為智性的「難題」，令得現代神學家全神貫注地去注視它。

我們相信從效益主義這個角度去維護信念（belief）本身，對基督教一點益處也沒有。對於以基督教作為一套信念系統的神學性假設（我們或許錯誤地把它歸咎於第一批護教神學家——某些初期的教父），我們必須加以質疑。信念的**內容**才是聖經的關注，而不是以可信的神學系統去消除人的不信。聖經對於我們現代人所關心的很多課題並不感興趣，它對於現代人是否還可以去相信基督教亦不感興趣。聖經關注的是我們是否應該忠於福音，即現在關於事物樣式的真相，就是上帝透過拿撒勒人耶穌的生命、十字架和復活，與我們同在。

最近有很多人提到「信仰發展」（faith development）和「信仰階段」（stages of faith），好像信仰是一種自然的人類力量、一種本能的動力。或許我們真的要存疑，人類是否無法根治地為宗教動物（religious animals），總愛在某個東西前誠心叩拜。但是聖經似乎不太感興趣要提倡過這種行為，或分析它的做法；或許，聖經中一個可能類似我們的「信仰發展」的例子（按聖經本身的處理手法而言），乃是它經常提到各式各樣的偶像崇拜。

聖經所關注的，並非我們**是否**應該相信，而是我們應該相信**甚麼**。因此，以下這位廣受歡迎的詮釋者為祈禱所作的辯護，根本是詞不達意的：

所有人都會祈禱，無論他是否認為這是祈禱。當

> 十分美麗的事情發生，或遇上十分美善或十分壞的事物時，你會掉進奇特的靜默之中。當你在國慶典禮中看見水面上的煙花連環綻放、瑰麗奪目時，你會不禁歡呼喝采……無論你以甚麼說話或發出甚麼聲音，為你的生命輕輕歎息。這些都是祈禱。（Frederick Buechner, *Wishful Thinking: A Theological ABC* [New York, NY: Harper & Row, Publishers, 1973].）

這個為祈禱的辯護，完全欠缺內容。「奉耶穌基督之名」祈禱是甚麼意思？基督徒的祈禱與異教徒無言的祈禱有甚麼分別？這個世界有太多神明，以致令信仰這個行為本身顯得有趣。

這就說明了為甚麼田立克和布特曼這兩位傑出的「現代」神學家，其實並非那麼現代。他們都倡議——其實是自士來馬赫以來（不，是自君士坦丁以來）的傳統智慧——基督教的挑戰主要是一種智性的挑戰，它涉及兩個不同的信仰體系：如何讓新的現代世界接受古舊的基督教。

這亦說明了為甚麼巴特（Karl Barth）比田立克更「新」（new）。田立克依然認為神學挑戰所涉及的，是創造更新和更優勝的系統神學。巴特卻知道神學的問題是在於建立更新和更好的教會。田立克盼望當人讀完他的《系統神學》（*Systematic Theology*）後，那人會對事物有截然不同的想法。巴特卻盼望當人讀完他的《教會教義學》（*Church*

Dogmatics）後，那人會是截然不同的。巴特主張，世界的結束和開始並不是由哥白尼，甚至不是由君士坦丁來決定的，而是由一位拿撒勒的猶太人的來臨所決定的。藉著基督的生平、受死、復活與升天，整個人類歷史必須被重新檢視。基督的再來，具有宇宙性的含義。祂已經改變了一切的進程。因此，神學家的工作並不單是把耶穌翻譯成現代的範疇，而是要把世界翻譯成為祂。神學家的工作，並不是要令現代世界認為福音是可信的，而是**要令福音認為世界是可信的**。

而這才是新的事。

新的了解或新的生活？

基督教並不單純是一種新的了解（understanding）。基督教是一個邀請，邀請人成為一羣帶來改變的異類子民（alien people），因為他們看見了一些若非藉著基督就無法看見的東西。正確的生活，比正確的思想更富挑戰性。這個挑戰不是智性的，而是政治性的——創造一羣新子民，他們與自基督以來在世上已發生的巨變是步調一致的。

雖然我們的主張像巴特一樣，都是基於對世界所作的神學評價，但也與巴特一樣，它亦是基於一個特殊的經歷。對巴特和我們而言，納粹德國（Nazi Germany）是現代神學的終極考驗。我們在那裏經歷了「現代世界」，那個我們費盡心思去了解和要令它相信我們的世界。這個不單是哥白尼的世界觀的世界、電腦和發電機的世界，同時亦是納粹黨

（Nazis）的世界。

巴特因為眼見他的教會欠缺神學資源去抵抗希特勒（Adolf Hitler），而深感害怕。正是這些神學上的自由派，他們雖然畢生致力將信仰翻譯成現代人所能明白的詞彙，和可以在現代文明的創造中運用的詞彙，但是他們卻無法向希特勒說「不」。某些如赫爾胥（Emanuel Hirsch）的人，甚至對希特勒表示認同。（有關赫爾胥令人困惑的記載，見 Robert P. Ericksen, *Theologians Under Hitler* [New Haven, CT: Yale University Press, 1985]。艾力森〔Robert P. Ericksen〕把田立克和赫爾胥描述為好朋友，更視二人的神學觀基本是一致的，這實在令人困擾。他們惟一的分別是從他們的神學所衍生出來的政治含義。）

自由神學（Liberal theology）花了數十年時間向我們保證，不用認真看待耶穌的猶太性（Jewishness）。這個信仰的詳細內容，這個信仰的局限、歷史上偶發和敘事的具體細節，例如耶穌的猶太性，或祂的彌賽亞終末論，都是妨礙了現代人相信這信仰，因此可以通通挪開，以致我們可以認識基督教的實體（substance）。耶穌並不是一位**真正的**猶太人，祂乃是人類中最聰明和最優秀的那一位，祂是最完美的尊貴老師，是人類文明最優秀的那一位。自由派的「基督是人類最高超的那一位」，與納粹的超人（Nazi Superman）不過是一線之差。

巴特對羅馬書所作的註釋，反對堅持這看法：類似羅馬書九至十一章的經文，必定是在為基督教思想定調的。他注意到，自由派是如何加插了一些有關人性（human nature）和世界的人文主義式假設，就是一些不需要一位永活的上帝，都可以成為可信的假設。巴特對自由派作出的譏諷評語是：「我們要大聲疾呼：上帝並不是『人』」。

有人或許試圖推說希特勒是一名瘋子，而德國人則感染了某種集體的歇斯底里病，便以為可以解釋掉這一切。然後，北美的基督徒可以說，雖然妥協的德國教會失敗了，至少我們的教會並沒有失敗。但是，不幸的是，我們那不充分的神學（inadequate theology）所衍生出來的倫理結果，乃是影響著整個世界的。

在一九四五年八月六日，第一枚原子彈投在日本的一個城市上。杜魯門總統（President Truman）對與他一同乘坐戰艦奧古斯塔號（*Augusta*）的水手們說：「這是歷史中最偉大的事件。」杜魯門曾被形容為「傑出的浸信會平信徒」，深受大部分美國基督徒的支持，他對於投下原子彈一事，並沒有半點顧慮。然而，那個原子彈其實是標誌著人類道德的淪亡，它宣告我們已經失去了敵擋巨大邪惡勢力的意志和資源。

美國教會在一九四五年支持杜魯門時，已跨前了一大步。在不過幾年之前，佛朗哥（Franco）的部隊在一九三七年炸毀西班牙格爾尼卡鎮（Guernica），殺害無數平民百姓，這叫整個文明世界大為震驚。同一年，當日本轟炸南京時，世人便感到，現正與一股無意遵從「不殺害平民百姓」的歷史禁令的陰險勢力交戰。羅斯福總統（President Roosevelt）在第二次世界大戰（World War II）開始時，給所有政府發放了一道緊急呼籲：「殺害那些無助、未受保護的平民百姓，是一個要讓所有人類感到恐慌的戰略。我回想在過去的日子，美國一直扮演著領導角色，主張禁止這個不人道的做法，實在令我引以為傲。」

然而，不過是幾年之後，邱吉爾（Winston Churchill）在一九四二年論到定時轟炸德國城市(在德國轟炸倫敦後)時，提到要「把德國徹底打死」。這個在開始時被認為是法西斯主義式（Fascist）獨裁者的殘忍行為，當時已變成民主國家可以接受的手段！少數基督徒或許還記得，教會曾經發聲斥責這種不道德的行為（George Hunsinger, "Where the Battle Rages: Confessing Christ in America Today," *Dialog,* vol. 26, no. 4, 264～274）。

對平民百姓進行摧毀性的轟炸，漸漸成為軍事上必須的策略。一個可怕的惡行因為被看成是達至更大的善的手段，而得到合理化的辯護。當轟炸被合理化之後，所有類型的道德妥協都變得更加容易——每年有近二百萬宗墮胎個案，被看成不過是自由的抉擇；而全球最富裕國家中的貧窮人，也不過是經濟發展的必然結果。

從君士坦丁開始，那個令基督徒可以分享權力而不為當權者製造麻煩的企劃，已經達至它最大的成效。如果凱撒可以叫當時的基督徒去吞嚥他的「終極解決方案」，以及叫當代的基督徒會去擁抱炸彈的話，我們便沒有甚麼事是不可以為現代社會做的了。我們就近現代世界，原意是要與她對話，但是，我們已跌入其中。我們失去了可以用作抵抗的神學資源，甚至失去資源到一個地步，我們察覺不出有甚麼東西是值得去抵抗了。

神學家因著認同某個最新的左派政治立場，最初會給人一種「激進」(radical；或最少是新穎)的感覺。田立克是社會主義者(socialist)，他給人的感覺是對中產階級的習性作出嚴厲的批判。不過，事實上，就算是田立克的社會主義，亦不過是一種遷就主義式的(accommodationist)，因為它延續的是君士坦丁的策略：令教會成為激進的方法，就是將教會變成如社會主義一般的「激進人士」(radicals)。今天，仍有人偏好此道，盼望教會與時並進，藉著讓教會認同最新的世俗解決方案——馬克思主義、女性主義(Feminisim)、性革命（Sexual Revolution)——以圖將耶穌的絆腳石除掉。當然，巴特與田立克一樣都是社會主義者。但巴特卻看見基督教信仰可以怎樣令我們的政治生命與別不同。

令到教會成為「激進」和永遠「新的」，不是因為她在大部分的社會議題上向左派傾斜，而是因為她認識到世界所不認識的耶穌。根據教會的看法，政治上的左派並不會比右派更有趣，兩派所傾向的解決問題，都視世界並未在耶穌裏結束和開始。他們的「解決方案」不過在反映現狀而已。

巴特其實比田立克更「新」、更「激進」，因為他決意要教會遷就福音，而不是要福音遷就世界的現況。我們從巴特的論述中重新發現，新約所斷言的神學目的，並非在於以人能夠明白的方式描繪這世界，而是在於改變生命，讓它在福音那出人意表的教導下得著重塑（re-formed）。每個世代都必須新鮮地認識到，統治世界的是上帝，並非國家。我們能夠知道這一點，是透過悔改，而不是透過遷就。正如巴特指出的，成聖和稱義必須相提並論。我們無法明白這個世界，除非我們被轉化成可以使用信仰的語言正確地描述這個世界的人。當我們講論祈禱時，人不都是已知道我們的意思是甚麼。人不都是已相信自己是個罪人。我們必須受教以知道我們是個罪人。因此，我們必須被一位公義、公平的上帝其視象（vision）來更新轉化我們，祂會按著一些更重要的基礎來審判我們，而不是單單按著我們覺得是合理的東西來審判我們。

人若不知道「世界歷史中最偉大的東西」並非原子彈（杜魯門當時是知道的，現在的某些反核戰分子亦是知道的），而是耶穌的生平、受死與復活，他就無法知道世界究竟是甚麼。從這個角度來看，世界並不是在格林威爾市霍士劇院的一個春天晚上結束的，它乃是在耶路撒冷的一個春天的清晨結束的。基督徒必須永遠棄絕君士坦丁式的主張，因為我們總是很易忘記，基督的事件是何等的具決定性，以及是何等的具有終末性的。

如果世界裏大部分人都是基督徒，我們就不用擔心教會了。悔改、除罪和更新轉化都沒有需要了。惟一需要的，只是心態上小小的改變，內心的轉變，和一點點的新洞見。

那個晚上，當霍士劇院在星期日繼續營業，君士坦丁的世界便在格林威爾市結束了。有關教會與世界之間的關係必須重新撰寫。自君士坦丁以來，所建構和保存的世界已經崩坍了。一切都需要重新檢測，而舊答案的失敗，隨著達浩（Dachau；編按：德國的一個城市，建有第一座納粹集中營）的人間煉獄和廣島的熊熊烈火，現在已是顯而易見，隨之而來的便是要尋找新的問題。世界改變了。主流的美國基督新教（Mainline American Protestantism）往往拖著沉重的步伐，好像甚麼也沒改變。就像一名年老的孀居貴婦，住在市鎮邊緣的破爛大宅裏，雖已破產、身無分文，房子不斷破爛，但她卻依然以為她的家族在掌管著市鎮；我們的神學家和教會領袖也是一樣，繼續以「我們是在掌管一切」的態度去思想和行事，好像舊有的安排依然行之有效。

我們的目標是挑戰這些前設，同時要向那些意識到身為教會就是進入了一個歷險旅程的牧者和平信徒，指出一個千載難逢的機會——教會就是一羣雖在此時此地居住，卻是以異類者自居的子民；就是一羣知道雖然在此居住，卻仍舊「是天上的國民」（our commonwealth is in heaven）的子民。

2

新世界裏的基督徒政治

我們在上一章對「基督教基本上是一套信念體系（system of belief）」這說法作出了挑戰；在這一章，我們要指出，基督教本身在很大程度上就是一種政治——一種按福音所定義的政治。那個要我們成為福音的一部分的呼召，乃是一個喜樂的呼召，要我們加入一羣異類子民（alien people）的行列，參與一個抗逆主流文化的現象（countercultural phenomenon），這個現象就是被稱為教會的新「城邦」（*polis*）。福音帶來的挑戰並不是智性上的兩難局面：如何使古舊的信念體系與現代信念體系接軌。耶穌帶來的挑戰是政治上的兩難局面：如何忠於按著上帝與我們同在的故事而建構成的怪異羣體（strange community）。我們將會在這一章挑戰那個自君士坦丁（Constantine）以來廣為人接納的假設：教會在世界的臨在有否為世界帶來好處，將會是世人對教會作出政治判斷的基礎。

混合宗教與政治

在一九六〇年代，人往往會說：「教會真正要關注的是在世界裏的東西」，以及「世界釐定教會的議程」。大部分說這些話的人，都將教會描繪成一個沉睡的巨人，只要教會能夠從昏睡中醒過來，它就會是一股強大、正面的力量，造福社會。像馬提（Martin Marty）這一類的評論家認為，美國教會可分為兩類：「公眾」教會（"public" church）和「私人」教會（"private" church）。「私人」教會是那些保守的福音派信徒，他們認為教會的工作主要是拯救靈魂，關心純粹的私人宗教世界。「公眾」教會（包括我們的宗派）認為基督徒有責任帶著他們的社會議程，進到公眾中間，在既有的社會體制下工作，建立更美好的社會。

然而，把美國的教會論描述為私人和公眾的二分法，這是並不充分。我們可以這樣說，不單因為自七十年代開始，愈來愈多福音派信徒帶著他們的社會議程，進到公眾中間；更加是因為不論是保守派和自由派教會、左派和右派都**一同**以君士坦丁式的進路，處理教會和世界的問題。很多保守派和自由派的牧者認為，他們的工作便是要推動會眾參與政治。畢竟，除了透過政治，還有甚麼方法可以帶來公義？

這種「公眾教會」的立場，經常會批評教會的「教會性」（churchiness）——一羣人的「教會性」，他們認為教會主要關注「屬靈的」（spiritual）事情、個人得救的事情，而他們會忽略拯救的社會性性格。

萊因霍爾德．尼布爾（Reinhold Niebuhr）是這種公眾教會的觀點最主要的辯護者。他教導公眾教會如何理解民主的政治進程。按他的說法：

> 民主進程是……由偶發處境而非理智討論所主導的，是一種與利益尤關的角力。民主必須在一方面被看成是一個政府管治的系統，以致人的理智和道德可以發揮作用；而另一方面，它也是一個制衡的系統，因著個人利益或慾望會導致腐敗，所以它有必要存在。（Reinhold Niebuhr, *Love and Justice: Selections from the Shorter Writings of Reinhold Niebuhr,* ed. D. B. Robinson [New York, NY: Meridian Books, 1967], 65.）

我們要挑戰在公眾教會這種觀點下對教會和政治的看法。當然，其中一個挑戰方法，可以是指出私人教會和公眾教會的分別並不明顯，例如法威爾（Jerry Falwell；譯註：極右派的福音派牧師）的言論，如今便與尼布爾的甚為相似。不過，我們想提出的挑戰卻是更關鍵的。我們相信，不論保守派和自由派的教會（所謂的私人和公眾教會）在社會倫理層面上，基本上都是遷就主義者（accommodationist；即是君士坦丁式的）。兩者皆錯誤地假設美國教會的主要社會責任，就是支持美國的民主制度。

當他們這樣做的時候，就是不智地支持那些毀掉教會的道德前設。亞里士多德（Aristotle）辯說，「城邦」的主要目的，是要創造一羣比沒有「城邦」幫助下活得更好的人。然而，我們的社會、「城邦」（*polis*）如何對待我們？民主的主要實體（entity）是個人，社會的存在就是為了個人而積極提倡個體性（individuality）。社會的形成乃是為了提供我們所需，無論那是甚麼需要。社會不但沒有幫助我們判斷我們的需要，確保我們以正確的方法去得著正確的需要；反之，社會卻成了一所龐大的「慾望超級市場」，假定我們如果有自由去選擇自己想要的東西的話，就可以永遠迴避「甚麼才是真正的需要」與「甚麼是作出正確抉擇的基礎」等問題。我們稱為「自由」的東西，就成了統治我們慾望的獨裁者。當我們只顧滿足自己的需要和維護自己的權利時，我們便會與人保持距離，形同陌路。個人被賦予的地位，令他無法明白，基督教的拯救乃是在上帝的大家庭裏的一種政治和社會的現象。我們的經濟與政治掛鉤。在以「權利」為主要政治議題的大氣候下，資本主義便得以旺盛。教會成了另一個消費者主導的組織，以鼓勵個人的滿足，而不是促使個人歸信進入基督這個身體的嚴酷考驗。

不論是所謂的保守派和自由派神，它們都以這個假設開始：由於我們這羣美國基督徒既有幸生於民主國家，因而享有權利，我們這羣基督徒就與當權者不存在根本的分歧了。當然，我們不一定喜歡現有的國家運作模式或某些法律程序，但我們有很大的權力去改變我們不喜歡的東西，與那些不幸地並非居住在民主國家的人不同。我們這些現代人愛慕個人權力的程度，差不多超過任何其他一切。簡言之，我們的社會建基在一個假設上：一個良好的社會，就是每一個住在其中的人都可以成為其自身的暴君（蕭伯納〔Bernard Shaw〕對地獄的定義是：地獄是你必須做你想做的事的地方）。

大部分當代基督徒對擁有權利，都好評如潮。運用方法去確保「個人自由」和建構有限度的政府，就是為了維護「個人權利」。因此，我們毫不猶疑地假設所有人都有「權利」盡情發展他或她的潛能，只要不抵觸別人的權利便可。但是正如紐畢真（Lesslie Newbingin）所指出的：

> 當「人權」這個概念將本身確立成為一個絕對的準則時，我們便不禁要問：如何和靠誰去確保這些權利？後啟蒙運動（post-Enlightenment）的社會，以愈來愈強烈的態度回答：靠政府。國家政府取代了昔日的神聖教會和神聖帝國，成為在後啟蒙運動的歐洲裏政治場景的中心點。經歷了十七世紀可怕的宗教戰爭後，歐洲便依從宗教並存的原則（principle of religious coexistence）而安頓下來，以及把之前用於以不同宗教詮釋作互相攻擊的激情，改為投放於國家政府之上。國家主義成為支配著歐洲人的意識形態，在危難之時往往顯得比其他的意識形態或宗教力量更為有力。如果有任何實體配得終極的忠心，那必定是國家政府無疑。在

> 二十世紀，我們已經習慣了一個事實，就是因著國家之名，天主教徒會攻擊天主教徒，新教徒會攻擊新教徒、馬克思主義者會攻擊馬克思主義者。如果有人提出褻瀆上帝的指控——如果有的話——它會被看成是不合時宜的東西；不過若是被指控叛國——不再忠於國家政府——那卻是不能饒恕的罪行。國家政府取代了上帝的位置。教育、醫療與公眾福利曾經是教會的職責，如今都漸漸改由國家取代。這個世紀尤其如是，「福利國家」(welfare state)的出現，大大推動了這個運動。人假設國家政府有責任與有能力提供昔日的人以為只有上帝才能提供的東西，包括不再有恐懼、饑餓、疾病、缺乏——簡言之，就是「幸福快樂」(happiness)。(Lesslie Newbigin, *The Other Side of 1984: Questions for the Churches* [Geneva: World Council of Churches, 1983], 13～15.)

當然，我們忽略了一個事實，就是那個為確保我們的權利而被創造出來的政府，乃是建基在一個無法解決的兩難局面之上，因為它要在兩個乍看之下無法共容的方式中，將自己呈現出來。一方面，民主政府謙遜地宣稱它不過是達到目的的手段；另一方面，同一個政府又要說服其國民，它可以為他們提供一個有意義的身分，因為政府是取得共同利益(common good)的惟一手段。正如麥金泰爾

（Alasdiar MacIntyre）説過的，為這樣的政府賣命，「就像被要求去為電話公司賣命一樣」（Alasdiar MacIntyre, "Poetry as Political Philosophy: Notes on Burke and Yeats," in *Modern Poetry: Essays Presented to Donald Davie,* ed. Vereen Bell and Laurence Lerner [Nashville, TN: Vanderbilt University Press, 1988], 149）。然而，所有政府（甚至是民主政府）為了自存，都必須要求它們的國民為它們賣命。

政府（尤其是自由派的民主政府）是極之依賴以戰爭來取得道德融貫性的。所有社會都有可能參與戰爭，但是對我們這些自由派民主政府而言，戰爭尤其有特別的意義，因為它能給予我們一種配得的感覺，此乃維持我們政府能夠存在的必須品。（有關戰爭和軍隊如何在現代國家政府的發展中扮演著特別角色的實例，見 Anthony Giddens, *The Nation-State and Violence* [Berkeley, CA: University of California Press, 1985]。）我們實在是一羣在道德上必須依靠戰爭而活的人，因為戰爭為我們提供了自我犧牲的必要基礎，以致一羣一直受教導要追求個人利益的人，有時候能夠為別人而犧牲。例如艾爾斯坦（Jean Bethke Elshtain）在她那本奇妙作品《女性與戰爭》（*Women and War* [New York, NY: Basic Books, 1987]）中，便引述了伯恩（Randolf Bourne）在一九一八年的言論：

> 戰爭——或至少是由民主共和政府為了對抗強大敵人而發起的現代戰事——似乎為一個國家取得

> 極大部分激動的政治理想主義者所亟欲取得的東西。國民不再對政府漠不關心，反之，國家的每一個細胞，都充滿生命和活力——當一個國家參與戰爭時，所有國民都會認同那個整體的國家，而每個國民在這種認同中便能感受到巨大的力量。（頁 119）

簡言之，一場善的戰爭可以解決美國所有的問題。

不信的政治

在這些社會假設的背景下，我們必須來檢視自由派教會對「和平與公義」所發出的軟弱呼籲的弱點。舉例來說，美國基督教協進會（National Council of Churches）幾年前宣佈把十月的某一個星期定為「具公義的和平週」（Peace with Justice Week）。為了協助我們慶祝一星期的和平與公義，他們給協進會的成員會眾贈送了一張和平與公義的海報。海報上印有不同顏色的手，一同托著地球。希臘人有阿特拉斯（Atlas；編按：希臘神話中的巨神，以肩膀扛頂著天），阿拉伯人則有海龜來托著地球，我們這些較為現代的人，卻拋棄了這類不完備的宇宙論。我們有的是美國基督教協進會那些不同顏色的手，支撐著全世界的和平與公義。在海報的一角是一隻鴿子，應該是象徵和平的鴿子吧！這隻鴿子正在飛**離開**這個世界。

這張海報正確地描繪了我們的情況。我們在第一章指出，我們的問題並不是不信。我們的問題並不是如何讓現代世界認為基督教的信仰是可信的。然而，就著另一層意義來說，不信或無神論（atheism）的確是一個問題，它不是智性上的問題，而是**政治上的**問題。我們大部分的社會行動主義（social activism）都假設了，對於建立和平與公義的世界，上帝是多餘的（superfluous）。我們幸運的地方是，因為我們活在民主社會中，我們便成了有權力的人，可以隨意運用我們的權力。一切都是由我們來決定。

我們一旦將生命建立在「我們並非在上帝持續的創造和救贖歷史中的參與者」這假設上時，我們就是以不信、而不是以信心來生活了。聖經豈沒有教導我們，當人不再承認我們的世界乃是在上帝的手裏，而決意自己掌管一切時，戰爭與不義的事就免不了嗎？美國基督教協進會為甚麼不能向世界宣告這個信息呢？協進會不能在海報上宣告這個信息，是因為它像大部分美國基督徒一樣，假設我們在政治上的有效性，是在於將我們的政治觀點，翻譯成任何肯思考、敏銳、現代（雖然不信）的平常美國人都能夠接受的詞彙。具公義的和平。

因此，不論是對保守派或自由派基督徒而言，基督教政治就等如基督教社會行動主義。當然，保守派和自由派基督徒對所謂真正的基督教社會議程的特點，會有不同的看法，但我們一致同意的地方卻是，我們應該負責任地運用我們的民主力量，好讓這個世界成為更美好的住處。法威爾盼望由那些「重生」的人掌權。公立學校必須以祈禱來開始上課，以敵擋世俗主義。在另一方面，美國基督教協進會促使總統以有限和人道的方式去運用軍事力量。這樣的想法，就是一種君士坦丁主義（Constantinianism）的想法，而諷刺的是，它卻是認同了一種不信的文化（culture of unbelief）。

美國基督徒以公義為名，嘗試建設一個社會，在那裏相信一位永活的上帝是一件無關痛癢的事，或是私人的事。對一些人來說，宗教變成是純粹個人選擇的私人事情。他們會說：只要拯救靈魂，不要涉足政治！相反，時常把公義掛在嘴邊的基督徒行動主義者，其所倡議的公義是要展現一個不大需要上帝在其中的社會，因為即使所有人都不相信上帝時，他們卻早已相信和平與公義了。

我們要指出的是，基督徒的政治責任是要成為教會，而非改變世界。「我們首要責任是把這個世界變得更美好」，這樣的說法是不足夠的，一個原因是，我們基督徒除了以成為教會的方式外，並沒有正確理解和詮釋世界的途徑了。「和平」與「公義」等堂皇的詞彙——教會所採用的這些口號是建立在一個假設之上，就是人們縱使不明白「耶穌基督是主」的意思，也能明白和平與公義的意思——其實是一些等待人加入含義的詞彙。其實，當這些詞彙脫離了拿撒勒人耶穌的生平與受死時，教會就根本不知它們的含義。就如，彼拉多是以批准處決耶穌，來確保猶太地的（羅馬式的）和平與公義。正是耶穌的故事賦予我們信仰內容，審判任何體現我們信仰的制度，以及教導我們提防任何不需要上帝去使其成為可信的政治口號。

教會為我們提供的詮釋技巧，一個真實的了解（truthful understanding），我們藉以首先明白這個世界的本來面貌。人們往往埋怨保守派基督徒的政治議程太像保守的世俗主義者——苦苦哀求的共和黨——的政治議程。我們似乎也無法想得出任何主流新教宗派的機構，會贊成一些有別於最自由的民主黨的社會立場。教會是傳統世俗政治理念的沉悶演繹者，只淡淡地附上宗教色彩而已。不論是左派或右派的政治神學，它們都要維持基督教王國（Christendom）；在那裏，教會就要證明自己是幫助政府的支持者（若果有時是一個發出投訴聲音的支持者）。

我們在第一章指出，世界有些基本東西改變了，這容讓美國教會重拾某些它失去了的神學表裏一致/整全性（theological integrity）。基督教王國失落了，這讓我們得著一個愉快的機會，去重新得著宣講福音的自由，當教會的主要社會責任，仍是要成為幫助政府的眾多支持者的其中一個時，這是其所無法做到的。我們不是要主張，一次純粹的社會性轉移（sociological shift）已促使我們要修正我們的教會論。教會在過去已太習慣從社會的評價中衍生它的神學了：如果我們無法勝過現有的社會學式實在（sociological realities），我們亦可以遷就它們，利用其最好的地方。

我們承認，我們對美國教會在這個世界中所出現的社會性轉移的描繪，乃是基於我們的神學信念。事實上，若非有那套神學，我們就無法看見我們在世界中所看見的實況。教會的存在並非要去問：要做甚麼才能叫這個世界暢順地運作，繼而再推動人去實行。教會不是按我們作為「輔助性的機構」(supportive institution) 和我們牧者作為「專業輔助員」(helping profession) 有多大果效，而受到判斷。教會自有其存在的原因，這是隱藏在其本身所得的委任之中的，是不能在這個世界中找到的。我們並非由帝國所特許的。

理查·尼布爾 (H. Richard Niebuhr) 在其著作《基督與文化》(*Christ and Culture*) 中，提供了一個類型學 (typology)，以構想我們所遇上的神學兩難局面。建基在特洛爾奇 (Ernst Troeltsch) 的「教派/小眾相對於教會」(sect versus church) 的分類法之上，理查·尼在爾把教會的傳統按「基督超越文化」(Christ Above Culture；「社會福音」〔Social Gospel〕)，到另一端的「基督對抗文化」(Christ Against Culture；重洗派〔Anabaptist〕和其他明確拒絕文化的宗派) 這個連續體來作出分類定位。儘管理查·尼布爾的著作具有所聲稱的社會學性質，以及它看似是對教會與世界作出客觀的描述，但我們都不難看出，理查·尼布爾所取的是哪一種教會論：「基督改變文化」(Christ Transforming Culture)。雖然理查·尼布爾把自由派歸入「基督屬於文化」(Christ of Culture) 這一類，但他本身的「基督改變文化」卻是自由派、主流美國新教的教會所渴望成為的。它既沒有向社會屈服，也沒有不負責任地完全從社會抽離。這種改變文化的教會，致力令美國成為一個更美好的居住地方，把社會改變成耶穌或許會認可的樣式。

我們相信要正確評估現今的情況，沒有任何著作比《基督與文化》構成了更大的攔阻。理查．尼布爾正確地看出，是我們的政治決定了我們的神學。他正確地道出基督徒不能拒絕「文化」。但他以上帝的創造和救贖行動的合一，來呼籲基督徒接受「文化」(理查．尼布爾所描述的單一「文化」在哪裏呢？)和政治，這卻會鼓吹一種君士坦丁式的社會策略。「文化」成為空泛的詞彙，被用來擔保基督徒在世上的參與，卻沒有為基督徒提供任何辨別的方法，以識別「文化」中的好或壞。

理查．尼布爾如此建構他的理據，似乎是要確定，改變文化的進路是最有價值的。像我們這一類的民主人士必須相信，這是帶來進步(progress)，人們透過本身的力量和選擇在改變世界，使之成為一個比沒有他們的力量和選擇要更加美好的地方。如此，理查．尼布爾構作的論證是，成為肯定世界的「教會」，或成為拒絕世界的「教派/小眾」，似乎是我們惟一的選擇；好像這些分類首先就是忠實地描繪出某些歷史或社會的實在。理查．尼布爾以優良的自由派作風確保，最具包含性的教會論會被看成是最真實的(most truthful)教會論，而任何太在意其身分的教會，以及太關注塑造其年青人的教會，都會被美國文化所拒絕，並視之為初型的「教派/小眾主義者」(sectarian)，在政府中不負責任，沒有運用其給予我們政治工具去改變世界。因此，《基督與文化》是「強制性容忍」(repressive tolerance)的主要例子。由於理查．尼布爾能欣賞他所形容（他宣稱他不過是在形容，而非在要求）的每類教會的「合理之處」（rightness），他本身的多元主義（pluralism）就暗藏了一個假設，就是他的立場（多元主義）優勝過其他更狹窄的教會論。神學上的多元主義成為一個意識形態，為證明美國文化所聲稱的多元主義是正確的。在《基督與文化》裏，自由神學為自由民主制度提供了一個神學的理據。

在這看似平平無奇的多元主義背後，其實是存在著一股微妙的強制力量。理查．尼布爾並沒有為教會描繪出歷史上或當代的各種可能性。他只是證成那已經存在的東西——一個不再去問正確問題的教會，不斷祝賀自己改變了世界，卻沒有察覺到，事實上世界已經將她馴化了。

正是理查．尼布爾教導了我們，要對這類作為「教派／小眾主義者」的言論起疑。教會應該願意去抑制其特性，以致可以負責任地參與文化當中。同時，正是這同一個文化，給了我們廣島（Hiroshima）事件。我們似乎過分嚴苛地批評像理查．尼布爾這一類偉大基督徒的思想——他必定十分痛恨廣島的暴力事件；他努力在他的神學中尋找位置，以肯定教會所作的獨特見證。然而，問題仍然存在於他所提出的分類結構之中——它造成的試探，是叫人相信基督徒與文化有著一種「要是全部要是一無所有」（all-or-nothing）的關係；那就是，我們一就必須負責任地選擇與文化的「全部」有關，不然，就不負責任地選擇成為教派／小眾主義者，與文化沒有半點關係。

當教會以一種世界不會認識的不一樣政治選擇與世界對質時，這算是「教派/小眾主義」嗎？早期的重洗派並沒有脫離世界的意圖，我們也沒有。他們被加爾文主義者的（Calvinist）、信義宗的（Lutheran）或羅馬天主教的（Roman Catholic）社會所殺害，不過是因為他們盡力要去成為教會而已。他們的撤離，不過是要避開敵對他們的人（大部分亦自稱為基督徒）殺死他們的孩子。重洗派並沒有自行撤離世界。他們是被逐出世界。

當君士坦丁式的教會，在後君士坦丁的世界裏喘它最後一口氣時，它可以講的最差的話是，我們在此的呼籲聽來可疑地好像是「部落的」（tribal）。君士坦丁主義者說，如果我們要在一個會投炸彈的世界裏生活，我們這些基督徒就必須抑制我們的特質，與那些願意與我們合作的人共同攜手，努力達至和平與公義。這個論據要說的是，若基督徒（或猶太人，或穆斯林〔Muslims〕）拒絕認真看待現代政府，如同他們認真看待基督徒（或猶太人，或穆斯林）的獨特之處時，他們就會被指控為「部落」，阻礙著以國際合作來共同創建新的世界秩序。

君士坦丁主義時刻要求統一的國教以致能維繫國家。今天，那要求人屈從的嶄新的普世宗教，並不是馬克思主義或資本主義（capitalism），而是這兩種意識形態所服事得甚好的實體——那個無所不能的國家。

我們拒絕部落的指控，尤其是由那些支持最邪惡的部落主義（tribalism）——那個無所不能的國家——的神學所作的指控。教會是在我們的文化中的一個全球性、跨國、跨文化的政治實體（political entity）。教會決意服事上帝而不是凱撒，它並非部落主義。亞美利堅合眾國（United States of America）設立起人為的界限，並以無比兇殘的力量去保護這些界限，這才是部落主義。並且，一個能夠在其生活中宣告和展示上帝而非國家在掌管世界的教會，當其缺席時，便會是國家的部落主義顯得最殘酷的時候。

我們永遠不可忘記，現代的自由民主制度為了保存自己而決定轟炸廣島，以及在德勒斯登（Dresden）投下燃燒彈，更不用提在越南的事。這就是基督徒為了要負責任地參與政治，而必須保存的政治體系（political system）嗎？

教會作為一套社會策略

在說出「教會沒有一套社會策略，教會**就是**（is）一套社會策略」時，我們是嘗試提出另一種察看教會其政治的、社會的含義的方法。教會無需感到被困於理查·尼布爾那虛假的兩難局面之中：教會不是屬世就是脫離世界，不是政治上負責任就是政治上不負責任。教會並不是脫離世界的。除了在這裏，教會根本沒有其他可以存在的地方。在六十年代，教會要「在」（in）世界、要服事世界等言論，顯得十分時尚。我們在想，我們可以證明，對教會來說，身在世界中和服事世界，從來都不是大問題。奈何，最大悲劇卻發生了，因為教會太過願意服事世界。教會並不需要擔心是否在世界中。教會惟一的關注是，它**如何**在世界中——以甚麼形式、為了甚麼目的。

我們早前說過，納粹德國（Nazi Germany）對於教會是一次具破壞性的試驗。在此，教會很願意「服事世界」。教會向納粹主義屈服，並且教會在神學上的無能，以致是非不分、真假不辨，不能以其專有名稱來稱呼自己，這都叫今天的教會不寒而慄。然而，那時還有一部分人，雖然不是經常知道應該做甚麼，但至少能堅持視象而說出事實。這就是那個認信教會（Confessing Church）。當這個教會向希特勒（Adolf Hitler）說不的時候，它算是「自由派」抑或「保守派」，是「教派／小眾主義」抑或「部落」？

在一九三四年，巴特（Karl Barth）寫了「巴門宣言」（The Barmen Declaration），這是認信教會要嘗試看清楚事物的企圖。它這樣寫：

> 聖經已向我們證明，耶穌基督是上帝獨一的道，我們必須聽從，並且不論生死，我們都要信靠和服從。
>
> 我們拒絕那個虛假的教義，就是似乎離開了上帝這個獨一的道，教會仍可以並應該承認還有其他事件和勢力、人物和真理，是上帝的啟示，是其宣告的源頭。（見 *The Church's Confession Under Hitler*, tr. Arthur Cochrane [Philadelphia, PA: Westminster Press, 1962], 239。）

留意這個宣言的本質，它是排他的，而不是包容的，它堅持先正確地**聽**，而非先正確地**做**，並且它對基督作為主的身分，作出了**王權式**（imperial；有比這更好的說法嗎？）的宣告。「巴門宣言」的立場，與一間願意在服事世界時對凱撒作出遷就的教會其所持的立場，截然不同。

比理查．尼布爾在《基督與文化》的類型學更能幫助我們的，是尤達（John Howard Yoder；"A People in the World: Theological Interpretation," in *The Concept of the Believer's Church,* ed. James Leo Garrett, Jr. [Scottdale, PA: Herald Press, 1969], 252～283；編按：後收於John Howard Yoder, *The Royal Priesthood* [Grand Rapids, MI: Eerdmans, 1994]）的類型學。尤達把**行動型**教會（activist church）、**歸信**教會（conversionist church）與**認信**教會（confession church）分別出來。

行動型教會關注建立更好的社會，多於關心教會的改革。行動型教會會透過令社會結構改得更人性化，來榮耀上帝。它呼籲會眾要留意上帝在社會改革運動背後的工作，以致基督徒要參與任何他們找到的為追求公義的運動之中。行動型教會盼望站在歷史正確的那一邊，它深信自己擁有閱讀歷史方向的鑰匙，或擁有用以支持歷史進步的力量的鑰匙。然而，我們早前已留意到，行動型教會的困難是，它似乎欠缺了判斷歷史的神學洞見。它的政治成為了一種冠冕堂皇的宗教自由主義。

在另一方面，我們有**歸信**教會。這教會認為，無論如何改變社會的結構，我們也無法除去人類犯罪所帶來的影響。因此，世俗樂觀主義（secular optimism）所帶來的應許是虛假的，因為它們嘗試繞過聖經對人認罪、與上帝和鄰舍復和的呼籲。歸信教會將政治行動的範圍，從外轉向內，從社會轉向個人心靈。因為這教會只會致力於向內的（inward）改變，因此並沒有為世界提供另一社會倫理或社會結構。奈何，教會因為政治而犧牲了耶穌在政治上的教導，最後，似乎無可避免地淪為冠冕堂皇的宗教保守主義。

認信教會並不是其他兩種進路的綜合，一種有用的中間立場。相反，它是一個徹底的另一選擇。認信教會既拒絕歸信教會的個人主義，也拒絕行動型教會的世俗主義，以及拒絕兩者所持定的「行得通就是忠於信仰」的看法。認信教會認為它主要的政治任務，不在於轉化個人的內心或改變社會，而是在於令會眾有決心在一切事物中均敬拜基督。

我們或會落入認為認信教會的目的是要**有忠心**（faithfulness）、而非**有果效**（effectiveness）的陷阱。然而，我們相信，這是一個錯誤的另一選擇。我們甚少人會承認所持的教會論是相信：不計代價或結果而只求忠心，或只求有純粹的實際果效。那些說「教會必須放棄它的某些原則，以致更能影響社會」的人仍在宣告，教會以影響社會為目標是一個重要的原則。「有果效」一般的意思是，我已經揀選了一個比其他原則更重要的原則。對認信教會而言，「縱使天跌下來」，也要單單敬拜上帝，這是意味著，假如上天真的跌下來，這教會仍然有一個基於信念的原則，而那信念就是相信上帝不會被這困境難倒的。對於那個以「成為教會」這個原則勝過其他原則的教會，它並不是對結果嗤之以鼻。它乃是信靠上帝會賜下指引（rules），而這些指引乃是基於上帝會為帶來上帝的美好結果而在世上所作之工。

認信教會好像歸信教會一樣，亦會呼召人歸信，但它會把歸信描繪為一個漫長的過程，經由水禮歸入一個新的子民、另一個的「城邦」、一個被稱為教會的抗逆主流文化的社羣結構。它嘗試以成為教會來影響世界，就是成為某個世界所不是、也永遠無法成為的東西，因為世界欠缺信仰和視象（vision）的恩賜（那是我們在基督裏得著的）。認信教會尋找**可見的**（visible）教會，就是世界可以清楚看見的地方，而其中的人既信守承諾，愛他們的仇敵，説誠實話，敬重貧窮人，為公義受苦，並為上帝創造羣體這奇妙大能作見證。認信教會沒有興趣撤離世界，但其見證會令世界生出敵意，這卻不教人驚訝。認信教會會帶著一些條件，離開行動型教會所接納的文化，亦會帶著一些例外，去接近行動型教會所拒絕的文化。認信教會可以參與世俗運動，以反戰、反饑餓，以及反對其他任何形式的不人道事件，但是，它視這不過是其必須作的宣告行動的一部分而已。這教會知道，它最有力的見證（也是它能為世界做最「有果效」的事），是真真正正地建立一個有生命氣息、可見的信仰羣體。

尤達亦指出，認信教會將會是一個背十架的教會。就如耶穌所展示的，世界雖然很美，卻是與真理為敵的。在見證時不作妥協，就會導致世界的仇恨。十字架並不代表教會默不作聲，屈服於強權之下；反之，這是標誌著教會革命性地與基督一同勝過這些勢力。十字架不是普遍人類受苦與受欺壓的象徵。相反，十字架是一個記號，表示著當人更認真地選擇上帝對實在的看法過於凱撒的看法時，會有甚麼事情發生。十字架代表著上帝(與我們)永遠向死的勢力說「不」，以及上帝永遠地向人類說「是」。上帝決不會撇下我們，任由我們自生自滅。

教會最重要的政治任務，就是要成為十字架的羣體。

不久前，當美國炮轟利比亞(Libya)的軍事和平民目標時，這行動引來了一場涉及道德問題的激烈爭辯。我們其中一人，親眼目睹一場學生所舉行的非正式集會，他們為此事的道德問題展開辯論。有些人認為，這是不道德的，有些人則認這是道德的。在爭辯之際，一位學生突然轉過頭來說：「牧師，**你**有甚麼意見？」

我說，身為基督徒，我不能接受轟炸行動(尤其是轟炸平民)是一個合乎倫理的行為。

「我們也期待你會這樣說，」另一人說。「你們基督徒就是會這樣說。永遠只會站在道德高地之上，不是嗎？當恐怖分子在機場槍殺一位小女孩，你們會感到十分難過；但是，當列根總統(President Reagan)嘗試撥亂反正，令到幾個利比亞人受傷，你們就會忿怒不止。」

他似乎假設了只有兩種政治選擇：一是如保守派般支持政府，一是如自由派般譴責政府，致力要求聯合國介入。

「你知道嗎？你說的有道理，」我說。「對此甚麼才應該是**基督徒**的回應？」接著，我便按當時想到的回答：「基督徒可以這樣回應：聯合衞理公會（United Methodist Church）明天一早就宣布，它要差遣一千名宣教士去利比亞。我們發現這是福音的廣闊禾場。我們知道如何差遣宣教士。這至少是一個傳統的基督徒回應。」

「你不可以這樣做，」我的反對者說。

「為甚麼？」我問。「請你告訴我。」

「因為到利比亞去是不合法的，列根總統不會讓你得到那裏的入境簽證的。」

「不！這是不對的，」我說。「我會承認，我們不能去利比亞，但這不是因為列根總統。我們不能去那裏，是因為我們沒有一間教會，會產生出有這種勇敢去做出這種事的人。但我們曾經有這樣做過的。」

我們甚願有教會會再次這樣宣告：是上帝——而不是國家——統治這世界，上帝的國度遠比凱撒的國度遼闊，並且，教會的主要政治任務，是要建立一羣清楚看見作門徒的代價，並願意付上代價的人。

3
作為歷險的拯救

福音書清楚說明，當門徒跟從耶穌的時候，他們完全不知道之後會發生甚麼事。耶穌簡單地說：「來跟從我。」祂邀請平凡的人站出來，成為這個歷險(adventure)的一部分，這是一趟驚喜滿佈的旅程(journey)。「耶穌之後去到……」「耶穌帶門徒到……」「從此祂教訓他們說……」福音書的作者選擇以旅程為福音書的框架，這絕非巧合。

今天的教會以異類僑居者(resident aliens)而存在，在不信(unbelief)的社會中作為一個充滿危險的僑居地(adventurous colony)。作為一個不信的社會，西方文化缺乏一種旅程、歷險的意識，因為它不太相信，在培養一種自我保存(self-preservation)與自我表達(self-expression)那愈趨萎縮的視野以外，還有甚麼東西可信。

當我們把啟蒙運動(Enlightenment)的自由主義(liberalism)所產生的社會，與產生那些社會的冠冕堂皇的修辭作對照時，就會發現當下的境況愈發可悲。「我們認為下面這些真理是不證自明的：人人生而平等，造物主賦予所有人若干不能剝奪的權利，包括生存、自由與追求幸福的權利。」這些來自《獨立宣言》（*Declaration of Independence*）的話語，使我們想起那伴隨著創建我們社會而來的巨大的歷險意識。自由主義的歷險（liberal adventure），就是創建一個**自由**（freedom）的世界。藉著把某些原則標籤為「不證自明」（self-evident），並給予人平等和權利，啟蒙運動希望產生出自由的人。擺脱傳統和羣體的壓迫性宣稱，掌管他們自己生命的重要性、以之作為個人的及自然的權利，並得著自主來塑造自己的未來，他們就能成為自由的人。

這個歷險蘊藏了自我毀滅的種子，並在其對人性稀薄的定義之中，以及在其對人類命途（destiny）那不充分的視象（vision）之中，暗暗萌芽。我們所得到的，並不是自我的自由（self-freedom），而是自我中心（self-centeredness）、孤獨、淺薄，以及令人苦惱的消費主義。我們很多市民都不覺得自由，看看我們的藥物架上儲存了大量藥物，四處都裝上防盜系統，還有很多貧民區與濫藥文化，我們便能略知一二。每年有一千八百名紐約人遭謀殺，而紐約市內的警察局，則比很多國家的軍隊還要龐大。這絕非有趣的歷險。

曾經有一段時間，「不信」（unbelief）似乎也是富冒險精神的——當「拒絕上帝」被體驗為一種令人興奮的新可能性，以及被體驗為一種對有分於壓迫的社會成規所作的英雄式拒絕。在我們的日子，不信是西方社會所接納的生活方式，人不再需要任何勇氣去拒絕相信。就如麥金泰爾（Alasdair MacIntyre）所留意到的（Alasdair MacIntyre, *The Religious Significance of Atheism* [New York, NY: Columbia University Press, 1969], 24），我們基督徒已愈來愈少東西，可以給無神論者拒絕相信了！疲憊不堪的教會，已經奪去無神論其早前假裝著歷險的身分。

我們在此探討的好信息是，無神（godlessness）的成功，及政治的自由主義的失敗，都讓基督教可以重新成為一**歷險的旅程**（adventurous journey）。在僑居地上的生活，從不會是已安定下來的。基督徒因著其最珍視的德性，而時刻遭受攻擊和具煽動性的反對，他們時常擔心會失去寶貴的下一代，又被視為無神論文化中的一大威脅，而這個文化亦以自由與平等之名，要征服所有人——基督徒的僑居地可被其成員欣賞為一個挑戰。

我們對教會作為僑居地的意象感到不安。作為一個僑居地，即意味著上帝的子民安頓下來，立樁標出主張，築起圍牆，捍衛他們自己的家園。當然，在一個充滿敵意的世界中——一個過分簡單化地拒絕相信、卻又複雜得要用盡所有微妙的方法來攻擊信仰的世界——僑居地絕對有理由要常作防備（*en guarde*）。然而，當教會立樁標出主張時，這就意味著我們安於現狀，樂於窩居在我們屬靈的、內省的小天地，又或安於任何廣泛社會在以理性、科學、政治或任何主流方式以外所留下的小小空間，或安於任何它能用來理解自己的其他主導方法。

我們的聖經故事，要求教會擺出一副作戰而非防守的姿態。世界與其中的資源、痛苦、禮物與哀號，都是上帝的世界，而上帝亦對祂所創造的東西有所要求。耶穌基督是神性介入那已安然居住的世界的至高行動。藉著基督，上帝拒絕「安坐在祂的寶座上」。那支撐著僑居地的信息，並不只是針對僑居地本身，而是針對整個世界——僑居地惟一的意義，就是作為上帝拯救整個世界的工具（means）。僑居地是上帝向世界所作的，也是為世界而作的主要進攻的工具。

一隊軍隊的成功，並非靠壕溝戰（trench warfare；編按：這是一種利用低於地面，並能夠保護士兵的戰壕而進行作戰的戰爭形式），而是透過軍事策略，不斷向前推進，滲入敵軍陣營中。因此，當提到教會作為一個僑居地，並非要強調它是一個地方、一個堅固的陣地，無論那是從神學上或地理上來說的。僑居地就是一羣不斷前行的人，就如耶穌最初的門徒一樣，不斷努力緊隨著耶穌的步伐。這場歷險會出現很多無法預知的事，也有很多內部爭議，人不知要走哪一條路。它沿途會進行很多對話，又會造訪陌生的地方，不斷自我介紹與道別，也有很多回顧與反省。

在受洗的時候，我們（像第一代門徒一樣）已跳上一列行駛中的火車。身為門徒，我們可以說並非接受一個信經，又或對自我理解得出一個透徹的認識，以致對這樣或那樣有完全的確信。我們成為旅程的一部分，而這旅程在很早之前已經開始，在我們離開以後，它仍將會一直繼續下去。很多時候，我們認為拯救——就是上帝藉著耶穌為我們所作的——全然是個人的決定；或是終於讓自己的頭腦清醒一點，明白了基本的信念；或是對關於我們自己的義與上帝的義（righteousness）有些內在感受；又或重新調整我們的社羣態度。我們將會在這一章指出，拯救不是全新的開始，而是在中間的起始點（a beginning in the middle）。信仰並非始於發現，而是始於記念（rememberance）。故事開始時，我們根本並不存在。這是上帝以獨特的方式救贖世界的故事，這故事邀請我們上前來，並藉著有分於一羣新子民所作的工而得蒙拯救，這羣新子民是上帝透過以色列和耶穌所創造的。這個運動，藉著下述兩種方式拯救我們：（1）把我們置於一場歷險之中，而這場歷險正是上帝對整個世界的旨意；（2）集體地訓練我們要按著真實（true）而非虛假的東西，整頓自己的生命。

一位牧者為嬰孩施洗，並在施洗後以父母與全會眾都能聽見的聲音，大聲對嬰孩說：「小姊妹，藉著洗禮，我們歡迎你踏上一個要用畢生來經歷的旅程。這並不是結局，而是上帝在你生命裏動工的開始。我們不知道上帝會如何塑造你，也無法知道上帝會帶你往哪裏去，為你預備了甚麼驚喜。但我們知道一點：上帝與你同在。」

或許，當保羅形容這是一條出死入生的道路時，他就更準確地說明這個旅程是在洗禮時開始的：

> 我們若在他死的形狀上與他聯合，也要在他復活的
> 形狀上與他聯合；因為知道我們的舊人和他同釘十

字架，使罪身滅絕，叫我們不再作罪的奴僕；因為已死的人是脫離了罪。我們若是與基督同死，就信必與他同活。因為知道基督既從死裏復活，就不再死，死也不再作他的主了。他死是向罪死了，只有一次；他活是向上帝活著。這樣，你們向罪也當看自己是死的；向上帝在基督耶穌裏，卻當看自己是活的。（羅六 5～11）

再次上路

聖經基本上是有關人與上帝一同踏上旅程的故事。經文記載上帝如何描述人類的存在（human existence）。在經文中，我們看見上帝正在把我們生命中不連貫的（disconnected）元素整合起來，使其成為一融貫一致（coherent）的故事，帶著某種含義。當我們欠缺這樣的一種真實的（truthful）、連貫一致的論述，我們便很有可能會把生命視為不連貫的、即興式的（ad hoc）。我們嘗試尋找生命的意義，但若沒有融貫一致的敍事，生命只會時而向左，時而向右，搖擺不定。這是在哥倫比亞廣播電台（CBS）的晚間新聞裏所看到的世界：各處都有災難、無法解決的問題，但隨之而來的廣告時段，會讓我們重新感到這個世界還算不錯（Neil Postman, *Amusing Ourselves to Death* [New York, NY: Penguin Books, 1986]）。難怪現代人類即使大聲疾呼，說自己有作選擇的自由和能力，但他們卻不過是一無是處的一羣，隨處飄泊，支離破碎，對一切事物都麻木，十分可悲。

上帝如何處理人的恐懼、迷茫和麻木？上帝給我們說了個故事：我就是那位「曾將你從埃及地、為奴之家領出來」(申五6)的上帝。要認識這個故事，人方能明白那給以色列的誡命：「除了我以外，你不可有別的神」。聖經沒有指拜偶像會導致人失去自尊，又或沒有偶像的生命會更美好；反而，有限的受造物在沒有聽聞過創造主之時，拜偶像是一甚具創意的回應。惟有當我們聽過上帝的故事，拜偶像才該受斥責。

以色列是一羣十分熟悉這個故事、又不斷聚集起來重述這個故事的人。

> 你就告訴你的兒子說：「我們在埃及作過法老的奴僕；耶和華用大能的手將我們從埃及領出來，在我們眼前，將重大可怕的神蹟奇事施行在埃及地和法老並他全家的身上，將我們從那裏領出來，要領我們進入他向我們列祖起誓應許之地，把這地賜給我們。」(申六21～23)

藉著述說這個故事，以色列視自身為一羣在旅程中的人，視自身為一場歷險。以色列的倫理學，成為支撐著以色列上路所需的德性。我們認為，上帝的子民述說故事並非偶然的；當然，對說故事有強烈傾向，與馬太、馬可和路加這些原始、前理性的人(他們說簡單故事，反之我們這些精巧的人並不會這樣做），兩者是毫無關係的。故事是基本的媒介，讓人談論和聆聽上帝，它也是人類惟一既複雜又引人入勝的媒介，足以讓人能夠理解到，與上帝同在究竟意味著甚麼。

有趣地，初期的基督徒並非始於對道成肉身的形而上學（metaphysics）——即是從福音書的記載抽取出來的基督論——作信經式的臆測（creedal speculation）。他們以耶穌的故事作開始，談論那些因著與祂相遇而生命得著改變的人。因此，福音書的作者藉著精巧而引人入勝的表達方式，開始訓練我們效法祂的生命而活。就如耶穌首批門徒的錯誤想法所展示的，若要明白耶穌，必須先與祂契合。在某種意義上，我們是在認識耶穌**之前**便跟從了祂的。再者，我們是在認識自己之前便認識了耶穌的。若沒有人指示我們，像首批門徒得著指示一樣，我們又如何能夠發現關於自己的真相：既是罪人及滿有誤解，但卻得蒙救贖和給充權（empowered）？

透過述說這些故事，我們漸漸明白到，我們生命的意義和融貫性確是一份禮物，這與我們自己那英雄式的創造無關，而是必須要有人告訴我們的一些事，就是一些若脫離了信仰的羣體，我們就無法得知的。這個被我稱為「我的生命」的小故事，因著被置於上帝更大的歷史敍述，而被賦予宇宙的、永恆的意義。「**我們**在埃及作過法老的奴僕……耶和華……將我們從埃及領出來……保存我們。」我們生命的意義，竟是如此令人恐懼地要視乎別人的故事而定，而基督徒就是那些聽到這個故事，又能視之為我們的拯救，並告訴其他人的一羣人。

讓我們藉著一個故事以說明這一點。我們認識一位牧者，他已經退休，不再擔任牧職的工作。最近，他應邀回到謝迪格羅夫（Shady Grove）的教會講道，在六十年代，他曾經在那裏牧會五年，那五年可真是困難重重、驚濤駭浪！他認為那趟親切的邀請也甚為諷刺，因為那羣會眾曾經在他就任後一年，便因著他時常就種族與當時的越戰問題挑戰會眾，令教會開始分裂，所以感到忿怒，並要求主教開除他。

當然，在某種意義上，他們不再是「相同的」會眾，而他亦不再是相同的牧者。二十年過去了，時間讓他們能夠放下過去的成見與誤解。他決定接受他們的邀請。

那一個星期日終於來到。崇拜進行時，這位前牧者留意到會眾有點不一樣。在二十年前，這個社區剛開始有不同種族的人搬遷進居住。到了今天，周圍的社區差不多有八成居民都是黑人，僅兩成居民是白人。昔日，他曾經告訴會眾，若他們無法與其他會眾融合，歡迎黑人會友，他們便必死無疑。或許，他們聚在一起的生命，證明了他昔日的言論是對的。現在有兩成會眾是黑人，而會眾的平均歲數，卻比他印象中的還要大，但這些會眾仍然存活，乃因增加了一羣年青的黑人會友。

當他站在講台上，他便開始講述希伯來書十一至十二章，那些信心偉人的故事。「挪亞因著信……亞伯拉罕因著信……」他告訴眾人，對他來說，能夠再次回到這間教會當中，足以證明希伯來書對信的定義是何等實在。信在於每個人都成為朝聖之旅的一部分，向前踏出一步，就像亞伯拉罕、撒拉一樣。

他回想到六十年代於謝迪格羅夫的困難日子，當時大家正爭辯著是否要接納所有來到教會的人。他回想起在執事會中，曾有一人雄辯滔滔地表明她如何深信教會必須要在種族歧視的時代中作見證者。他又指出，會眾中曾有人以極大膽及具有創意的方式，決定謝迪格羅夫不單會接納所有到來的人，也會積極參與外展工作，讓其他人一起成為他們生命中的一部分。他提到現已八十多歲的森．瓊斯（Sam Jones）曾經作過的祈禱，他祈求有勇氣以面對不斷改變的世界所帶來的挑戰。有人在禮堂後排高呼：「阿們！」

「你知道嗎，你們真的聚在一起成為一間教會，」他說。「你們成為一羣比你們所想還要好的人。我必須承認，你們是比我所想更要好的教會！這實在需要很大的勇氣，但你們做到了。我盼望那些已經離去，得著賞賜，對這個羣體十分重要的人，能夠看見你們現在的樣子。我相信他們此刻能夠看見你們。」

在一羣平凡的會眾當中說故事，似乎沒有甚麼大不了。但是，這件事令我們留下深刻印象，因為它**就是**這樣平凡。在類似的說故事經歷中，會眾從經文中得著提示。畢竟，希伯來書的作者也是這樣處理昔日的會眾：藉著說有關信的故事，談到亞伯拉罕和撒拉踏上旅程，去到他們不知道的地方。教人驚訝的是，這些在信中踏前的先鋒，生命乃是建基於不能見之物上，他們願意開始一個不知終點在哪裏的旅程，成為我們那在信中的父母。亞伯拉罕與撒拉、該隱與亞伯、挪亞與謝迪格羅夫，我們有的並非甚麼英雄人物，而是一位偉大的上帝，祂拒絕放棄祂的創造，祂不斷回頭，拾起散落一地的碎片，繼續這個故事：「之後……」「接下來……」

那位牧者在其講道中重提會眾面對謝迪格羅夫居民時的掙扎，而他們亦發現自己像聖徒一樣，正在與亞伯拉罕和撒拉同行，這再一次教他們感到驚喜。

牧者的重要責任，就是要幫助類似謝迪格羅夫的會眾，瞥見自己那短暫的年日和小小的地方就是一個歷險，它就是這個故事的一部分。

在一個不信的世代與隨之而來的結果當中，即使是平凡如謝迪格羅夫教會的故事，聽來也一定是驚險萬分，甚至像英雄故事一樣。因為世界的犬儒主義（cynicism）與不信，叫任何人——即使是平凡人——的勇氣、延續性與確信，看起來都是充滿危險的，並充滿英雄色彩。一個不信的世界，能夠讓所有敢於忠心的人成為聖徒。

那位退休的牧者（有人曾經稱呼退休的衞理公會牧者為「疲憊不堪的牧者」〔worn out preachers〕）並不是英雄，他只是善於說故事而已。幸好，這是一個需要領袖（而非英雄）的羣體，這些領袖能使教會與其重要的故事（essential stories）保持聯繫，而故事打從開始時，已經決定了教會的樣式和意義。因此，我們在教會中學習相信平凡人，就如謝迪格羅夫的弟兄姊妹學習相信他們的牧者一樣，甚至樂意邀請他回來說故事，因為他正是那位可以藉著故事，去提醒他們是如何來到這裏的人。

當然，忠心的牧者嘗試道出的故事，也是牧者的故事。藉著講述謝迪格羅夫的故事，這位已退休的牧者——或許也像很多退休人士一樣，對自己多年事奉所意味著的東西，帶點嘲諷與懷疑——視自己的生命為旅程的一個重要部分。我們希望神職人員能夠明白，成為歷險的一部分，比單單成為「專業助人者（helping profession）的一員」好得多。這一點讓我們容後再作討論。

得蒙拯救，就是再次上路。我們往往把拯救描繪為：當我們獲得一種新的自我理解時，就為我們提供一種有意義的存在。在此，加上我們向來強調的基督徒生命的敍事本性（narrative nature），我們要指出，拯救是受洗歸入一個羣體，這羣體有一個如此真實的故事，以致我們忘記了自身及所有焦慮，好成為這個故事的一部分；那也是一個上帝藉著聖經不斷告訴以色列和教會的故事。當眾門徒與謝迪格羅夫教會的會眾接受耶穌的邀請的時候，他們根本不知道之後會發生甚麼事，而這正是拯救教人興奮的地方：教會為我們提供各種各樣的新機會，讓我們經歷上帝那愛的深度，並指引我們的生命。

舉例來說，今天有很多社會階級向上流動的「嬉皮士」（yuppies），他們在生兒育女的問題上，往往被批評為過於貪婪和物質主義，因為很多嬉皮士夫婦都樂於處於一種

“DINK”（英文為“Dual Income, No Kids”，即夫婦二人都有收入，卻沒有孩子）的狀況。我們認為，他們的物質主義與欠缺生兒育女的經驗，都是一種更深層的病態症狀。這班不幸的年青人，知道（儘管是潛意識地知道）自己的生命是空虛和無意義的，是全無方向或目的。至少，他們還算有良心，沒有把小孩子帶進這個空虛之中。

確實，今天其中一個最富啟發性的對話，就是為何我們要生小孩。我們無法提出充足的理據生養小孩，在在說明了我們的社會是何等空洞。我們最好的答案或許是：「有了小孩子，我們就不會那麼孤獨了。」（那倒不如養頭狗吧！孩子只會叫父母感到更孤獨！）又或：「孩子讓我們尋著生命的意義。」（這樣的孩子只會淪為我們的財產，與一輛寶馬汽車無疑。）

基督徒生兒育女，乃是為要告訴他們這個故事。幸好，小孩子喜歡聽故事。我們受洗的責任，就是要把這個故事告訴我們的下一代，在他們眼前按著這個故事而活，花時間在上帝所創造（若沒有這個故事，我們根本無法得知道這個事實）的世界（雖然這個世界將會滅亡）中擔起作父母的角色。我們生養小孩，乃是見證著將來並非由我們掌握，而且生命即使在充滿威脅的世界裏也是值得的，並非因為「孩童是未來的盼望」，而是因為**上帝**是未來的盼望。

若我們欠缺好的理由去生兒育女，我們也沒有好的理由去決定不生小孩。基督徒有自由去決定不生小孩，並非基於當代的思維（諸如「我不想被捆綁著」、「我不會把小孩帶進這個一團糟的世界」)，而是因為我們相信上帝有能力，藉著見證與歸信而非透過自然繁衍去創造一羣子民。教會必須透過洗禮而非生育不斷創造新一代。

能夠邀請我們的兒女與別人的兒女，成為這個被稱為教會的偉大歷險的一部分，實在是我們的榮幸。基督徒必須反思，當猶太人要時刻面對基督徒與異教徒的逼迫與威脅時，他們仍然繼續生兒育女，這是多麼大的信心。上帝的子民，不可任由世界去決定他們要怎樣回應未來。

歷險的德性

當耶穌呼召門徒並差遣他們時(路十 1～24)，祂告訴他們不要帶口袋，也不要帶鞋，這些都是大部分旅程必備的東西。他們踏上這個旅程，惟一要帶備的，就是由祂賦予權柄的信心。故事記載門徒歡歡喜喜地回來，對他們擁有耶穌的能力，他們感到十分驚訝(十 17～24)。每當確認福音的真實時，門徒往往比其他人更感驚訝，因耶穌所應許他們的，真的不可思議地應驗了。

某程度上，雖然耶穌要門徒卸下那些世界看為重要的裝備，但祂卻沒有解除他們一切的擔子。祂挪去他們那些虛假的裝備，以致祂可以把更重的擔子放在他們身上。藉著要他們必須相信祂而非他們所擁有之物，耶穌向他們展示出，這是一個需要培養出某些**德性**(virtue)的旅程。若沒有裝備好面對危險，人就不應開始危機四伏的旅程。因此，我們在任何一個好的歷險故事裏，都能看見旅行者時刻受著試煉，而在試煉的過程中，歷險者的品格（character）會得著轉化。探索的過程，要求歷險者不斷以新的方式，依仗並發展其自身的德性。

投身於一趟旅程，意味著邁向某個**目標**（goal）。當然，我們無法得知信仰之旅的盡頭是在哪裏，我們只知道這將會是以某種方式，真正、完全地與上帝為友。在此時此刻，我們每天都經歷著對這份友誼的試煉和確認，這些經歷不斷支撐著我們。或許，這正說明了為何耶穌的倫理（ethic），是如此徹底地具有終末性（eschatological）——一種與祂宣告歷史的終結有密切相關的倫理。倫理學（ethics）是目的（*telos*）——結局（the end）——的一個作用。人如何看世界的結局，將會大大影響這個世界。「結局」的意思，並非指這世界的最後氣息，而是從目的、目標和結果的意義上來說的。

這終末性的觀察是更顯而易見、不言而喻的，因為我們知道，我們的社會對於該往哪裏走，是毫無頭緒的。或許，這正是為何我們中間有些長者當記得第二次世界大戰（World War II）的歲月之時，他們往往帶著懷緬之情，這教很多年青人感到驚訝。曾經有一段時間，我們有全國性的目標，並因此有全國性的指引。一場「好」的戰爭，需要犧牲與德性。不幸地，對美國的自負感（sense of self-worth）而言，我們的最後一場戰役，並不算太好。越戰並沒有為我們留下一個故事，以致能使我們為下一代而維持我們自己成為羣體；也沒有為我們留下一個故事，讓他們為父母的犧性感到驕傲。那場戰役，粉碎了我們昔日視自己為有良好德性的國家的形象。

教會並不需要靠著戰爭去給予自身目的與德性，這樣的羣體跟國家是截然不同的。然而，教會知道，單單是這一點，並不需要其他原因，已足以令它置身於一場戰事之中，雖然這場戰役是以福音的武器——見證和愛——來作戰，而不是以武力和高壓統治來作戰。不幸地，對我們來說，武力和權力依然是最自然的武器，因此我們必須反思，我們要如何維持那被稱為作門徒（discipleship）的素質，好讓我們能夠繼續置身於這個歷險之中。

基督徒倫理學（Christian ethics），作為我們繼續這旅程所需的那些德性的一種培育，乃是**革命的倫理學**（the ethics of revolution）。革命者的目標，就是要透過革命使社會得著更新而變化，他們對自我放縱的人沒有多大耐性，對操練（disciplining）這些人，他們也不會有甚麼困難。他們對自己也有同樣嚴格的操練，而這亦是一種指引別人認識真理和美善的方式。革命者不喜歡下述這些資產階級（bourgeois）的德性，例如：寬容（tolerance）、思想開放（open-mindedness），以及包容性（inclusiveness；革命者認為這不過是掩飾，乃容讓掌權者保持社會均衡〔social equilibrium〕，而非容讓人作出挑戰，並作出改變）；他們反而重視誠實（honesty）與對質（confrontation），雖然這可能會給他們帶來痛苦。當中的代價是十分高昂的，反革命的試探是很難抗拒的；要全盤接受革命的羣體，前面的路仍十分難行。對局外人而言，尤其是對掌權的局外人而言，革命者的倫理觀看來十分苛刻、頑固，甚至荒謬；但就革命者的世界觀而言，革命是向著終極的視象進發，這讓革命者的倫理觀變得言之成理。在其自身的世俗方式上，歷險的倫理學與基督徒的倫理學是沒有甚麼不同的。

正如我們在第二章所留意到，基督徒倫理學乃取決於基督徒的故事。我們若不承認自己也是正在進行一趟歷險的旅程，而當中是需要一套特有的德性的話，基督徒倫理學就毫無意義了。舉例來說，當基督徒討論「性」的問題時，往往予人一個我們「禁止性行為」的印象。我們卻沒有清楚說明，性慾（上帝給予受造物的美好禮物）如今乃屈從於這件費勁的事上：在這個慣於以性作為手段，短暫地麻醉或吸引眾人，使他們抽離於生命中的空虛的世界裏，維持一個具革命性的羣體。當性高潮成為自我超越的惟一當代方法時，基督徒要說服人不要濫交，這將會十分困難。要留意，我們的社會甚少提及愛滋病所帶來的威脅，我們只能夠促請人要保護自己、關心自己：你必須小心與誰發生性行為，因為若你愛上不該愛的人，將會害死自己。諷刺地，正正是這種利己主義，導致我們的性關係異常混亂。因著愛滋病的威脅，我們的社會失去了最後可以勝過人互相仇恨的可悲方法——性。對愛滋病的恐懼，把性轉化為另一種導致我們彼此成為陌生人的媒介。

我們深信，惟有當我們定睛於那既令人興奮又要求苛刻的生命論述時，我們才能夠有力處理諸如性的東西，即那些有力、吸引人、充滿創意與甚具殺傷力的東西。

旅程不單需要一個終點、一個目標，也需要有能力——**堅忍**（constancy）——以繼續旅程。旅行者在變化無常的旅程途中，要學習在困苦之時彼此信任。

現代世界標誌著一種對人格的表裏一致／整全性（integrity）的特殊威脅，也就是我們傾向改變心意、打破承諾，這已成為一種德性。我們稱這種病態的無常為「過客」（Passages）或「成人發展」（Adult Development）。

堅忍需要某種改變。若我們要忠於我們的探索，定下某個較高的目標，我們就必須成為願意隨時迎接驚喜、願意饒恕與被饒恕的人。以謝迪格羅夫教會的弟兄姊妹為例，倘若他們不願意改變自己、不願意被轉化，他們就無法時刻委身，跟隨耶穌。因此，我們無法為堅忍下定義。惟有當堅忍在生命顯露出來時，我們才能看見它，就如謝迪格羅夫教會的弟兄姊妹一樣，我們隨著時日漸逝，才能看見一羣忠於其原初目的（originating *telos*）的人。他們仍然在向著目標前進，在迂迴曲折的過程中，依然定睛於這個探索——在基督裏與上帝為友。

現代人往往透過把抑制與委身切斷，來尋求個體性（individuality）。我必須成為自己。我必須忠於自己。我們愈是能擺脫父母、子女、配偶、責任等捆綁，就愈能「成為自己」（be ourselves），按自己的心意而行，並抓著嶄新又刺激的機會。一般人都是這樣說的。

然而，假若我們的真我（true selves）是由我們共同的生活（communal life）建構成的，那又會怎樣？那個沒有從共同生活所建構的「自我」，又會在哪裏呢？透過消滅我們的依附與委身，自我就只會不斷萎縮。因此，教會給予我們的重要禮物，就是比我們單憑己意而行更為豐富的選擇、委身、責任與麻煩。若沒有耶穌，彼得或會是一位好漁夫，甚至是一位很出色的漁夫。但他不會有別的出路，也永遠無法得知他自己原來是一位軟弱的人，一位先是迷茫，繼而認罪而滿有勇氣的人，甚至在有需要時，他也是一位很好的宣講者（徒二章）。彼得是一真實的個體（true individual），又或更好的說法是，他是一真實的品格（true character）。這並非因為他得著「自由」，或成為「他所想的人」，而是因為他依附著彌賽亞與彌賽亞羣體，這讓他可以抓住自己的生命，且比起他單靠自己，能夠得著更有意義的人生。

我們在會眾當中經歷到自己成為可靠、融貫一致、堅忍的人，這對我們的生命也有重要的含義。我們可以說，婚姻是一個歷險，但這樣的說法，只是因為對門徒而言，他們已經把婚姻納入其在基督裏的歷險的一個方面的類別。我們怎能解釋平凡人如何可以畢生委身於一人，尤其是當我們完全不知道這個委身帶來的一切影響？透過類似結婚或生兒育女這些常見的委身以至堅忍，我們經歷了與眾不同的經驗：在一個令我們成為陌生人的世界裏，學習信任其他人。我們學習忍耐的德性，願意成為旅程的一部分，即使我們並非常常能夠確定旅程會何時終結，又或會在哪裏結束。這需要無比的耐性，特別是在這個要求立即見到成果的世界，牧者需要等待二十年，才能瞥見如謝迪格羅夫等地的國度的樣子。希伯來人從出埃及到進入應許之地，又花了多少年呢？

假如我們的社會已經失落了結婚或生小孩的好原因，那我們就更沒有好的理由保持單身。我們能夠支持獨身的最好理由，不過是我們不想被「捆綁」，又或我們想要「更多選擇」。然而，對那些正在參與那被稱為作門徒的歷險的人而言，獨身則成為一個記號，即教會是靠盼望而存活，而非單靠肉身的後嗣；弟兄姊妹的人數增長不是來自生育，而是透過洗禮；世界的未來與我們的未來的意義，最終乃是由上帝而非我們來決定的。目的和終局，給我們的選擇帶來意義。最終，我們只有一個好的理由結婚或守獨身，即是，一個與我們作門徒有關的理由。

有目標的人

在支離破碎、不斷爭戰的世界裏，基督徒能重新發現，成為和平的子民，是何等的令人興奮和愉快。「和平」本身聽來並不太過教人興奮，但當我們恢復這種自我的感覺，即身為一羣和平的子民，並與世界的戰爭及和平截然不同時，即使是在類似謝迪格羅夫的地方，我們也會再次意識到作門徒的歷險。我們藉著類似申命記六章或希伯來書十一章的經文，又或類似謝迪格羅夫的講道，獲邀去視我們的自身與我們的生命為**上帝的故事的一部分**。如此就建立了一羣有目標（cause）的子民。

倘若我們相信希伯來書或申命記所記載的，我們便真的是榜樣，展示出上帝決意令這個世界重新與其創造主建立一種正確的關係，而這最終就是和平的真諦。

在這樣的故事裏，生命不再是殘酷的，即不只是一件件糟透的事情接踵而至，如我們以往所認知的那種存在。生命中的一點一滴——婚姻、兒女、探訪在療養院的八十歲長者、聽道——都成為救贖的一部分，且被賦予終末性的意義。我們的命運（fate）轉化成我們的命途（destiny），我們可以改變我們自己那過去的、滿是罪惡的歷史，進入愛與服事鄰舍的未來。我們是偶發的存在物（contingent being），其意義與重要性取決於其他的人和事。真正的自由出現了，並非基於我們大聲堅持要獨立自主，而是因為我們已經與真實的故事緊扣在一起，以致我們可以說「是」和「不是」。我們所犯下最壞的罪，源於我們對先天的人性的恐懼——我們是無足輕重的人——所作的回應。

藉著上帝其大能與有目的的故事，我們得以知道自己是誰，而這一點也大大改變了平凡人的生命，如同謝迪格羅夫教會的會眾一樣。他們因此被給予力量，使其從強而有力的社會力量、偏見與慣例中釋放出來；對於很多不認識這個故事的人而言，這些社會力量、偏見與慣例都決定了他們的生命。我們的仇敵、我們的社會大環境，以及我們的過去，也無法決定我們是誰，又或決定我們之所是究竟有何意義，因為上帝藉著基督早已為我們作了這事。現代世界傾向製造一羣源源不絕的受害者，人會因著其經濟狀況、社會地位、教育程度、種族背景、知識或心理問題，而被説成是倒霉的受害者，而其他人會不斷告訴他們要接受命運的安排，不要抱怨，這樣才會更快樂。

謝迪格羅夫的人藉著講述上帝的故事，得以講述他們的故事，以致他們可以誠實地（悔改）回顧過去，視他們自己的未來為一份禮物（饒恕）、一段上帝與我們同在的論述，這是一段絲毫不比申命記六章或希伯來書十一章遜色的論述。

對謝迪格羅夫教會而言，他們在種族問題上的掙扎，是以他們自身對福音大能的經歷為焦點的，這並非出於偶然。今天並沒有太多美國的議題，比起種族問題更能突顯我們需要某些認罪與饒恕的方法。我們已經經歷了一個故事，這故事説出上帝如何來到我們當中，接納我們這羣陌生人，饒恕我們並視我們為朋友。因此，我們也要接納陌生人，在別處饒恕別人。我們的故事，使我們能夠有一個建立在比溫和的「熔爐」（melting pot）更實質的基礎上的羣體，而不會因著不同小羣體的分別而彼此恆久仇視。謝迪格羅夫在一個獨特的羣體中接受到其成員的禮物。我們那獨特的羣體知道，復活的基督會回到祂的朋友當中，即使那些是背叛祂的人；而正因為我們知道這個故事，我們可以期待祂回到我們當中，站在我們當中，饒恕我們，甚至祝福我們。

門徒藉著回望過去，並藉著滿有盼望的歡慶而繼續前行，這盼望乃來自確信上帝不會就此丟棄我們，也不會由得我們依然故我。藉著上帝，我們真的在向前邁進。

4

在僑居地的生活

教會是基督徒倫理學的基礎

就我們所要討論的基督徒倫理學來說，一個較不確定的方法，就是以很多人都討厭的——尤其是主流教會中的溫和派至自由派（moderate-to-liberal）人士——法威爾（Jerry Falwell）為開始。引用法威爾為一個例證，我們便預感到要冒著被人誤解的危險，即以為我們在這裏所提出的，乃是新保守主義（neoconservatism）、敬虔主義（pietism）的一種類型，甚至更差勁的是基要主義（fundamentalism），滿是古怪的語言。

我們提到法威爾，並非支持他的議程（如果我們能明白這議程），而是在倡議就基督徒倫理學而言，其根本的問題，並不是我們應該持守保守派或自由派、左派或右派的立場，而是到底我們應否忠於教會的殊異視象（peculiar vision）——作為門徒其生活及行動究竟意味著甚麼。事實上，我們認為法威爾的倫理學立場，與美國新教主流教會的倫理學立場並沒多大分別。無論他們認為自己是自由派或保守派的，在倫理和政治層面上是屬於左派或右派的，當美國基督徒在努力學習過基督徒生活的時候，他們都已陷於把教會看為可有可無的陋習之中。我們在本章正要處理這個巨大的誤解。

不久以前，法威爾在其典型的星期日電視節目上，做出一些不尋常的舉動，就是向人要求金錢。他為他的「救救小嬰孩之家」(Save A Baby Homes)呼籲捐款。根據法威爾的說法，他的機構正在全國設立寓所，讓那決定繼續懷孕卻遇到困難的年輕女士居住，並接受免費的照顧與支持。在懷孕的過程中，她可以住在「救救小嬰孩之家」，而非接受墮胎手術。羅馬天主教(Roman Catholics)亦早已有類似的計劃。

法威爾所提出的信息大概是這樣的：「如果我們不把我們的資源、金錢給予這個機構，如果那些相信聖經的基督徒，不藉著我們的禮物而展示出我們是願意施予、支持這些年輕女士，並願意為她們作出犧牲的話，那麼我們就沒有權利自義地站在一旁，並且指著她們說：『對不起，你真的不幸。但墮胎是有罪的。那是你的問題。』」

法威爾可能不知道，他的言論開始漸漸接近基督徒的立場：這並非在說墮胎是錯誤的事(雖然它或許可能是這樣的)，而是在說，任何的基督徒的倫理立場都要藉著教會而使人信服。在處理如墮胎等議題時，我們大部分人都受制約，以致要考慮需要以甚麼法例、政府的強制手段及資源去支持一個「基督教」的立場。從這個觀點所衍生的首要倫理工作，就是基督徒要先決定他們對墮胎的立場，繼而要求政府支持這個立場。因為我們有幸活在民主社會中，所以我們這些基督徒可以像社會中的其他壓力團體一樣，向政府施壓，要求透過立法來體現自己的觀點。

自由派基督徒會辯稱，這正是法威爾及其「道德多數派」（Moral Majority）所嘗試做的事，他們試圖把「生存的權利」（Right to Life）的理念灌輸給高等法院，並極力要求國會修例以禁止墮胎。若他們無法公平地說服或改變美國人接受他們的想法，他們就要透過法例強迫我們接受他們的那一套。

然而，自由派基督徒或許不知道，他們其實與法威爾並無分別。他們也期望社會接受他們的倫理學（ethics）。但是，假如問卷調查是正確的，自由派的觀點在如墮胎等議題上是稍為有優勢的，但他們的立場也是多數派的立場，是社會上的掌權者的立場。我們大部分人早已相信我們有「選擇的自由」（freedom of choice），也早已肯定那類似墮胎等敏感議題，是一個純粹個人的議題，與別人完全無關。我們大部分的法例，以及我們社會上的多數派，都早已支持這種常見的倫理立場。

法威爾的言論令我們留下深刻印象，因為他開始承認，基督徒倫理學是**取決於教會的**（church-dependent）。那危若朝露的不僅僅是教會的偽善（hypocrisy）——教會要求政府立法，以執行一些它在會眾當中也無法單靠遊說和對話而做到的事情（雖然法威爾斷言，世界必定對教會冷嘲熱諷，因教會作出各種各樣的倫理宣稱，卻似乎不願意犧牲其自身的資源，以支持這些宣稱）。當教會把其倫理學裝作為一些所有好思考、敏鋭與關心社會的美國人（不論其信仰背景如何，還是有沒有信仰）都認為合理的東西時，它卻低估了基督徒倫理學的**殊異性**（peculiarity）。

基督徒倫理學與其他倫理學一樣，都是「取決於傳統的」（tradition dependent）。其意思是，它們是合理的，並非因為它們所擁護的原則在抽象的層面上是合理的，如同那完全理性的行為——對任何有才智的人，這行為都顯得是合情合理的。只有從我們所相信的事的觀點來看，即從在拿撒勒人耶穌的生平、受死和復活中所發生的事來看，基督徒倫理學才是合理的。從實踐上來説，教會所要求人的事，是人難以自己單獨**去做**（to do）的。平凡如我們的人，要去遵行耶穌的吩咐而作那不平凡的行動，這是棘手的。在法威爾那「救救小嬰孩之家」的背後，可能隱藏著這個實踐上的洞見。除了這些在實踐上要考慮的地方以外，人要單憑己力來**看見**教會對人的要求，亦是十分困難的。在很大程度上，基督徒倫理學乃來自於基督徒宣稱他們已看見了一些世界所未能看見的事，也就是有一羣子民、一個大家庭，一個僑居地的生成，而他們是活生生的見證者，見證著耶穌基督是主。我們這裏所説的傳統，是一既複雜又活生生的論據，透過一羣有形有體、被稱為教會的子民，述説著歷世歷代所流傳下來在耶穌身上所發生的故事。要忠於這個傳統、這個故事，乃是那個以洗禮為開始的歷險（adventure）那最令人振奮的挑戰，這也是基督徒倫理學那最艱鉅的工作。

人不易破除君士坦丁式的思維習慣（habit of Constantinian thinking），這種思維習慣誘使基督徒以凱撒可接受多少基督徒倫理學作為基礎，來判斷他們自身的倫理立場，卻並非以忠於我們那殊異的傳統為基礎。因此，我們就有傾向稀釋基督徒倫理學，以諸如「生存的權利」或「選擇的自由」等主要的世俗標準來過濾它們，且強行要全世界接受這些是放諸四海皆準的常識，並稱之為「基督教的」。

當這樣的倫理學與故事，跟故事的踐行要求並排而列時，就只會顯得它是多麼的不忠不實。

你們聽見……但我告訴你們……

> 耶穌看見這許多的人，就上了山，既已坐下，門徒到他跟前來，他就開口教訓他們，說：「虛心的人有福了！因為天國是他們的。哀慟的人有福了！因為他們必得安慰。溫柔的人有福了！因為他們必承受地土。飢渴慕義的人有福了！因為他們必得飽足。……為義受逼迫的人有福了！因為天國是他們的。人若因我辱罵你們，逼迫你們，捏造各樣壞話毀謗你們，你們就有福了！應當歡喜快樂，因為你們在天上的賞賜是大的。在你們以前的先知，人也是這樣逼迫他們。你們是世上的鹽。……莫想我來要廢掉律法和先知。我來不是要廢掉，乃是要成全。……你們聽見有吩咐古人的話，說：

『不可殺人』……只是我告訴你們，凡向弟兄動怒的，難免受審判；……你們聽見有話說：『不可姦淫。』只是我告訴你們，凡看見婦女就動淫念的，這人心裏已經與她犯姦淫了。……又有話說：『人若休妻，就當給她休書。』只是我告訴你們，凡休妻的，若不是為淫亂的緣故，就是叫她作淫婦了；人若娶這被休的婦人，也是犯姦淫了。……要愛你們的仇敵，為那逼迫你們的禱告。這樣就可以作你們天父的兒子；因為他叫日頭照好人，也照歹人；降雨給義人，也給不義的人。你們若單愛那愛你們的人，有甚麼賞賜呢？就是稅吏不也是這樣行嗎？……就是外邦人不也是這樣行嗎？所以，你們要完全，像你們的天父完全一樣。」（太五章）

基督徒或可辯說我們的倫理學是普世適用的，甚至對於那些不信「耶穌基督是主」這宣稱是合理的人，耶穌的道路也是合理的。這樣，基督徒就可以與所有友善的人攜手合作，即是與那些尋求和平、伸張公義、尊重生命和努力行善的人攜手合作，而不再需要一個強大的羣體 —— 教會 —— 來支持一個所有人早已確認的倫理（ethic）。基督徒或可以接納這樣的倫理學進路（事實上很多當代基督徒就是這樣做），直到我們碰上類似耶穌的登山寶訓的經文。在那裏，即使是最隨便的觀察者也會發現，他或她正面對著一個最不合邏輯的做法。在登山寶訓中，教會與世界之間的界線清楚劃分：「你們聽見⋯⋯但我告訴你們⋯⋯。」「你們聽見」所指的是妥拉（Torah），是信仰羣體的話語本身。耶穌在馬太福音中尊重妥拉，並要求人服從；但祂卻在登山寶訓中強化了妥拉的教導，使對以色列的服從的要求更為明顯，因而再次描繪出，以色列被上帝呼召而成為祂的子民，這是何等奇特的事。

這是一條邀請我們踏進的道路，這道路對世界所早已認識的、由世界所定義的好行為作出猛擊，以及對所有人都認為合理的事情作出猛擊。登山寶訓藉著其宣告與要求，使建立一個僑居地（colony），成為必須的事情，這並非因為門徒需要與眾不同，而是因為假如我們相信並遵行登山寶訓的教導，它就會令我們變得不一樣，並向我們展示出這個世界是異類的（alien），是一處奇特的地方；在這地方裏，其他人認為合理的東西，都會被證明是敵擋上帝在我們中間所做的一切事情。耶穌並不是因為說了或做了所有人都認為合理的事情而被釘十字架的。

人會因他們走上一條與文化的主流趨向截然不同的道路，而被釘十字架。假如耶穌在登山寶訓曾經辯稱：與得罪你的人和好是明智的，因為這行為會顯示出對方好的一面；為羅馬官兵挑背包是明智的，因為這樣的一個行動將有助揭露人最基本的人性（即使在羅馬的佔領軍中間亦然）；那麼，耶穌或應恰當地被指控為一個天真的浪漫主義者，因祂對人類真正的行為模式一無所知。然而，耶穌並沒有作出這樣的宣稱。相反，在登山寶訓最後幾節經文中，卻清楚說明：門徒要「連左臉也轉過來由他打」，「同他走二里」，「不可姦淫」，「要忠於婚姻的誓言」，因為**上帝**正是這樣的。「要愛你們的仇敵，為那逼迫你們的禱告。這樣就可以作你們天父的兒子；因為他叫日頭照好人，也照歹人；降雨給義人，也給不義的人。」(太五 43～45)

我們的上帝對那不懂感恩與自私的人十分仁慈，祂叫日頭照好人，也照歹人。這就是藉著耶穌向我們明確及具體地啟示出祂自己的上帝，也是我們單憑自己永遠無法認識的上帝。在我們嘗試按耶穌的生平、受死和復活所揭示的實在（reality）那令人震撼的視象而生活時，我們的倫理立場，就源自於我們的神學宣稱。基督的門徒，就是那些走出習以為常的生活模式，而順著上帝的本性而活，並且「要完全，像你們的天父完全一樣」(五 48）的人。

當然，這聽來是如此的狂妄。就如耶穌在另一個場合說：「只有一位是善的」(太十九 17)。我們只是有限的人類，登山寶訓卻言明我們要過如上帝般行事的生活模式，這是近乎荒謬的。那些軟弱的、有限的、會衰殘的人類，如何能夠成為非暴力的、完全忠心的，甚至像上帝般完全？那膽敢促進這種倫理的，又是哪種巨大的倫理英雄主義者？

我們往往會說類似這樣的話：「噢，耶穌是在說祂自己吧！祂是有史以來最好的人。祂從沒有打算要求我們按字面意義地跟從祂的話。」然而，登山寶訓使人深刻印象的是，它對日常生活的每個核心細節的注意。耶穌似乎是在提供非常實際、明確的指引，好教導我們當有人得罪你、傷害你、與你結婚時，你該怎麼做。耶穌明顯**認為**祂在給予我們實踐的日常指引，好教導我們如何過像門徒般的生活。

我們或會說：「登山寶訓只是打算對那些個別的人、英雄式的倫理巨星、聖人而說的。它從來不打算在社羣結構中被體現出來的。」大部分人最初是從萊因霍爾德·尼布爾（Reinhold Niebuhr）的《道德的人與不道德的社會》（*Moral Men and Immoral Society* [New York, NY: Charles Scribner's Sons, 1960]）中聽到這個說法。簡單來說，萊因霍爾德·尼布爾辯說，耶穌的倫理學充其量是最直接地應用在個人或兩個人之間的關係上的。當我們聯結成羣時，我們就需要一個更現實的和實踐的方法，它要把社會中人類的本性這因素考慮進去。耶穌或許提到要愛仇敵，但我們這些更老練的現代人都明白到，當我們把這種愛應用到今天那些十分複雜的社會問題時，這種愛便是不切實際的。因此，我們努力尋求公義——萊因霍爾德·尼布爾認為，這就是耶穌那簡單的、強調個人的愛的一種具體化、現實的形式，以及是適用於社會的形式的。幸好，尋求公義是好事，因為即使是那些久歷世故的現代人，他們雖不知道上帝「叫日頭照好人，也照歹人；降雨給義人，也給不義的人」，但他們同樣相信公義。

但不幸地，類似的推論，又是另一種典型的後君士坦丁式教會在神學上所作的合理化推論。登山寶訓所強調的，正是萊因霍爾德·尼布爾與大部分現代教會所棄絕的東西，就是要建立一個可見的、踐行的基督徒羣體。耶穌正是在這裏教導祂的門徒（太五 1～2）。雖然祂的教導並沒有排除「羣眾」（五 1），因這位老師所擁有的其中一項能力，就是邀請所有人進入這個國度；但這篇講章的對象，是那些聽到呼召去作鹽作光的人，是那些願意藉著他們的生活「讓他們看見你們的好行為，又頌讚你們在天上的父」（五 16）的人。按著這些教導，我們所有人或會成為「你們天父的兒子」（五 45）。這些説話是對僑居者（colonists）説的。登山寶訓不一定是針對個人而説的，正因為單憑一己之力，基督徒就很易失敗。惟有成為非暴力的羣體中的一員，殘暴的人才能做得更好。登山寶訓不是要鼓勵英雄式的個人主義，它反而藉著要求我們成為完全，像天父完全一樣，以及藉著要求我們像上帝待我們的方式去待其他人，來徹徹底底地擊敗那個人主義。

因此，我們便可以説，我們並非單單為了提倡羣體而為它辯護。基督徒的宣稱並不是説，每個人都應該以羣體為依歸，因為在羣體中生活總比獨處好。基督徒的宣稱乃是，在教會中生活是更好的，因為根據我們的故事，教會正巧是**真實的**（true）。教會是惟一環繞著真理——即耶穌基督，祂就是道路、真理、生命——而被形塑的羣體。惟有以祂的故事為基礎，真正的羣體才有可能出現——祂的故事向我們揭示了我們是誰和世界發生了甚麼事。

在像我們這樣的世界裏，我們很容易就會受吸引而要尋求羣體，尋求任何的羣體，並視其本身為善的。當我們開始從長期的委身中抽離、開始維護一己的權利，以及開始單獨思考之時，自由社會總有方法叫我們彼此成為陌生人。我們的社會是一個龐大的慾望超級市場，在其中，我們每個人都受鼓勵要獨立自足，要走出去，奪回世界所虧欠我們的東西。

西方民主國家對「意義」（meaning）百思不得其解。它們向其公民承諾，它們會打造一個民主社會，讓每個在其中的公民也有自由去創造他或她自己的意義——對大部分人而言，意義變得僅僅是有自由在更高水平上消費而已。或許，馬克思主義式的社會（Marxist societies）其中一個最吸引某些西方知識分子（包括了基督教的知識分子）之處是，馬克思與社會主義的社會，傾向是那支持古舊理想的最後一道防線，即相信政府可以賦予人生存的意義。有一段時期，當大部分西方民主國家已採納了較為審慎的立場，即宣稱僅是身為美國人或西德人，便會給人類的存在帶來目的和意義，是一種道德的基礎；而馬克思主義及其仿效者則仍然倡議一個社會，是建基於「與工人休戚與共」（Solidarity with the Workers）或「和平與公義」（Peace and Justice）的，又或建基於另一些能賦予意義給那些微不足道的人的社羣理想（communal ideal）。把個人的熱望融合於國家的熱望，並成為那在國旗後齊心踏步的一員，這早已成為一種普遍方法，以克服對個人自身生命的實體（substance）的懷疑。

當人十分抽離，並且缺乏目的和一個融貫一致的世界觀時，基督徒就要更加對關於羣體的言論持懷疑的態度。在像我們這樣的世界裏，人將會被諸種羣體所吸引，因它們向他們承諾，有一條簡單容易的出路，以脫離孤獨，並根據共同喜好、種族或民族特質，又或共同的私利而獲得團結之感（togetherness）。過去甚少人會檢視羣體會否成為專制的羣體，像個體的自我一樣。當羣體的惟一目的是加強一種歸屬感（a sense of belonging），以致克服孤單個體的脆弱性時，羣體就會成為極權主義者。

基督徒羣體，即在僑居地中的生活，主要不是關乎團結之感的。這是有關耶穌基督與祂所呼召的人在一起的方式。這是有關我們如何按著真實的故事來規範我們的慾望與需要；那真實的故事為我們提供資源，以致我們可以過真實的（truthful）生活。在一同活出這個故事的時候，團結之感就會出現，但這只是為了努力忠於耶穌而衍生出的副產品而已。

我們必須留意，所有倫理學，即使是非基督教的（non-Christian）倫理學，也是源於一個傳統，它描繪著世界運作的方式、何謂真的、甚麼是值得擁有的，以及甚麼是值得相信的。傳統是一種功能（function），也是羣體的產物。因此，所有倫理學，即使是非基督教的倫理學，也只能在它具體落實於一套社羣踐行中時，才變得是合理的——那些社羣踐行構成了羣體。如斯的羣體，會支持一種是非的判斷。然而，大部分現代倫理學都是始於啟蒙運動（Enlightenment）的前設：人都是孤立的、英雄式的自我，是理性的個體，獨立自足、自己作決定和選擇。這類倫理學的目的，就是把個體從他或她的傳統、父母、諸故事、羣體與歷史中抽離，並容讓他或她獨立自足，自己作決定、選擇，以及單獨行事。在我們這類社會中，這是極具價值的一種倫理，因為企業需要工人只專注在工作上，並要他們適當地從羣體中抽離出來；企業也需要人願意任由企業調配、任由使喚。長大成人，成為一個成熟、有用的成年人，那人也因而等於成為沒有任何羣體、傳統與家庭阻礙的人。康德（Immanuel Kant）最明確有力地表達出這種英雄式、徹底地個體的及主體的（subjective）倫理，而這種倫理至今仍然存在，並以那被稱為「處境或情境倫理學」（Contextual or Situation Ethics）的扭曲方式出現，亦在我們社會中以普通人的慣常倫理智慧的方式出現。「我要做甚麼，這是我自己的事。」「先確定你是對的，之後就勇往直前。」「我這樣做，因為在我看來它是對的。」「你有甚麼權來批判我？」

我們沒有察覺到，即使是康德式的倫理——建基在關於孤立的、理性的個體的神話之上——也是源自一個故事、一種關於世界如何運作的描述，並且由一個羣體所支持著的。個體主義式（individualistic）、處境主義式的（contextualist）倫理學，乃是取決於一個「羣體」——這「羣體」是藉貶抑羣體而存在的——也取決於一個「傳統」，這「傳統」宣稱我們可藉著脱離舊有的傳統而得著自由。這種後康德式羣體的共同生活（life together），並非藉著宣告上帝國度的闖入（inbreaking）而開始，而是藉著宣稱每個人都有自由為自己發掘自己的倫埋學，有自由成長而為成年人——那得釋放的、自主的、抽離的及自由的個體——而開始的。

登山寶訓暗示著，正因我們身為孤立的個體，所以我們就缺乏了倫理學的及神學的資源，無法成為忠心的門徒。基督徒倫理學的問題，並非那啟蒙運動的常規問題：「平凡如我們的人，怎能過著英雄般的生活？」那問題是：「究竟怎樣的羣體，才能支持那非暴力、對婚姻忠貞、願意饒恕、心存盼望的倫理，正如耶穌在登山寶訓所勾勒出來的？」

所有基督徒倫理學都是社羣倫理

讓我們回到開始時所提過的法威爾那「救救小嬰孩之家」：每當基督徒以為我們可以藉著向國會施壓，使他們通過法例或動用稅款，我們就能夠支持我們那套倫理時，我們其實是沒有公正地對待基督徒倫理學那徹底地羣體性的性質（quality）。事實上，今天大多數被認為是基督教所關注的社會議題，無論是左派的或右派的，都是一間教會——它似乎對其成為教會感到絕望——所關注的社會議題。我們因無法藉著宣講、洗禮及見證，塑造一可見的信仰羣體，便自我滿足於那代用的基督教倫理活動，例如：遊說國會支持漸進式的策略，要求整體社會少一點種族歧視，少一點濫交，少一點暴力。法威爾的「道德多數派」與任何反對他的主流新教教會並無差別。兩者都暗示，人不用成為基督徒羣體的一分子，也可以踐行基督徒倫理學。兩者都以君士坦丁式的假設（Constantinian assumption）為開始，即是認為若不請求世界透過其在社會及政治上的建制來支持我們的信念，我們就無法使福音立足於世界之中。結果是，福音被轉變成公民的宗教（civil religion）。

然而，法威爾是正確的，假如他真的藉著「救救小嬰孩之家」而暗示，若基督徒不是同時想到教會，他們就無法討論類似墮胎的議題。基督徒的本分並非要負責驅使平凡人個體地開創一個英雄式、個體的行動方案。登山寶訓並不在意歐洲啟蒙運動的迷戀，即對個體的自我作為最重要的倫理單位（ethical unit）的迷戀。對基督徒而言，教會才是最重要的倫理單位。在某程度上，人在傳統上為「社羣倫理學」（social ethics）定名，這是多此一舉的。所有的基督徒倫理學都是社羣倫理學，因為我們的倫理學全都假設了一個社羣的、羣體的、政治的起始點——教會。所有的倫理學回應，也是在這裏開始的。透過教會的教導、支持、犧牲、敬拜與委身，完全平凡的人也可以做出一些與眾不同的，甚至富有英雄色彩的行動，這不是基於他們自身的恩賜或能力，而是因為他們有一個足以維繫基督徒德性（Christian virtue）的羣體。教會讓我們成為更好的人，比我們憑一己之力所做到的更好。

因此，我們對類似墮胎等問題的回應，某程度上是羣體的、社羣的與政治的回應，但卻全然地是教會的（ecclesial）回應——類似洗禮的情況。每當有人受洗，無論是小孩或成年人，教會就接受了那人。這位新基督徒就被移置（engrafted）於一個家庭之中。因此，我們無法對十五歲的孕婦說：「墮胎是罪。這是你的問題。」反而，這是**我們**的問題。我們必須問我們自己，我們要成為怎麼樣的教會，以致能幫助平凡如她的人，能成為耶穌呼召她所要成為的那種門徒。更重要的是，她在羣體中存在，這能夠讓教會有非同尋常的機會好成為教會，並誠實地檢視我們自身的確信，好察看自己有否忠於這些確信而活。我們不會視她為某些迫切要被解決的社會問題，藉以消除我們自身對她所要負的責任，以及消除我們為她作出任何犧牲的需要（因為我們的故事教導我們，要尋求這樣的責任和犧牲，而不是透過政府的幫助來逃避它們）。反而，我們乃蒙受恩典，能夠視她為上帝的一份禮物，為要幫助平凡如我們的人，去發現教會是基督的身體。

有關基督徒倫理學那過時的爭論，即基督徒倫理學應強調個人還是社會，強調個人歸信還是社會轉化的爭論，其實它是帶有誤導性的。登山寶訓的要求提倡人對罪惡採取不抵抗的態度；為了嘗試理解這點，奧古斯丁（Augustine）宣稱，這樣的行動所需要的「並非肉體上的行動，而是一種內在的氣質（inward disposition）」（Augustine, *Reply to Faustus*, 22, 767）。因此，奧古斯丁花了很長篇幅，嘗試疏導登山寶訓所造成的人類困境，他把寶訓所要求的，從外在與踐行性的理解，轉向內在與主體性的理解。這個詮釋並沒有得到經文本身的支持——經文的角色並不是培養某些主體的態度，而是塑造一羣可見的上帝子民。我們的倫理學的確涉及個體的轉化，但那卻不是一種主體、內在、個人的經歷，而是一羣已經被轉化的子民的工作，這羣子民接納了我們、支持著我們、操練著我們，而且也使我們能夠被轉化。基督徒要為混亂不安的社會所提供在政治上最有趣、富有創意的解決方案，並不是新的法例、給國會的忠告，或是要求增加社會項目的撥款——雖然我們都支持這些全國性的努力成果。我們所要提供的那最具創意的社會策略，就是教會。我們在這裏可以向世界展示一套生活方式，是世界永遠無法透過社會的高壓政治或政府的決策行動而實現的。我們藉著向世界展示一些它所不是的東西，即是一處上帝以陌生人組成一個家庭的地方，我們就是在服事世界。

基督教信仰承認，我們是充滿暴力、恐懼和顫驚的受造物，無法藉著自己的理性或意志，脫離會滅亡的生命。因此，福音並非始於那斷言——我們是充滿暴力、恐懼和顫驚的受造物——而是始於以下的許諾：假如我們願意獻身於一個真實的故事，以及獻身於那個藉著在教會中聆聽和演示這個故事而被形塑的羣體，我們將會被轉化為更有意義的人，比我們憑著自己要好得多。

就如巴特（Karl Barth）說：「〔教會〕存在……乃是為了在世界中建立一個新的記號，它與〔世界〕自己的做法截然不同，並以充滿應許的方式與之相違。」（Karl Barth, *Church Dogmatics,* 4.3.2.）

我們所見的，就是我們之所是

從倫理上來說，登山寶訓以八福為開始，耶穌並沒有吩咐門徒**做**任何事；這一點應該引起我們的關注。八福是**直**

說式語氣（indicative mood），而不是**命令式語氣**（imperative mood）。它一開始就先告訴我們**上帝**做了甚麼，之後才說出我們要做甚麼。

試想有一篇講章是這樣開始的：「貧窮的人有福了。饑餓的人有福了。失業的人有福了。分居的人有福了。長期病患者有福了。」

會眾必定會為之側目。這是甚麼一回事？在屬世的國度裏，假如你是失業的，別人會把你視為那些患了某種社會疾病的人。在屬世的國度裏，長期病患者成為我們醫療制度的笑話，是那些要被關起來的人，眼不見為妙。他們怎可算是有福的呢？

宣講者回應說：「對不起，我應該說清楚一點。我不是在談論屬世國度的道路。我是在說上帝的國度。在上帝的國度裏，貧窮的人是尊貴之士，患病的人是有福的。我嘗試讓你們看見一些有別於你們所習慣了的東西。」

登山寶訓所依靠的是一個神學假設：假如宣講者可以先讓我們看見哪些人是蒙上帝祝福的，我們自己就能夠踏上蒙福之路。我們只能夠在我們所能看見的世界之中行事。視象是倫理學所需要的先決條件。因此，八福並非是為實現更美好的社羣而有的一個策略，而是一個指示(indication)，一幅圖畫，是關於一個新社羣的闖入的一個視象。八福都是有關在上帝國度中生活的直接說明、應許、實例與具想像性的例子。在馬太福音五章，耶穌重複提到舊有的誡命，這些誡命本身已經是人難以遵守的，祂卻繼而徹底地深化了其意義；祂此舉並非要給潛在的倫理英雄加上某些巨大的倫理擔子，而是要說明在我們當中正發生甚麼事情。這個實例並非律法，讓人可以從中詭辯地得出推論；相反，這是一具想像性的隱喻（metaphor），它嘗試在我們的想像範圍之內震撼人心，以致聽眾可以一個徹底不同的方式來理解他或她的生命。這種把道德觀推至極限的做法，並不是要即時為道德觀效勞，而是要幫助我們看見嶄新的東西，看見那反對我們慣常所聽見的說話的東西，就是我們無法單單倚仗自己舊有的意象，去斷定甚麼是對，甚麼是錯。

當我們把八福約化為正向思考的格言、一些助人過渡困境的新規則，那麼我們就會錯過這一切。我們聽過多少篇呼籲人要締造和平、要謙恭、要照顧貧窮人等說教式的講章？那直說式語氣，成為了說教的命令式語氣、一些新的規則，它們形成倫理的行動主義（ethical activism）、痛苦或安全感的諸種傳統形式，視乎哪一種自我欺騙在踐行者身上起作用。因此，和平是「合理的」，因為所有人都知道，如果我們不與蘇聯人談判而達成一份條約，我們或會粉身碎骨。在祭壇獻祭前，先去與教會的弟兄姊妹和好，是十分合理的，因這有助於建立一羣更合一的會眾。

就如利舍爾（Richard Lischer）問：「但為甚麼那位老師要為強化所有人都知道的東西，而被釘十字架？」（Richard Lischer, "The Sermon on the Mount as Radical Pastoral Care," *Interpretation* 41 [1987]:161 ～ 162.）

假如這並非是要我們遵守的嶄新和更嚴謹的規則，而是一幅說明上帝真貌(the way God is)的圖畫，那又會怎樣呢？當然，我們永遠都會以為，經文主要是關於**我們**要做甚麼，而非一幅說明上帝**是**誰的圖畫。假如耶穌所提出的行為，如「有人打你的右臉、連左臉也轉過來由他打」，乃是一個有用的手法，好讓對方更好的一面得以展現出來；那麼我們可以恰當地說，祂在倫理上是天真的。但對於登山寶訓的倫理學，其基礎並非甚麼是有效的，而是上帝究竟是怎樣的。耶穌並非鼓吹「轉過臉來」是有效的方法（它多數是行不通的），而是強調上帝就是這樣的——上帝以恩慈善待那些忘恩負義和自私的人。這不是為達到我們所想要的而被使用的策略，而是我們惟一可得到的生活方式；我們在耶穌裏已看見上帝所想要的。我們要尋求與鄰舍復和，並非因為我們在之後會感受好得多，而是因為復和正是上帝在基督裏於世界中所做的事。

世界的結局

我們深信，馬太會認為，尼布爾學派（Niebuhrian）的斷言——登山寶訓是單單針對孤立的個體的——是不正當的說法，正因為作為個體，即脫離了那個向我們揭示上帝國度裏諸事物之所是的羣體，我們必會是注定失敗的。整個登山寶訓不是教導我們如何成為更好的個體基督徒，而是一幅展示那道路的圖畫，是教會所要留意的。登山寶訓是**終末性的**（eschatological），它所關注的是事情的結局（end）——

即那最終的方向，是上帝使世界所朝向的。馬太福音四章23至25節設定了登山寶訓的背景。雖然馬太承認了**再來**（parousia）——基督再回來——的日子延遲了（太二十四48，二十五5、19），但這個延遲卻強調了馬太對形塑羣體的關注，而非否定它。教會正持久地活在主兩次到來之間這段艱難的時刻中。在這樣的時刻裏，我們更為依賴一個羣體，以告訴我們，我們是活在兩個時期之間，而在這段時期中，我們很容易會看不見世界的真貌，也看不見上帝現已來到了我們當中。因為我們對世界所正在朝向的那個方向有點了解，所以我們從這幅圖畫中得著激勵，也從這圖畫所描述那些事物的真貌而得著引導，明白上帝已藉耶穌救贖世界。

然而，我們早已深受萊因霍爾德．尼布爾等卓越的神學家所影響，因而對終末論（eschatology）十分懷疑。雖然已經過近一個世紀，聖經學術研究都已向我們展示耶穌的教導完全是終末性的，但主流的新教徒卻認為終末性思想是「彼岸的」（other worldly），是「逃脱現實者」（escapist），是張「空頭支票」（pie-in-the-sky-by-and-by），它對今天的基督教行動主義是十分不利的。自由派往往指控終末論是毀滅倫理行為；然而聖經卻證明終末論正正是耶穌的倫理教導的**基礎**，這實在叫人難以理解。

我們無法從基督徒倫理學中撤除終末論。我們已明白到，耶穌的教導並非先以祂自己的身分地位為焦點，而是聚焦於宣告上帝的國度已經闖入，其他諸國度因而將要滅亡。祂的教導、神蹟、醫治都表明了這個國度的本性與臨在。登山寶訓的開始乃是要宣告上帝作了甚麼事，以改變世界的歷史。我們在登山寶訓中看見歷史的結局，而這個結局，在耶穌被釘十字架與復活中顯得更為明顯和可見的。因此，基督徒並非以焦慮、自私的問題——嘗試找出我們個體應做甚麼（ought to do）才能讓歷史走上正軌——來開始我們的倫理學，因為上帝在基督裏早已叫歷史走上正軌。登山寶訓是就職宣告，指出在上帝藉著基督已控制一切後，世界將會是怎麼樣的。對於上帝那控制一切的方式，那不可或缺的是，上帝也邀請所有人成為這個新國度——彌賽亞式羣體（messianic community）——的公民，在這國度裏，上帝那正在創造的世界，是以可見的、踐行的形式出現。

登山寶訓從無鼓勵信徒放棄現世或世界。相反，我們要正確地看待這個世界，有智慧地抓住這個世界。世界是一處不斷試探、試煉門徒的地方，但也是一處充滿很多機會讓門徒服事「最小的弟兄」，以致可以服事基督的地方。登山寶訓的迫切性並不單單是在時間上的，也是在道德上的——我們知道舊有的世界正在逐漸過去，而我們是上帝那新創造的初熟果子。

終末性的處境，有助解釋登山寶訓為何不在開始時告訴我們要做甚麼，而是要幫助我們看見。我們只能在我們所看見的世界之內行事。因此，主要的倫理問題，並非：「我現在應做甚麼？」而是：「世界的真貌是怎樣的？」登山寶訓最有趣的問題並非：「這真是在世上生活的踐行方式嗎？」

而是：「這世界真的是這樣嗎？」甚麼是「踐行」，與甚麼是真實的（real），兩者是有關的。假如世界只是一個社羣，在其中惟有強壯的、獨立的、抽離的、自由的與成功的人才算是有福的，那麼我們就要以此為目標而活。然而，假如世界事實上是一個上帝祝福貧窮的、飢餓的、為義受逼迫的人的地方，那麼我們就要按著這個實在（reality）而活，否則就與事情的真貌便格格不入，顯得是令人莫名其妙的。世界是否不過是一個我們必須時刻提防自己死亡、焦慮地築起圍牆，以抵禦這可悲的但必然的實在的地方？又或世界是一個在基督的十字架的實在之下，察看死亡與再檢視死亡的地方？在這樣的倫理學中，對於我們所注視的東西，將會帶來截然不同的影響。

耶穌的終末性教導，嘗試讓我們擺脫下述的觀念：以為世界是永遠存在的，並以為我們與維持世界之現狀有利害攸關的關係。以色列一直把世界形容為一個故事，而它與所有故事一樣，都是有始有終的。雖然在這裏「結局」並不一定等同那帶有完結意義的「結局」，但這是一個有助我們看見世界是朝著哪個方向邁進的媒介。有關結局，那問題並非是「何時？」，而是「甚麼？」，以及是「是哪個結局？」。我們無法繼續前行，除非我們有一些提示，好讓我們知道自己要往哪裏去。耶穌藉著指出這個結局，宣告上帝如何在此時此地成就祂最終的目的。因此，從這種終末論看，作門徒（discipleship）就成了那延續的訓練——訓練我們要放棄那些我們嘗試保存世界及賦予世界意義的諸種方法，即那些在耶穌裏被終止的諸種方法，並訓練我們按著上帝對世界的方向與意義所作的理解而活，即是，按著上帝的國度而活。我們想要嘗試保存自己，這份焦慮只會衍生出暴力，即使我們是以「和平與公義」或以國家安全之名，來陳述這種自我保存，結果也是如此。因此，邁向和平的第一步，就是要放下自己、放下我們所擁有的一切，以及放下我們的世界。當然，十字架成為我們的記號，標誌著一個人為了開展一個嶄新的世界，而全然驅逐這個世界。

最近有人告訴我們，基督徒應該致力追求和平。但倘若那追求和平的和平運動，其原因與製造炸彈的盲目原因是無異的，即只是為了個人利益而焦急地保存這個世界之現狀，這又有何好處呢？基督徒可以自由地以非暴力、充滿盼望的方式來追求和平，因為我們對結局已略知一二。我們無意主張，製造炸彈是人類所能做的事中最差劣的事。當我們把上帝的兒子懸掛在十字架，我們就已經作了最差劣的事。我們無意主張，我們應該好好處理炸彈的問題，否則我們就會破壞文明；因為上帝早已在耶穌的生平、教導、死亡與復活中，毀滅了我們的文明。我們無意反對炸彈，好假設那花在研究炸彈的數百萬元開支，將可以為饑餓的人提供食物。事實上，以更龐大的非核武軍事力量所維繫的和平，將會比以核武換來的和平昂貴得多。世上各國除了以暴力的方式，或至少是具有潛在的暴力的方式，去維繫和平之外，就根本沒有其他方法。我們亦無意為這樣的理由而支持和平：因為若我們得不到和平，我們就沒有盼望。我們的盼望並非基於凱撒的導彈或凱撒的條約，而是基於那創造天地的主之名。人追求和平往往是基於同樣的焦慮及對實在的悖謬觀點，從而導致他們製造炸彈。

炸彈或許是自我超越（self-transcendence）那昂貴、具風險的方式，但它畢竟是我們現有的惟一方法，這總比沒有方法好得多。我們的倫理學，乃是從我們對上帝的認識而生的。

教會之所以充斥著那令人窒息的道德主義（moralism），可能是因為人把終末論從倫理學中移除。道德主義衍生了一連串可接納的德性與適切的理由；我們追求這些東西，這過程就會讓我們得到自我實現。「常存愉快的態度」（The Be Happy Attitudes）；又或「基督教主要是對其他人的容忍、接納，並且持開放的態度」——稍為傾向民主黨（Demoratic party）的左派。成為基督徒，就是成為比其他人（非基督徒）更思想開明的人。斯坦尼．瓊斯（E. Stanley Jones）說過，我們把溫和的基督教形式灌輸給世界，以致它可以對真實的事物（real thing）免疫。這樣做的目的是為了保障，但那卻不是在基督裏所得的保障，而是為了對基督敬而遠之，不想依仗祂和祂國度的樣式，來給我們的生命賦予意義和重要性。

沒有終末論，我們剩下的只是一系列令人困惑的奇怪命令，它們看似是不切實際和不祥的。我們漠視那些關於離婚的命令，也抨擊我們一般人對和平的取態。因此，耶穌的倫理看來是完全不切實際的或是完全沉重的，除非我們把它置於其本身的恰當處境中：一個終末性的彌賽亞式羣體，它知道世界所不明白的事情，並按著這個認知來建構其生活方式。

登山寶訓以「虛心的人有福了！因為天國是他們的」（太五3；編按：或譯「心靈貧窮的人有福了！因為天國是他們的」〔和合本修訂版〕）為開始。馬丁．路德（Martin Luther）認為這是第一個福，因為即使人在登出寶訓開始時感到在屬靈上是富足的，但到了最後，那人也必然感到完全貧乏與貧困的！當與上帝的國度這種視象相提並論時，我們的義是何等的貧乏！假如我們沒有同時相信上帝會饒恕我們，這個洞見將會叫我們極度失望。在僑居地中，我們已認識到我們不單難以饒恕人，我們也難以接納饒恕，因為這種取態會提醒我們，我們乃是全然依靠上帝的人。我們是虛心的人（poor in spirit；編按：或譯「心靈貧乏的人」），但上帝會在我們的貧乏中祝福我們。在僑居地中，每當我們來到主桌前時，我們得著重要的訓練，就是如何饒恕與如何接受饒恕。在這個羣體中，即使是每個星期日那些細微的、平凡的事件（例如：同享聖餐），它們都成為一些機會，好開啟我們的眼睛，讓我們看見上帝在世上的作為，而且它們都是上帝工作的一部分。假如我們能夠饒恕那些聚集在主桌前的陌生人，我們就有盼望可以饒恕那些與我們聚集在早餐桌前的陌生人。我們每天在會眾羣中的生活，都是給我們學習饒恕藝術的訓練；也是我們每天對基督教視象的真實性（truthfulness）所作的實際確認。

若沒有了對上帝的憐憫的依靠和信任——祂會祝福而

非詛咒「虛心的人」(像我們一樣！)——登山寶訓只會是某些不切實際的或是沉重的東西。我們的倫理學往往依仗這個故事，就是關於上帝在基督裏啟示祂之所是的整個故事。我們盼望能夠重新恢復這個意識：我們嘗試按著登山寶訓的教導而活，因為這是上帝的本性，而且我們的目標就是要成為這樣的人。僑居地就是那乘載我們到達那裏的船。正是在這艘船中(而非在這艘船以外)，我們不單知道這個真理，也與這真理一同前行。

與我們的弟兄姊妹——就是猶太人——一樣，我們這些基督徒無法想像上帝以一些在社會、羣體、家庭、僑居地以外的方法來對待我們。正如上帝曾應許會從亞伯拉罕的子孫中建立一羣嶄新的、不平凡的子民，上帝在基督裏也應許要藉著基督的十字架來建立一羣殊異的子民。登山寶訓像其他經文一樣，並非針對那些孤立的個體或那個廣泛的世界。反而，這是給僑居地的話，那僑居地就是那將要讓上帝的王權彰顯榮耀的羣體的某種預示。因此，登山寶訓的要求並沒有任何是關乎私人的。它的要求是很公共的、政治化、社羣性的，它所描繪的是一個公共的形式，而藉此僑居地需要向世界作見證，見證上帝正在基督裏忙於救贖人類，使世界與祂復和。因此，所有的基督徒倫理議題都是社羣性、政治性與羣體性的議題。我們能否在僑居地中整頓我們的生命，以致當世界可以看見我們時，它就知道上帝正在工作嗎？

對我們而言，世界早已結束了。我們或會以為耶穌來，乃是把好的人變得更好；以為祂要把民主的凱撒變得更民主，要把世界變得更美好，讓貧窮人可以居住。然而，登山寶訓衝擊著這樣的遷就式思想（accommodationist thinking）。它迫使我們回到一個全新的概念裏，就是要重新學習人們彼此同住的意義。這個全新的概念就是教會。我們要放棄我們所聽到所有關於舊有的事情，為的是要重新檢視我們所抓得之物、要求，並再次回到起始點。起始點就是：僑居地是由那些獨特的、與眾不同的、異類的人所組成的；他們的獨特之處乃在於他們已聽到耶穌説「來跟從我」，並已成為新的子民的一部分——一個僑居地的形成，就是藉著聆聽祂的邀請，並願意作出回應，接納祂的邀請。

5 平凡的人

基督徒倫理學

在我們其中一人成長的教會裏，桃樂西（Dorothy）是教會主日學三年級課程的永久成員。全教會的小孩子都知道，當你進到班康街教會（Buncombe Street Church）的小學三年級主日學班時，桃樂西總會在你的班裏。甚至當我們有部分父母在三年級時，她早已經在那班裏。桃樂西負責派發鉛筆、點名與收回鉛筆。我們以為她是助教。過了很多年後，當時我們差不多長大成人，世界才告知我們，原來桃樂西是一位患有唐氏綜合症（Down syndrome）的人。在教會中，我們以為桃樂西是助教。桃樂西在五十多歲時離世——對患上唐氏綜合症的人而言她算是非常長壽的——當時全教會都出席她的喪禮。沒有人會說桃樂西是弱智人士或是在受苦的。很多人都見證著，能夠認識她是一件多麼幸運的事。

一羣跟從一位奇特的上帝的子民

我們相信，很多基督徒都不完全欣賞教會在其最忠心之時所採取那奇特的運作方式。我們甚願宣稱，教會的「奇特性」(oddness)對其忠心(faithfulness)是必不可少的。我們在本書第四章中嘗試說明，每當有一羣因忠於故事(包括如登山寶訓般奇特的東西)而被聚合在一起的人出現時，我們就會被置於與世界不一致的境況中。因此，這使得以下這件高要求的事變得無可避免的：要在那拒絕承認上帝之主權的世界中，成為上帝公義的僑居地(colony)。我們主張，教會對基督徒生活是不可或缺的，這不單是我們在踐行上的觀察，即我們因生活的困難而需要朋友的幫助；這也是一個宣告：教會如何使我們打從一開始就成為有道德的人。教會不單給予我們在成為有道德的人上所需要的支持，它也教導我們甚麼是成為有道德的人。按幾位教授那具代表性的說法，這就是：教會對於基督教知識論(Christian epistemology)是十分重要的。沒有這僑居地，我們對成為有道德的人，就不會有充分的了解。

你或會留意到，我們以「教會—世界」(church-world)來提出這個倫理上的兩難局面。我們採用「教會作為僑居地」及「基督徒作為異類僑居者」(Christians as resident aliens)這些形象，來把事情作一個鮮明的對比。從基督教的角度而言，世界需要教會，這不是說教會要幫助世界更順暢地運作，或讓世界成為一處更美好及更安全的地方，讓基督徒居住。相反，世界需要教會，乃是因為若沒有教會，世界就不知它是誰。要讓世界知道它正蒙救贖，那惟一的方法就是教會成為一羣蒙救贖的百姓，從而讓教會表明那位救贖者。要讓世界知道它需要蒙救贖，明白它是破碎、墮落的，那方法就是讓教會幫助世界狠狠地撞上某些與世界所能提供的截然不同的東西。

不幸地，一間樂於替世界作跑腿的遷就主義式教會（accommodationist church），能夠給予世界以產生疑惑的東西，愈來愈少。無神論（atheism）滲入了教會；在教會裏上帝不再重要了，因我們只顧著發展出更大、更好的會眾（教會行政），肯定人的自尊（敬拜），使人能夠調整因物質主義而帶來的焦慮（教牧關顧），以及把基督轉化為有意義的主題，讓人作具詩意的反省（講道）。每一回，教會都必須不斷問自己：「在我們的共同生活中，在我們所作的一切事上，真的會帶來甚麼影響，以致上帝在耶穌基督裏正在與世界復和嗎？」

所有人都知道，我們難以持守這樣的問題。無神論就是我們所呼吸的空氣。這不是說，對於自從現代紀元之始，神學便專注於人因上帝是否存在而產生的困惑，我們予以認同。大部分現代神學都繼續以自然神論式的假設為前提：神學的第一步就是要說服現代人相信上帝是存在的。（有關神學如何為現代無神論預備條件，一個有趣記載可見 Michael Buckley, S. J., *At the Origins of Modern Atheism* [New Haven, CT: Yale University Press, 1987]。）基督教神學應該關注那更屬於聖經的問題：是**哪一種**上帝存在？即使當代神學可以證明上帝是存在的，但這個上帝也可能不是我們蒙召來敬拜的那位上帝，即亞伯拉罕、以撒、撒拉、馬利亞與耶穌的上帝。對聖經人物而言，拜偶像（idolatry）比無神論或許是一個更令人關注的兩難局面。

這有助解釋我們在上文所主張的：倫理首先是一種**看見**（seeing）的方式，之後才是關於**行動**（acting）的事情。倫理的任務不是要告訴你甚麼是對或錯，而是要訓練你去看事物。這就解釋了為甚麼教會把很多的時間與精力都花在崇拜之上：在崇拜裏，我們忙於注視那正確的方向。

在耶穌說完登山寶訓後，過了好些日子，祂的門徒問祂：「天國裏誰是最大的？」耶穌便叫了一個小孩子來，並「使他站在他們當中」。接著，耶穌說：「我實在告訴你們，你們若不回轉，變成小孩子的樣式，斷不得進天國。所以，凡自己謙卑像這小孩子的，他在天國裏就是最大的。」（太十八 1～4）

門徒（教會）繼續在爭論誰為大。登山寶訓已經在他們腦中把所有範疇被打翻了，一切事情都被顛倒了；即使如此，在登山寶訓之後，他們仍然在爭論誰為大。即使耶穌已祝福過那虛心的、飢渴的、受逼迫的人，門徒依然念念不忘誰為大。世俗之心（worldiness）實在是一個難以戒除的陋習。

耶穌為了回應他們，就叫了一個小孩子來 —— 這小孩子就是那無力的、要依賴人的、有很多需要的、細小與貧乏的人的本質。祂使小孩子「站在他們當中」，以之作為國度的模樣那具體的、可見的聖禮（sacrament）。耶穌對小孩子所作的行動是十分有趣的。對於很多老於世故的現代會眾，小孩往往被視為令人分心的。我們會容忍小孩子，不過是因為他們有望將要成為「成年人」（adults），像我們一樣。成年的會友往往會投訴，當有坐不定的小孩子坐在他們身旁，他們就會無法專心聽道，無法聆聽美妙的音樂。很多成年人會說：「送他們離開吧！」建立「兒童的教會」（Children's Church），便能把這些令人分心的小孩子挪開，這樣我們這羣成年人就可以專心吧！

有趣的是，耶穌把小孩子帶到祂的門徒中間，使他站「在他們當中」，為的是要幫助他們留心。在耶穌心目中，小孩子並不是令人煩惱及使人分心的，而是上帝那最後的努力，以幫助門徒留意上帝國度那奇特的本性。比起祂這個給小孩子祝福的行動，耶穌沒有多少行動是更徹底、更抗逆主流文化的。

就在類似馬太福音十八章 1 至 4 節的經文中，在把小孩子置於門徒當中的這個處境中，基督徒倫理學就開始了。藉著一些具體的例子與說明，教會以巧妙的、看似微不足道及毫不重要的方式，把上帝國度的提示集合起來。透過把那被世界看為毫不重要及擁有很多問題的桃樂西，安置在三年級的主日學班中，邦克本街教會再次演活了馬太福音十八章 1 至 4 節的故事，並以教會踐行倫理學時那一貫既平凡、不引人注意，卻有深度及創新的方法，來踐行倫理學。

學習成為有道德的人，就如同學習語言一樣。在向人教授某一語言時，你不會一開始就教他文法規例（至少除了大學的語文科以外！）。我們大部分人學習語言的方法是聆聽別人説話，然後模仿他們。我們大部分時間都把道德看為一套要學習的規例。我們似乎認為，只要學會所有正確的規例（為自己想想。首先要肯定你是對的，然後就去做。讓你的良心引導你。墮胎是錯誤的。要愛你的仇敵），我們就能有道德地行動。

不！你學習説話的方法是藉著被接納而成為一個語言羣體的成員，藉著觀察你的長輩，藉著模仿他們。文法規例則是遲一步的事（如果有的話），它是助你好好滋養與維持説話藝術的方法。倫理學作為一個學術範疇，它不過是把那些能助我們謹記如何言説和活出福音的語言的提示集合起來。倫理學永遠無法取代羣體的地位，就如同文法規例永遠無法取代言説該語言的行動。倫理學永遠是次要的企業，是寄生在人們於羣體中同住的方式之中的。

因此，除了使我們接觸到基督徒生活那些重要的例子外，教會並沒有其他更「倫理的」（ethical）東西可做。事實上，我們的倫理反省往往最多只是對那些重要的例子所作的反省。

聖徒作為重要的榜樣

自康德（Immanuel Kant）以後，大部分倫理學都嘗試成為大眾的。康德的「定然律令」(categorical imperative)贊同這個假設：即使未受過訓練，所有人都可以是有道德的人，因為只要他們是理性的，他們就可以擁有一切所需的。因此，康德的企劃是試圖將道德的踐行者(moral agent)，從我們的歷史與羣體那既隨意又偶發的性質中釋放出來。透過理性而衍生的「定然律令」，就是那個普遍地適用於任何其他遇到同樣情況而又有理性的人類的行動。康德認為，人只需要清晰地思考，並為自己打算，正確地爭取其基本的、普遍地合適的原則，那人就會成為有道德的人，而且將會做正確的事情。成為合乎倫理的人，就是作一個更完全的人，即是要更理性的。大部分現代人都假定他們在其倫理學上為康德式的，即使他們不知道自己是屬於康德式的。現代人喜歡視自己為獨立的、有理性的、行動的踐行者(acting agents)。道德是關乎個體及個人對事實的決定，而非取決於經驗、傳統、訓練或羣體的事情。任何人不論其學歷或家庭背景，只要按著一些一般的、普遍地合用的、關乎正確的觀念而行，那人也可以與其他人一樣是有道德的。正確的行動的基礎，就是幾乎任何人也持守的一般觀點。

康德的倫理學，乃是反對亞里士多德(Aristotle)那有點貴族化的倫理學。亞里士多德倡議，道德生活必須靠榜樣而生活。人可以藉著模仿公義的人，而成為公義的。一個教導人學習美善習慣(good habits)的方法，就是透過觀察美善的人，從中學習其行動，並模仿他們與世界聯繫的方式。對亞里士多德而言，師徒制度對道德任務而言是十分重要的——一個在倫理上缺乏經驗的人，小心觀察一個在倫理上有經驗的人。因此，亞里士多德的倫理學是「精英的」（elitist），而非大眾的；在某意義上，這樣的倫理學假設有些人比其他人在道德上是更好的。就某種意義來說，有一些「道德貴族」（ethical aristocrats）存在，而他們的習慣是值得人留意、模仿、效法的。

假如基督徒倫理學，只是一件關乎人做那些任何人根據理性本身（reason qua reason）都認為對或錯的事，那麼它就不需要對榜樣作出仿傚與觀察了。我們可以爭辯說，所有人都知道「愛我們的鄰舍」是合理的，因為藉著愛我們的鄰舍，他們有可能會轉過來愛我們。愛別人是愛自己的一個合理方式。不幸地正如我們之前所提過的，聖經並沒有給基督徒倫理作出這樣的宣稱。登山寶訓從未提過，作門徒的方式是「理性的」（rational）。耶穌坦白地承認，祂的方法是有違我們所聽過的所有事，及所有自然地、理性地發生的事。「你聽說過……但我卻說……。」那些走在這窄路中的人，將會被其他人視為「狂熱分子」，是極為不理性的，因為他們甘願放棄他們對合理性、獨立性與美善所具有的個體主張，而試圖順服一位像上帝一樣的主人，即一位「以恩慈待那些忘恩負義的又自私自利的人」的主人。基督徒倫理學乃是源自那殊異的羣體的形成，這羣體是藉著聆聽那類似登山寶訓的經文、並使自己附屬於那像耶穌的主人，而得以衍生出來的。

雖然康德似乎沒有為意，但他也從一個新羣體中想出一套倫理，而這個羣體是由歐洲的啟蒙運動（Enlightenment）所衍生出來的，它試圖重新聚集人們在那被稱為理性的現代產物之旁。啟蒙運動發明了它自己那科學探索、個人主義的傳統，也想出其一些權利，伴隨著一些以其價值觀為基礎的制度。我們認為，啟蒙運動不單對現代世界那偉大發現作出貢獻，它也帶來最大的悲劇。啟蒙運動不單幫助我們發明原子彈，它也給我們提供了智性途徑，讓我們在沒多大罪疚感的情況下使用原子彈。康德式的倫理學不單為現代具憲法權力的民主體系奠下根基，它也為現代戰爭提供了推動力。在很久以前，戰爭主要是國王與他們所僱用的軍隊的事。在現代社會裏，所有公民都成為士兵。從法國大革命（French Revolution）及美國內戰（American Civil）開始，「普通人」（common man；編按：或譯「平民」）已被説服而確信，自己在戰爭中所失去或得到的，與國王一樣的多。因此，他要為國家戰鬥至死，這不是不合理的。畢竟，在啟蒙運動及隨之而生的諸國家之後，「普通人」**就是**（was）王。啟蒙運動的思想導致我們與傳統斷裂，以致使我們成為理性的人，並叫我們能為自己打算和行動，一直在培養它自己的傳統；這就給現代世界作了説明。

因此，我們並非要在「我們在思想上要成為傳統主義式的嗎？」與「我們要成為理性的人嗎？」之間作選擇；那問題是「我們在思考時所使用的理性是哪種理性？」所有理性都要依賴傳統，都是建基於一個世界觀，一個故事與一個看事物的方法；這一點是遠超過康德所領悟的。假如上帝是死的，又或至少是已經退休了，那就會影響到踐行倫理的方法。但相反，假如上帝正在耶穌基督裏忙於工作，藉著彰顯祂的國度來與世界復和，那麼我們就可以期望，那將會出現的答案（對於一個更為「理性」的世界來說）是一些不理性的答案。

我們的自我、思想都是源自一個傳統。在我們的世界中，很多人感到無根的、分離的、無家可歸的，他們四處尋找一個「傳統」。而這個人們尋根、重新尋回其過去、確認一個傳統的趨勢，往往都被視為是好的及有益健康的。但就如基督教信仰對於人成為任何古舊羣體的一分子，並沒有利害關係，我們對於人確認任何古舊傳統，亦沒有利害關係。傳統可以是較少的，卻是較真實的。它也可以是虛假的，也會產生虛假的安全感，是某些人那自大的宣稱——這些人基於一些往往是虛假的回憶所作的膚淺宣告，而自以為與眾不同。我們二人都是南方人，我們深深體會那建基於謊言的傳統是具有多麼邪惡的性質。

就如我們所曾表明過的，基督徒倫理學是從拿撒勒人耶穌的獨特傳統中，也從那忠於祂的道而被形塑的教會中，產生出來的。身為信徒，我們蒙召正確地行動，這不單因為我們可用行動來說明甚麼是普遍正確的做法，也因為這是上帝所吩咐的行動。我們蒙召把我們的生活與行動都建基在一些對康德而言是完全偶發的事情上——一位來自拿撒勒的猶太人。我們不是要宣稱，這個傳統對所有人而言都是合理的，又或它將要令世界運作得更順暢。我們要宣稱的是，這本來就是**真實的**（true）。上帝的真貌就是這樣子的。上帝的世界的真貌真的是這樣子的。

一個宣稱為「理性的」、無論在何處所有會思考的人都會普遍地認為有效的倫理，是自始便被魔化的（demonic），因為它根本無法解釋為甚麼仍然有人不認同它所規定的言行舉止，除了它只能說，這些人必定是「非理性的」，也因而（因為有說「理性」是我們最重要的人類特徵）說這些人是次於人類的（subhuman）。

身為基督徒，我們可以完全了解其他人為甚麼會不認同我們。當他們不予認同時，這並非標誌著他們是非理性的、次於人類的，或是邪惡的；因為我們從來沒有宣稱，基督徒倫理學在理論上或一般而言是關乎理性、人性或美善的。他們不認同我們，這或可能是因為他們不認識或沒有跟從這位來自拿撒勒的猶太人。

我們的倫理是特殊的，這並非基於我們作抉擇的方式，又或並非基於它是源自某個傳統或羣體——因為我們已經說過，即使是康德式的倫理學，也是取決於傳統和羣體的。我們的倫理在其內容上是特殊的。基督徒倫理學是關乎跟從這位來自拿撒勒的猶太人，成為祂的子民。因此，除非人知道這個故事，有這樣的視象（vision），並成為這羣人中的一員，否則這個倫理學對那人而言並非合理的。

由此看來，按著亞里士多德的觀點而言，基督徒倫理學是貴族化的倫理。這不是某些自然而然的東西；人只能透過學習而得著的。因此，我們要主張的是，學習成為門徒的主要方式，就是藉著與其他門徒接觸。因此，教會在倫理上所扮演的重要角色，就是讓我們能夠接觸那些善於活出基督教信仰的道德貴族。任何僑居地的角色，就是讓年輕人與長輩——即那些按著家庭的諸傳統而恰當地生活的人——建立密切關係。沒有東西可以取代那與別的基督徒的相處。我們不知道要如何與那些類似桃樂西的人相處，除非有人教導我們，訓練我們。耶穌對桃樂西的看法是與世界截然不同的，而這種看法必須被展示出來、反覆被說明、不斷被加強。我們的視象必須先是正確的，之後我們的行動才會正確。

我們把倫理學說成是訓練（training），這聽來或許過於狹隘。有太多時候，踐行倫理學的目的，就是要收窄我們的選擇，以致得出一個看似合理的或可行的選擇，是在眾多選擇中所選出的那一個。聖徒的一個任務是向我們展示，我們在倫理的可能性上可以有豐富的選擇，比任由我們自己的努力而得的選擇要豐富得多。舉例來說，我們從聖徒身上學到，若我們要忠心地生活，苦難可能是我們不可或缺的；但對於那建基在合理性之本身（rationality qua rationality）的倫理學，苦難是人要儘量避開的。我們學到，我們可能要冒極大的險，並可能徹底地失敗，因為上帝同樣可能饒恕我們。我們的生命漸漸呈現一個形式和一個模樣，而我們亦漸漸看見我們在道德上的窘境：我們不是處於諸多孤立的處境中，要選擇「是」或「不是」；而是我們與上帝的子民一同成為上帝那延續的故事的一部分。那些我們必須要作的決定，成為在一個被稱為作門徒的更大旅程中的諸事件。我們見證著平凡子民的勇氣，他們發現他們的生命與上帝的心意連上關係。聖徒豐富了我們的倫理學，而不是阻礙了它。就知識論而言，我們並沒有任何東西可以取代「聖徒」——他們都是基督信仰那可摸到的、個人的榜樣——因為，正如在耶穌把小孩子帶到門徒當中的那天，祂便已經知道，我們無法認識上帝的國度，除非我們的眼目被打開。

耶穌藉著祂的教導與宣講，不斷地呼喚我們留意那看似毫不重要的、細微的、無意義的東西——例如：失去了的孩子、失去了的錢幣、失去了羊、一粒芥菜種。上帝國度包含那能力，使人在那些被世界視為微不足道、毫無用處、平凡的人和經歷中，看見上帝。能察覺到聖徒的重要性，這有助我們看到那眾多每天發生在教會中的、看似平凡和毫不重要的東西的價值；這也有助我們建構我們的會眾生活，讓那些聖徒能夠發揮最大的影響力。

信仰透過榜樣而被確定

在我們其中一人所服事的教會裏，會眾曾對是否要開辦一年制的青少年堅信班（Confirmation class），作出討論。按照傳統，堅信班曾是集合了一羣青少年，並藉著一系列的午間課程，教導他們認識教會歷史、聖經詮釋、信條（beliefs）等東西。當基督教教育委員會討論在那一年開設堅信班的時候，有人問了一個既適切又根本的問題：「認信班的目的與目標是甚麼？」另一人回答說，這是讓青少年「加入教會」的時候。那個回答遭到反對，因為我們都知道，大部分的青少年已經受洗，而且在他們還少時，他們早已成為教會的會友。有人說，堅信班是讓青少年能「認識關於教會的事」（"learn about the church"）的時候。我們認同這是個問題，卻不是答案。我們說過，我們已經有太多人知道**關於**耶穌，**關於**教會的事。我們需要的是那些將會跟從耶穌的人，將會成為教會的人。此外，我們當中有多少人是因為上了一系列的課程，之後才會到教會的呢？又有多少人是因為讀了某一本書或上了某一課，而成為或仍然是基督徒呢？

接著，一位平凡的基督徒說：「我們確實想透過堅信班而得到的是，十二位在他們長大成人後，可以像布萊克（John Black）一樣的青少年。」她所說的是我們會眾中的其中一位「聖徒」，他是一位按著一個非常基督教的方式來生活的平凡人。

「這就是了！」我們說。「我們所想要的就是十二位青少年，他們藉著他們的信念和生命，成為我們最好的基督徒。對堅信班來說，這是過分的要求嗎？」

「那我們現在究竟要怎樣做呢？」有人問。

因此，我們一同集思廣益，並設計出那與我們的目標相稱的堅信班方法。我們同意以下幾點：

1. 堅信班的目標是**作門徒**，為要培養出一羣在其生活方式、信念與價值觀上都更像耶穌的門徒的人。

2. 我們不關心我們的青少年是否知道更多「關於」（about）耶穌的事；我們想他們認識並跟從耶穌。因此，堅信班必須不止於掌握一些關乎耶穌、教會歷史、聖經等事實的基本資料。堅信班必須為他們提供他們所須的裝備，以致他們可以成為門徒。
3. 基督教不只是單純的「思想探索」（"head trip"）；它是共同生活（life together）的一種方式。整個人都完全參與在這個過程中。因此，這個旅程所需要的教育，就必須是來自經驗的、個人的、吸引人的，並且它主張，堅信班不會叫我們的成長止於作為基督徒。我們的青少年已經是基督徒。他們並不是對信仰無知的，因為他們一直都嘗試按他們自己的方法來過作為基督徒的生活。堅信班繼續並強化那早已開始了的基督徒成長。
4. 我們大部分人成為基督徒的方法，都是藉著仔細察看其他人的模樣，效法那些受人欽佩的基督徒長輩的生命，承認和接受那因著別人的見證而被確定為真實的及受讚賞的生活方式。因此，雖然書本、電影、授課或可以是堅信班的一部分，但它們都是輔助性的；那主要的任務是讓年青的基督徒與那些具示範性的基督徒長輩接近——我們可稱這些長輩為「師傅」（mentor）——因著他們同樣嘗試成為基督徒，他們將邀請這些年青基督徒來仔細察看他們的模樣。

在隨後幾星期的會議中，我們以這些假設為基礎，策劃了一個新的堅信班進路。我們對教會中不同的羣體進行了民意調查，這些羣體包括了青少年；我們問他們：「你認為在教會中，哪一位成年人特別能幫助我們的年青人更深入認識信仰？」接著，我們從這份（保密的）名單中揀選了十二位成人，年齡由二十三歲至六十八歲。我們與他們個別傾談，告訴他們我們所要求他們做的是甚麼。有些人對此有保留，但除了兩個人之外，其他所有人都願意幫忙。所有人都因為獲提名而深受感動。我們繼而安排十位青少年分別跟隨一位「師傅」或「督導」（Guide），而我們最後是這樣稱呼這些成年領袖的。

大齋期（Lent）的第一個星期，我們召開了一次預備會。青少年與他們的督導見面，而「旅程」（Journey；我們所給予的名稱）也開始了。我們給予每一對組合一份有一頁長的學習活動清單，這份清單是由委員會所設定的。我們告訴他們，他們可按著他們的興趣與步伐來進行。這些活動可以在幾星期內或在三個月內完成。

在十五個活動中包括：

- 一同閱讀路加福音。當你們每人在家裏閱讀的時候，要準備一本筆記簿，並記下那些令你感興趣、不明白、富啟發性的經文。每兩星期你們花點時間去討論你們所讀到的東西。
- 在接下來的三個月裏，一同參與主日崇拜。在每次崇拜後一同討論你們對崇拜的回應、問題與印象。

- 取一份教會的財政預算表。看看我們的金錢花在何處。一同討論你們各人決定如何在財政上委身給教會。
- 在接下來的三個月裏，一同參與教會內的任何會議。看看在完成堅信班的過程後，你們有興趣參與哪個會眾的理事會或委員會。
- 以你們自己的説話來解釋：「為甚麼我喜歡成為聯合衛理公會的（United Methodist）基督徒」。在你們盼望能更認識教會的兩個方面作出討論。請牧者或教會的圖書館管理員幫助你們，以取得有關資料。
- 一同在我們教會中參與一個葬禮或婚禮。在儀式後一同討論：「在這個儀式中，上帝在哪裏？」「為甚麼教會要參與這些儀式？」
- 花至少十五個小時自願參與格林威爾市城市宣教（Greenville Urban Ministries）或其他我們教會所支持的機構的服事工作。教會為甚麼支持這些事工？

當堅信主日（Sunday of Confirmation）終於來臨，每位成年的師傅或督導與他或她的堅信者便站到教會會眾面前，告訴教會這位年青門徒要為教會作的貢獻——無論是某些個性，或是某些個人恩賜。每位堅信者接著要為了一件幫助其成長為門徒的禮物——一位主日學老師、一篇有益的講道、教會的籃球隊等——而感謝會眾。其父母上前來，而當牧者說：「珍妮，要記著你的洗禮，心存感恩」，「約翰，要記著……」，牧者、督導與父母就一同按手給他或她祝福。

再過了一年後，這個嶄新的步驟説服了我們，這就是一個配合我們期望的堅信班的方法。教會需要明白，它其中一個最豐富的資源，就是能夠把不同年代的門徒召聚在一起。

最近的研究指出，在大部分主流的新教教會當中，我們的會眾是年青人**離開**教會的最後一道關卡。我們實在沒有做好功夫，以留住我們的年青人。（見 W. C. Roof and W. McKinney, *American Mainline Religion* [New Brunswick, NJ: Rutgers University Press, 1987]。）當然，問題的原因有很多。然而，我們相信，重新發掘教會的獨特之處，即透過榜樣來建立基督徒，是回應我們的年青人那重要的一環。

我們必須粉碎以下這種教會的舊有形態：人們受騙，以致以為他們可以是基督徒，卻仍保持互相陌生的。舉例來説，在上文所説的堅信班中發生了一件事，它説明了教會如何把我們置於一個讓我們變得更好的架構當中，就是一個比我們靠著自己的努力要好得多的架構。

十四歲麥斯（Max）的督導是二十四歲未婚的祖爾（Joe）。祖爾十分認真地看待他那堅信班督導的身分，他邀請麥斯視他為「大哥哥」，而且無論甚麼時候麥斯想「游手好閒」，他都可以到祖爾的住所找他。

在堅信班開始了三星期後，牧者收到祖爾的電話，他極其激動。「你一定要給我別的學員。麥斯和我之間的問題就是解決不來的。」

牧者感到十分驚訝，就問他發生何事。祖爾先是回避的，後來他才說：「噢，昨天我們的衝突達到頂點。當時麥斯突然來到，我的女朋友正在我家；嗯，麥斯把事情攪在一起，而明顯地他看出我們發生了性行為。麥斯衝口說：『你兩人怎可以認為這是沒問題的？我還以為人不應有婚前性行為。』你相信嗎？我告訴他這事與他無關。接著麥斯狡辯地回答說，他與他的女朋友也在討論關於進行性關係的問題，他說：『如果你認為沒有問題，那我也沒有問題了。』」

「那你如何回應？」牧者問。

「我告訴他，這事與他無關。我這年紀做這回事，與十四歲、還未預備好的小子做這回事，兩者是截然不同的。」

「那麥斯有何回應？」

「麥斯說：『我和你一樣，都預備好了。』你可以相信這小子會說這樣的話嗎？」他大聲說。

祖爾對麥斯的狂妄感到驚訝，這是可以理解的。畢竟，祖爾花了二十四年在一個教導我們要以陌生人的身分來與別人相處的社會中生活。教會已拒絕接受這些社會協議。當祖爾接受成為麥斯的「大哥哥」這份職責時，他或許以為是他在影響著麥斯。但他從沒想過的是，原來麥斯也要祖爾向他負責任的。

「我太年輕，太獨立了，我無法照顧一個小孩子。」憤怒的祖爾說。

但教會設計了一個具挑戰性的方式，要祖爾與麥斯成為彼此的弟兄。這樣做的時候，教會或許以為這是給祖爾一個機會，讓他為麥斯帶些好處。教會卻沒有想過，它讓像麥斯這樣的青少年一個作見證、成為門徒的機會，而非單單讓他學習關於作門徒的事；它讓他去成為弟兄，而不只是說說而已。

最後，牧者使祖爾與麥斯再次一起同行，但首先的是祖爾重新按照福音的教導來檢視自己的生命，正如他在那名叫麥斯的十四歲青少年身上所遇到的教導一樣。

一份重要的牧職恩賜，就是牧者能夠欣賞和挪用在會眾之中那些如麥斯般特別的人，他們能夠成為我們其他人那重要的榜樣，向我們展示何謂成為教會。這些具示範性的人可能是年長的人，也可能是年輕人，就如麥斯一樣。牧者在講道、教導、牧職關顧與行政活動中，藉著向我們指出具體的歷史榜樣、聖徒，讓我們其他人效法，從而踐行倫理學。

在一位牧者的會眾裏，有一位婦人於白天在她的後園中被侵犯。在這個可怕的經歷之後，牧者說服她接受輔導，以求處理其哀痛的情緒。幾星期後，她的輔導員建議她把這個經歷告訴別人，而這個人不能是她的直系家人或她的牧者。

「那麼你想告訴誰呢？」牧者問。

她說：「我想我會告訴森．史密夫（Sam Smith）。」森．史密夫是其中一名會友，是在康復中的酗酒者。

牧者感到十分驚訝。他以為她會寧可告訴另一位女性，甚至是別的男性，一個比森．史密夫更「合得來」（together）的男性。

「為甚麼是森．史密夫呢？」牧者問。

「因為森．史密夫曾經落入極大的困境，又復活過來，」她說。「我認為他會明白我的感受。或許他可以告訴我如何復活過來。」

我們會發現這件事很有趣，但它卻不是在會眾中非比尋常的事件。對大部分人而言，史密夫會被視為一位失敗者，在道德上的無能者。但在教會中，史密夫或許像我們的主一樣，是一位可以藉著他的傷口來醫治我們的人。但丁（Dante）被維吉爾（Vergil）帶到地獄去、之後再返回到世上，從而他學到功課。這位婦人也以類似的方法，來向史密夫伸出手來。當但丁從地獄回來後，他已經成了不同的人，是一個更有智慧的人，像一位聖徒一樣。教會的聖徒往往會叫我們感到驚訝，就像史密夫；因此，牧者或可以預期他們會感到驚訝不已，因對於具示範性的生活方式，會眾當中隱藏了驚人的資源。

我們其中一人記起，年青時在南部一個小城市中牧會，經歷了因廢除學校裏的種族歧視問題而帶來的痛苦。一個由白人公民所組成的羣體成立了，為要對抗法院所頒布的廢除種族歧視條例。那是一個緊張、令人恐懼的局面。人們在一間中學裏召開了會議，商討反抗在校園裏整合不同種族羣體的策略。

在聚滿人的禮堂裏，講員一個接一個上台，表達他們反對法院的決定，並鼓勵人民起來反抗。接著，在當晚充滿緊張的氣氛中，當地浸信教會的牧者進來了。他帶著極大的威嚴及風采，走到禮當的前端坐下來。他聆聽了一會後，就起來説話。當主持見他站起來，立即把麥克風遞給他，邀請他説話。

那位牧者多年來一直在那羣會眾中間、在那個社區內服事，他以慎重、低沉的聲線説：「我感到十分羞愧。我感到十分羞愧。我在這裏服事多年。我為很多在這房間裏的人施浸，教導他們，輔導他們。我還以為我的講道能夠有一些效用。但今天晚上，我有不一樣的想法。我無法對那些非我會友的人説話；但對那些依然是我會友的人，我只能説，我感到痛心，我為你們感到羞愧，我對你們可是充滿期望的。」

接著，他離開了講台，步出了禮堂。會議難堪地繼續下去。但大部分浸信教會的成員一個接一個靜靜地離開那場所，直到禮堂只剩下一半的人留下。會議就此完結，沒有採取任何行動。在隨後的一個月，學校順利地融合了不同種族的人。

就是這一位牧者，他是一個平凡的人，多年來他都在做平凡的事，如在平凡的人中間施浸和證婚，但這一切只為了在八月的某一個晚上有作見證的權利。基督徒倫理學所要的就是這樣：一個平凡的人在其他平凡的人面前，活出基督徒的生命。

6
作為歷險的牧區職事
學習享受宣講真理

或許這一章應該是第一章，因為我們對今天牧區職事（parish ministry）的關注，是寫這本書的動力。我們其中一人是牧者，而我們兩人都負責為牧區職事訓練男男女女。我們關注那些在牧區的神職人員身上、在那些預備作牧區神職人員的神學生身上，以及在我們自己身上，所看到的東西。犬儒主義（cynicism）、自我懷疑與孤獨，往往是對牧者的工作之部分描述。我們在牧養職事中見過太多類似的情況。我們不時說，身處於教會之中如同歷險一樣，但每當我們把很多牧者的生命與我們的講論並排之時，我們的說法就似乎要崩潰了。最近，一位專門輔導神職人員的教牧輔導員，被問及在神職人員中間所存在的抑鬱問題時，他這樣回答：「這有甚麼問題？對神職人員，抑鬱症是正常的精神狀態。」這真是一個歷險。

哪裏出了問題呢？牧者需要甚麼領悟、自我認識與觀點，以致可以幫助他們繼續他們的職事——不只是為了生存，甚至能夠在他們所做的事中享受歷險？這正是我們寫這本書的原因。

然而，人無法討論牧者和他們的工作，除非人先討論教會，即是那個需要這些被稱為牧者的受造物的地方。任何人嘗試討論「好」牧者的素質或討論成為牧者的重要性，卻不先討論教會，簡直就是在浪費時間。領袖（例如：牧者）是具重要性的，只要他們的領導配合到他們所領導的羣體的需要與目的。這似乎是十分真實的觀察。然而，教會歷史充滿例子，均説明神學家嘗試單單賦予神職人員獨立的信用，而絕口不提教會——好像神職人員擁有或需要一些特別的屬靈恩賜（spiritual gift）、一些恩賜（*charismata*），在他們裏面具有一些內在的性情或**不可損毀的品格**（character indelibelis），而非按著教會的需要作服事。雖然神職人員確實需要某些具體的特質和能力，但神職人員最需要的是教會所需要的功能。我們必定不可把神職人員合理化，以致他們會中斷與會眾的關係，也不可為一羣特別的上流階層基督徒提供神學上的證成。我們不需要那自稱具備一些其他已受洗者所沒有的神聖特質的神職人員，例如：在心理治療法（psychotherapy）上所受過的特別訓練、特別的默想技巧、對受苦者所懷有的特別憐憫、對社會議題的特別覺悟，諸如此類；他們好像是「上帝眾僕人的僕人」（servant of the servants of God），而「建立會眾」彷彿是不足以成為牧者的召命（vocation）。

所有基督徒透過洗禮，都獲任命參與基督在世界裏的工作。沒有任何醫治、輔導、見證、言說、詮釋、生存或死亡，是神職人員可以做，而其他所有基督徒是不須負責任的。每當有神職人員宣稱他們在祈禱、見證或關顧上具有某種「與眾不同的特性」(specialness)，這只會是確定了那個錯誤的觀念：惟有神職人員是真正的傳道人(ministers)，而其他平信徒的存在只不過是為要支持、供養這些**真**傳道人——神職人員。

然而，在很早期的時候，教會早已發現，能夠從不同階層的已受洗者中找一些成員作領導，幫助會眾在羣體中培養出在僑居地中的生活和工作所須的德性，這是一件好事。稱這些領袖為宣講者、祭司、牧者、先知，或單單按著他們的名字稱呼他們，如珍妮(Jane)——無論稱他們甚麼稱號，這就是他們獨特的召命：建立會眾。

這解釋了為甚麼我們必須先討論教會，以及講述一個啟示出教會目的的故事，然後才開始討論牧養職事的目的。

最近，一間城市巴士公司對其培訓巴士司機的課程作出檢討。有人問了一個使人十分尷尬的基本問題：「首先，我們為甚麼需要巴士司機？」當然，所有人都知道我們為何要有巴士司機——為了以最有效的方式，把人從一個地方接載到另一個地方。然而，當普羅大眾被問到他們最重視巴士司機的哪些素質時，問卷調查的結果卻顯示，效率與準時並非首選。大眾最重視的德性是甚麼呢？誠懇與有禮。很明顯，駕駛巴士是一份具人情味、可愛的職業，這比巴士公司所知道的更甚。當巴士公司根據效率來揀選司機，並訓練他們成為更有效率的人時，它其實是在破壞「好」司機所要具備的那些素質（根據大眾的想法）。巴士公司必須重新策劃其培訓課程，以符合大眾對一間巴士公司的期望。

假如我們要對今天教會的領袖作出檢討，我們會說，我們的神職人員並非持續地沒有禮貌、待人態度惡劣或不誠實。他們乃是太過誠實了。問題是，我們的神職人員並沒有幫助我們**從一個地方去到另一個地方**。我們無法確定他們是否知道我們身在哪裏，更遑論是我們應該要往哪裏去。那麼我們怎能期望他們知道自己要做甚麼呢？

我們在第一章表明過，世界已經轉變了。基督教王國（Christendom；它在我們的文化中仍然存在，但已到末期；無法回復昔日的地位了）的滅亡強迫所有會眾進行自我檢視。要在一個不相信上帝的文化中生活，而這個文化根本不知道它是不信的，因為它依然活在殘存的基督教文明中；這是甚麼意思呢？牧者的工作不是在一個一般的基督教文化中維持一個提供服事的俱樂部，而是在**異類的社會**（alien society）中保存一個**僑居地**的生命；對牧者而言，這又是甚麼意思呢？

不幸地，神學院及其眾教授看似是在教會內部最直言不諱的批評者。神學教授看似是少數會把關於教會之應然（ought to be）的觀念，應用到教會的實然（already is）之上的人。這是十分不幸的，因為要期望神學院自己在給職事提供方向一事上是見多識廣的，這是甚為不智的。神學院像神職人員一樣，都要依靠**會眾**而取得方向。神學院像它們所培育出來的神職人員一樣，只有身在會眾之內，才有意義。當神學院不從會眾中得著方向，它們就會憑己意行事，而且往往會走錯方向。我們的神學院仍然在安排它們的課程上顯得彷彿世界從沒改變過。我們的神學院模仿世俗的大學體系（它們渴望被這些體系所接受），為未來的牧者提供混雜的訓練：少許心理學、少許機構管理學、少許聖經、少許倫理學。畢竟，我們並不想我們的牧者擁有狹窄視野或是無知的；換句話說，我們想他們能完全精通現代美國文化的不同範疇。我們的課程是特別設計的，為要培育出一些人，可以幫助教會以繼續「服事世界」——藉著在世界對拯救所作的理解上含糊地稍添基督教色彩。

當一些神學院畢業生離開這個體系，進入他們第一間服事的教會時，他們往往會投訴，這些會眾是十分落後、保守與內聚的。他們的意思是這些會眾並不像年青牧者，不善於服事一個不信上帝的文化。新牧者希望使用在神學院的教牧輔導課上所學到的心理治療法，但這羣可憐的、稍稍落後的會眾卻拒絕接受輔導。相反，他們投訴牧者的講道在質素上十分差勁。牧者時常提到教會需要「服事社區」，要在鄰近地區帶來改變，就是藉著幫助鄰舍，讓那個社區成為一處更好住的地方。會眾只會參與星期日的崇拜，卻不會出席托兒所的籌備會議。

當會眾毫不關心時，這位年青牧者如何可以把他或她在神學院所學到的美好東西應用出來？神學院已培育出一些神職人員，他們是現代性的踐行者（agents of modernity），是那些讓會眾適應文化現況的專才，是受啟蒙的促進者——多年來的教育，已讓他們能夠幫助信徒從那些使教會成為教會（make the church the church）的洞見、習慣、故事與架構中抽離出來。難怪很多新獲任命的神職人員會感到震撼與挫敗。難怪會眾會感到困惑，因為這些神職人員似乎不知道他們的工作是要做甚麼。會眾迷惘地看著牧者設法做到所有事情，卻沒有好好安排崇拜，沒有用心預備講章，沒有教導及建立會眾。牧者與會眾互相持敵對的態度，因為他們對牧者的真正工作有徹底不同的期望。新牧者受訓練，為要幫助個別肢體，叫他們在社會現況中不會太痛苦，就像醫生與律師一樣；但可憐的教會只會對一位可以幫助教會繼續成為教會的牧者感興趣。

這羣稍稍「落後的」會眾決意執行那些成為教會所需要的工作，他們是被孤立及邊陲的；他們是否真的比神職人員和那些培育他們的神學院更能準確地分析這個世界？又或我們只是在描述十年前的神學院，它們不滿社會，並認為基督教事工只是一個途徑，藉著推動教會，從而讓世界成為更美好的？現今很多神學院似乎都對教會內的現況感到滿意。他們似乎在問：「我如何能夠融入其中，找到我的定位，並慢慢爬到上層？」對這些認為基督教事工只是強調制度上的一致性的人，我們呼喚他們來對福音所要求的——教會成為教會——負責任，而不是順從事情的現狀。

職事中的訓練

年青的牧者來到他新的牧區上任，他被問到是在哪一間神學院受訓練。他告訴他們神學院的名字，以及他修讀了哪些科目等。「那很好啊！」其中一位年長的會友説。「但我們認為，這裏也是某種對我們很好的神學院。我們必須幫助你忘記神學院所教你的東西。這聯會裏最棒的宣講者都是在我們中間接受其教育的！」

年青的牧者明白他的意思，這正是他所預期的那種回應。他的教授早已警告過他，會眾會抗拒他對教會的定義、歷史鑑別學（historical-critical method）的研究成果、神學的最新動態。現在，他們正要迫使他忘記「那些神學院的東西」，並要適應教會內事情所一直存在的方式。他決心忠於自己，並拒絕他們，但他也會對他們有耐心。畢竟，他必須記著，他曾有機會到神學院學習，得著啟蒙，但他們卻沒有這個機會。神學院曾告訴他，他要先贏取他們的信任，接著他才可以引領他們到你心目中所想去的地方。

年青牧者將要發現，職事的意義並不是神學院或其神職人員的惟一財產。職事始於洗禮。職事是所有基督徒的召命，是基督徒共同承擔的。惟有當牧者發掘到所有基督徒的職事，他們才找到其獨特的牧職召命。換言之，他們「在我們中間」接受到其最好的教育。這位年青牧者在幾個月後確定了這一點；他當時以為最終已贏取了他們的信任以促成他其中一個計劃，所以他就開始提到，會眾需要開設一間日間托兒中心。基督教教育委員會開會討論這個提議。身為牧者，現在他的職責就是要帶領會眾，展開**真正**的職事。

他向他們解釋為甚麼他認為日間托兒中心對教會來說是個好的構思。教會具有所需要的設施。教會能夠善用教會建築物，物盡其用，這才可以作個好管家。教會有房間和一個遊樂場，但在一星期裏大部分時間都沒有人使用它們。這或會是吸引新會友的好方法。教會可以同時是社會上的活躍分子和傳福音的人。

格拉迪斯（Gladys）插嘴說：「為甚麼教會要從事日間托兒中心的業務？這會如何成為教會事工的一部分？」

年青牧者耐心地再次重複他的原因：善用建築物、吸引年輕家庭、另一個收入來源、在街另一邊的浸信教會都已經有一間日間托兒中心了。

「還有啊，格拉迪斯，」亨利・史密夫（Henry Smith）說。「你知道，要養活一家，現在愈來愈困難，很多夫婦都必須外出全時間工作。」

「不是的，」格拉迪斯說。「你知道不是這樣的，亨利。對於這個教會與這個社區的人，要養活一家，根本不是困難的。是的，這個鎮裏或**有**人會有這樣的問題，養活一家對他們來說是艱難的，但我從未聽過有關他們的談論。他們可能不會用這間日間托兒中心。他們可能無法把他們的孩子帶到這裏。這間日間托兒中心可能不會是為他們而設的。假如我們是在討論那針對他們的需要的事工，我是絕對支持的。但不，我們所討論的事工，其對象是那些難以擁有兩輛汽車，一部錄影機，在湖邊建房子，或難以擁有旅行房車的人！這正是為甚麼我們全都這樣忙碌工作，並離開我們的孩子！我不願意看見教會接受並鼓吹這個價值觀。我不願意看見教會告訴這些年輕夫婦，假如他們能夠購買多一輛汽車，一部錄影機或其他無用的東西，他們的婚姻就會變得更美好，或他們的家庭生活就會變得更美滿。為甚麼教會不是最後一個有勇氣地說『這是一個謊言。物質無法建立一段婚姻或一個家庭』的地方？這間日間托兒中心只會鼓吹我們那些早已扭曲了的價值觀的某些最壞方面。」

那年青牧者頗想說：「該死的格拉迪斯，為何你不讓**我**來為倫理學操心？我是這裏駐堂的倫理學家！」但他說出口的卻是：「格拉迪斯，因有類似你所提出的這種問題，我們終究可以成為教會。」

年青牧者早已習慣地假設，真正的職事是要「幫助人」（helping people）。當然，耶穌幫助人，並吩咐我們也這樣行。但當我們假設我們已經知道甚麼是「幫助人」，以為這只是簡單的事，就是推動教會作外展工作，並按著所有人早已認為應該要做的事而去作，這就會產生問題。

然而，我們在較早時已表明過，基督徒對「甚麼是應該要做的事」的定義，乃是建基於我們對上帝昔日與今天在世界中所做的工作的獨特記述之上。這記述教導我們，要對任何被提出的建議持懷疑的態度，直至它們被置放在上帝的故事裏，被好好檢視。

我們可以輕易地明白到，牧者為甚麼預備好承擔起那一般被描述為「助人的專業」(helping professions)。畢竟,我們大部分人雖公開宣認為基督徒,無論是自由派的或基要派的,但我們在大部分的日常生活中,都是在踐行上過著無神論者(atheists)的生活。情況是如此,因為連我們都認為,教會是由它所提供的「服事」,或「團契」的數目及會眾的「良好感覺」所維繫的。當然,「服事」和「良好感覺」都不是錯誤的事;那錯誤的是,它們本身變成了最終目的。在這樣的情況下,教會和職事就無法避免濫情(sentimentality)了;我們相信,這是今天的教會那最有害的腐敗。

畢竟,濫情是我們活現不信的方式。濫情,就是人常作好準備以理解事情,卻不會作出論斷的一種態度,這種態度最能敗壞我們和職事。無論對於保守派的教會和自由派的教會,情況都是一樣的。濫情,就是把教會年曆等同「母親節」和「感恩節」。濫情,就是教會必須與桑地諾解放陣線(Sandinistas;編按:尼加拉瓜〔Nicaragua〕左翼的政治組織,於一九七九年推翻索摩查〔Somoza〕政權)站同一陣線,而反對那反革命者(Contras)。濫情,就是「一同祈禱的家庭將會維持緊密的關係」。假如沒有上帝,沒有在十字架上受死的那一位來挑戰我們的「良好感覺」,沒有在我們遠處站著,以反對我們的人性焦慮的那一位,那麼我們所擁有的只是感情——在將亡的有神論(theism)中所剩餘下來的糖衣。

再者,濫情叫職事成為不可能的事。假如把職事簡化為主要是一助人的專業,那麼那些承擔這個職事的人,將無可避免地被摧毀——如果他們具有一點表裏一致/整全性（integrity）的話。他們本身將會感到挫敗，因為眼前的人沒有受過訓練，不認識上帝那拯救的敘事，也沒有受過訓練，不會恰當地要求正確的事情；他們只是分享著自由派的假設：人所有由衷的感覺，都是合法的。那些在職事中的人將會發現，別人會期望他們去嘗試滿足這些需要，因為「他們既已得解脱、不用謀生，這豈不就是職事所要做的東西嗎」？

作為一個傳道人（像牧者一樣），其召命並非單單幫助別人。我們蒙召「以耶穌的名義」來幫助別人。這才是要點。事實上，我們**不是**蒙召去幫助別人，我們乃是蒙召來跟從耶穌，藉著祂的服事我們得以認識自己是誰，知道我們如何幫助別人和接受別人的幫助。耶穌藉著那些如登山寶訓的經文來使我們喪失那些企圖：嘗試為世界做有意義的東西，做一些「有果效」的事情，以它所產生的結果作為目的的本身。祂的倫理並非建基於助人或成效之上，無疑亦不是建基於幫助人在已被佔領的猶大範圍內有稍好適應的生活之上。祂的行動乃是建基於祂對此的描述：上帝如何「恩待那忘恩負義、自私自利的人」，叫日頭照好人，也照歹人。我們蒙召來「成為完全」，像我們的天父完全一樣。

格拉迪斯帶領教會回到**詮釋**（interpretation）的任務之上，因為我們如何詮釋我們的處境，這將會大大影響我們所作的決定。她的挑戰是發給牧者的一道邀請，要求他做那些其受聘來要做的事，就是再次講述那故事，以致讓我們有機會按著對上帝的真貌，來詮釋我們自己。

格拉迪斯明白她的職事乃藉洗禮所任命的，就是要按著福音，而非按慣常的社會智慧而活；因此，她也讓她的牧者有機會明白他的按立職事的意義：就是要幫助會眾按著福音而生活。這樣看來，那位平信徒對牧者所說的話是正確的：教會內一些最佳的宣講者，都是在我們中間接受正確的訓練的。確實，我們猜想，平信徒會得到他們所配得的宣講者。假如平信徒對其本身的職事毫不認真，沒有不斷地就信徒應該如何在世上忠心地生活而提出所需要的問題，那麼他們就會得到一些似乎忘記了上帝的故事的牧者。教會將會淪為提供一些慣常的、受社會接納的答案的地方，一處反覆講述所有人都已知道——即使沒有教會——的事情的地方。我們將會死亡，不是被釘十字架而死，而是被徹底地悶死。

類似格拉迪斯的人不斷使教會變得有趣，不單因為他們愛唱反調（這並不帶來傷害的），而是因為他們不斷要求我們回到歷險之中——那就是以世界不認識的方式生活。牧者受制約而要按著教會可如何幫助人的方式來思想，但他的思維卻是受限於由一個不認識上帝的社會所定下的周界。在那個沒有遠見的世界觀裏，那些可以解決我們所苦惱的事的方法少之又少。格拉迪斯藉著懷疑我們的世界觀，使我們返回那些讓教會成為教會的根本問題之上，就是那些基本的、公共的、教會性的與社羣性的問題：我們必須要成為哪一種羣體，以致我們可以成為那羣依靠我們的確信而活的人？

不幸地，牧者受制約而要避免這些政治性、社羣性、教會性的問題。牧者受制約——透過我們一些傑出的神學院——而要提出一些「合理的」解決方法，以致我們不用相信上帝就在這裏，不用歸信。格拉迪斯的問題迫使會眾回到基督教社羣行動那根本的努力上，就是創造一個羣體，讓那些如我們一樣的人們可以靠真理而活，而不是靠虛假的東西過活。

每當人提到這個問題的時候，我們就會差不多梳理出牧養職事的意義。無論在哪一個時代，教會所面對的最大挑戰，就是要創造一個充滿生氣的、活生生的、為真理作見證的僑居地；而且正因為這樣，我們必須要那些接受過訓練及具有恩賜的牧者與領袖，以幫助塑造出一個羣體，好培育一位類似格拉迪斯的人和一羣願意聆聽她道出真理，而不會討厭她的人。

若不能做到這一點，那牧養職事只會注定淪為關乎幫助人在感受上好一點，而非邀請他們作出充滿激情的歸信。牧者只會成為法庭牧師，主持那些文化的典禮，是那些人生大事及其慶祝儀式上——例如：婚禮和喪禮——一位討人喜歡的人物；然而，在這些儀式中，牧者的在場亦愈來愈變得荒謬可笑，因為他所說的話，是我們早已知道的。又或牧者會感到像廟妓一樣，出賣他或她的愛心，只為獲取一羣積極向上爬、悶透了的中產人士的認同，而他們最想要的，只是能夠從那因物質主義而來的焦慮中稍得舒緩。

因為我們不太知道職事應朝哪個方向走，所以我們無法控制自己。你有沒有留意到，很多當代牧者在論及他們身為牧者的身分時，他們往往不知不覺間用上**辱罵**(abuse)、**誘惑**(seduction)、**娼妓**(prostitution)等詞彙嗎？以我們對福音的認識，我們都足以知道，我們都是犯了以「愛」為名在牧職上濫交的罪。

牧者開始看不起他們自己的本來面目，也不喜歡那導致他們成為這個樣子的羣體。因為教會不是敬拜上帝的地方，而是治療中心，以滿足人那些未經檢視和處理的需要，所以牧者都感到疲於奔命。新牧者只需要上任幾個月，就會發現人的需要事實上是無止境的，尤其是在這個富裕的社會中，人欲望的起點(我們稱之為「需要」)更是不斷地被提升。除了滿足人的需要外，並沒有其他職務說明或其他清晰的目的，牧者因而無法限制別人向他提出的要求。他們不知道應該做甚麼，他們便只有嘗試做所有事情，滿足所有人的需要。最本著良心的牧者便漸漸感到筋疲力盡及空虛。最懶惰的牧者便會撤退，選擇冷漠地抽離。會眾不知道牧者為甚麼處於那景況裏，他們期待牧者滿足所有需要，以及做所有事情。他們漸漸成為神職人員那不切實際的批評者，而不是同工、宣講真理的同路人。

當人感到被辱罵、被濫用、受到不公平的批評時，他或她無可避免地討厭自己。要普遍地成為好人，持開放的態度，與有無限需要的人聯繫起來，這個擔子沉重得沒有人能夠承擔。那結果就是討厭自己與感到孤獨。

當然，孤獨是人類特有的病，尤其是在我們的社會中，情況更為強烈；在社會中，我們會稱孤獨為「個體的自由」（freedom of the individual）。但對當代職事而言，孤獨卻是殊異的，因為它與那因職事而產生的自我討厭，緊扣在一起。這孤獨是無法與人分享的；很多時候，那些被任命的人無法描述他們的傷痛或成因，因為那源頭是在他們與他們所承諾要服事的群體之間的疏離（alienation）。傳道人無法說明其痛苦的源頭，他們就難以避免與他們自己的生命疏離，因為完全承認他們的景況，這會威脅到他們的職事。

這正是為甚麼我們猜想，很多神職人員會發現，其最要好的朋友都是其他神職人員，而且通常是其他宗派的神職人員。他們會成為朋友，因為他們在彼此身上看見那相同的討厭與經歷。他們聚在一起，讓他們彼此分享著「戰場上的故事」及所受的無禮對待，這些都是他們的會眾所不明白的。神職人員無法在他們的會眾中間建立密切關係，因為神職人員不可以有界線，他們要成為所有人的朋友，是所有人的共有財產；因此，神職人員便與那些隨意以性換取利益（sexual favor）的男女無異。神職人員彼此依附，為要得著安慰，因為他們沒有其他人可以依靠。唉，但是，那些建基於共同的悲慘之上的友誼，並不易維繫。它們時刻面對著要受一個可能性所威脅：有一天其中一人會變得快樂。這是十分可怕，卻又是真實的。我們有些人會接受我們的悲慘狀況，因為這是我們彼此之間的惟一連繫。

領袖往往會產生出多少孤單感，尤其是當領袖憑藉視象或對上帝的忠誠，而非憑藉公眾的意見調查來作領導之時。

一位敢於在一羣活於虛謊中的人中間述說真理的牧者或如格拉迪斯的平信徒，將會十分孤獨。但這是因著正確的原因而有的孤獨、獨處（solitude）。耶穌昔日也是常常獨自一人和孤獨的。祂的孤獨是先知式的聖潔所帶來的一種作用；祂在眾人中間往往都感到孤獨，因為祂是上帝的朋友。

那些想要成為上帝朋友的人，就是那些願意言說真理，斥責和更正別人，見證、詮釋、重述、記念上帝故事的人，都要預期會不時經歷孤獨。但這往往是一個會令人振奮的孤獨感，因為這孤獨感是由那要成為忠信者的歷險所引起的，而非因單單過度地可親而生的孤獨。

那我們要做甚麼呢？首先，**我們要成為怎樣的人**？當代很多擁護神職人員的人都認為，問題源自神職人員本身的心理性情。簡單來說，那些被牧養職事所吸引的人，往往都是那些需要「幫助別人」的人。他們喜歡成為別人所喜歡的人，也需要成為別人所需要的人。他們的個人需要，成為他們的職事的基礎——也是他們最大的問題。他們低估了別人的需要有何等地深，因而帶著不適切的界線進入職事之中，被那些身處窮困的人其無盡的欲望所吞噬。有一天，他們才會醒來發現，他們為了一羣生吞他們的自私的人，已犧牲了他們自己的家庭、自尊、健康與快樂。

這些觀察都有很多實情。假若沒有一個方法以防禦會眾那些無窮無盡的需要，牧者便會感到他們像被鴨子一下一下啄死一樣。這裏啄一下，那裏啄一下，到他們發現的時候，他們早以失去了一條手臂或一條腿。牧者就會討厭那些他們蒙召要去服事的人，也會討厭那讓容別人如此待他們的自己。

不幸地，很多觀察到這個可悲情況的人，都把它解釋為神職人員的某些心理缺憾。神職人員沒有充分地明白自身的需要，便走出去「幫助別人」。為了取悅別人，神職人員並沒有定下界線，讓別人能對他們作出合理的期望，因此他們受到其會眾所傷害。那解決方法？神職人員應該建立更強的自尊，成為更肯定的人，學習說「不」，要求休假一天，設法為自己帶來改變；簡言之，就是像大部分會眾一樣，成為自我中心的人。

我們認為，這個勸告只會令問題惡化。我們的社會傾向告訴人，只要他們更全面地發展其自我（ego），他們就會感到更快樂——這就是社會對欠缺意義和目的這個問題所作的回應。要深入內心的深處去找到解決方法，而不是向外尋找幫助。在一個沒有上帝的社會裏——在我們自己以外，除了我們本身的自我投射，我們根本甚麼也沒有——這或許是人所能得到的最好勸告。

但身為基督徒，這並不是我們尋找意義與目的的方法。在神職人員中間，那需要發生的事情首先不是要處理他們本身。那需要處理的是教會。當教會不再相信它自己之所是時，神職人員根本不會知道他們在那裏正在做甚麼。對於神職人員，那恰當的、實際可行的及有趣的期望，乃是從教會的主要目的所衍生出來的。當我們明白這一點，神職人員就可以不再為了無法滿足期望而討厭自己——上帝可能一點也不關心這些期望。

成功的職事

格拉迪斯在那次的基督教教育委員會中，扮演著教會領袖的角色，她道出了真理，又或至少她提出了一些問題，因此福音的真理可以在會眾中開始被傳講。教會的開始，與教會的神職人員的目的，就在這裏開始：就在那一刻，我們開始思考，要擁有一間會述說及活出真理的教會，這是甚麼一回事。

並非所有像格拉迪斯的教會領袖，都會受到教會的尊敬。真理往往帶來很多傷害。假如牧者容讓那些類似格拉迪斯的人道出真理，她的見證或會喚起牧者作自省。接著，有一天牧者或會受激勵而站出來，向著會眾說出真理。之後我們又會在哪裏呢？

我們就正正踏上復興教會及其職事之路。在這條路上，我們要成為真實的人（truthful people），我們才能聽到福音。聆聽與歸信是相連的。聖典（scripture）與教會是無法分割的。無論在那裏，當上帝的話語被正確地宣講，聖禮被嚴謹地遵行時，一羣百姓就在那裏被建立起來，他們是一羣能夠承認經文的權威的人，如同天主教徒（Catholics）所一直強調：這樣教會創造了聖經（Bible）。聖經是教會在確立正典過程中的產物，但離開了那羣不斷掙扎、要忠心地聆聽上帝的話的人——就如在基督教教育委員會中那些與格拉迪斯一起開會的人——人就無法聽到上帝的話。欠缺了教會，這就解釋了為甚麼今天有很多人會認為，大部分的經文都是難以明白，甚至是不合理的。聖經落在一羣抽離的學術詮釋者的手中，他們認為有部分經文是「不切實際的」或「前現代的」（premodern）而不用考慮，同時他們把所有經文重新詮釋為智性層面的問題，而非尊重聖經本身那自我宣講的政治功用：產生出一羣能夠承認聖經這聖典（Bible as scritpure）的人。

聖經詮釋先是一個政治性、教會性的問題，之後才是智性層面的問題。交響樂作為一種藝術形式，它被創作乃是因為歐洲的聽眾能夠聆聽，甚至要求聆聽這類音樂。同樣地，福音作為一種新的文學形式，它被創作乃是因為基督的臨在產生了一羣百姓，他們願意聆聽，甚至期待聆聽一個要求我們歸信的真實故事。對於令人鼓舞的講道及忠心的聖經詮釋，一個類似當晚由格拉迪斯所引發的會遇（encounter），便成為那個基礎。忠心的教會決意按著真理而活，它會讓聖經再次發聲，准許聖典再次在那屬於它的地方萌芽生長。

哪一個是先行呢？是聖典還是那些類似格拉迪斯的人？這個選擇是不恰當的。教會是聖典與人會遇的橋梁。

根據所記的故事，格拉迪斯所引起的話題，對教會而言並非新事。耶穌說：「有錢財的人進上帝的國是何等的難哪！」（路十八24）門徒代表我們所有人發問：「這樣，誰能得救呢？」（十八26）當時與現在的情況一樣，財富都是福音和教會的死敵。對於門徒有關拯救的詢問，耶穌回答說，在人來看，富有的人(好像我們)要得救是十分困難的，如同要駱駝穿過針眼一樣的難。最好的方法就是使我們適應我們所得到的東西，量力而為，免得過於內疚。

但是耶穌指出，對上帝而言，拯救是有可能的。我們在較早時提過，上帝拯救我們的方法，是徹底地公共性與社羣性的，是一種以受造物為工具，來幫助像我們這般的人去成為更好的人，比我們單憑己力要好得多；上帝的方法就是教會。這暗示了假如我們要得救，就要透過那些類似格拉迪斯的人的服事，他們會向我們言說真理，從而引發我們去問：到底我們需要哪種教會，以能幫助我們活出那蒙召的身分。真實的（truthful）子民需要真實的領袖。然而，我們知道我們都是說謊者，是欺騙自己的人，因此我們彼此需要對方。格拉迪斯需要一位非常尊重她的洗禮的牧者，以致敢於向她言說真理。牧者極度需要一位像格拉迪斯那般尊重他的聖職按立的平信徒，以致他會要求牧者言說真理，並同時頑強地堅持向牧者言說真理。就教會內的真實性（truthfulness）而言，我們所有人都是共同面對的。

要在類似教會的地方，透過那些類似格拉迪斯的人來成就拯救，又或在類似耶路撒冷的地方，透過那些類似彼得的人成就拯救，並不容易。由此，讓我們看看耶路撒冷第一間教會的故事：

> 有一個人，名叫亞拿尼亞，同他的妻子撒非喇賣了田產，把價銀私自留下幾分，他的妻子也知道，其餘的幾分拿來放在使徒腳前。彼得說：「亞拿尼

> 亞！為甚麼撒但充滿了你的心，叫你欺哄聖靈，把田地的價銀私自留下幾分呢？田地還沒有賣，不是你自己的嗎？既賣了，價銀不是你作主嗎？你怎麼心裏起這意念呢？你不是欺哄人，是欺哄上帝了！」亞拿尼亞聽見這話，就仆倒，斷了氣；聽見的人都甚懼怕。有些少年人起來，把他包裹，抬出去埋葬了。
>
> 約過了三小時，他的妻子進來，還不知道這事。彼得對她說：「你告訴我，你們賣田地的價銀就是這些嗎？」她說：「就是這些。」彼得說：「你們為甚麼同心試探主的靈呢？埋葬你丈夫之人的腳已到門口，他們也要把你抬出去。」婦人立刻仆倒在彼得腳前，斷了氣。那些少年人進來，見她已經死了，就抬出去，埋在她丈夫旁邊。全教會和聽見這事的人都甚懼怕。（徒五 1～11）

這間年青教會要面對的第一個危機，就發生在一個晚間聚會之中。這是有關財產的危機。假如你想尋找不忠心與說謊的例子，路加似乎在說：先看看教會裏面的情況吧！人向教會說謊，就等於向上帝說謊。路加以無情的、冷靜的和客觀的資料來描寫那兩個說謊者之死。他們像路加福音十二章所記載的無知富翁一樣，嘗試透過物質東西來確保生命的安全，但最後他們所承受的不是生命而是死亡。耶穌其中一位門徒就首先為了金錢而離棄耶穌（路十二章）。

路加把金錢連於自我欺騙，這豈不是十分有趣嗎？彼得對亞拿尼亞和撒非喇的指控不是貪念，而是説謊。對於亞拿尼亞和撒非喇的謊言，有些東西看似是十分自然的，因我們全都知道我們怎樣合理化自己的貪婪、貪得無厭和貪欲，以及為它們開脱。「我們並非真的這麼富有，」我們説。「為了達到那目的，我已做了所有我可以做的。」「我為此努力工作，這是我應得的。」「養家實在愈來愈艱難了。」

我們的謊言與物質主義是互相有關係的；因為我們的物質主義和我們的自我欺騙，均是我們的試圖，藉著掌控一切，從而處理我們的不安全感及我們的有限。

馬丁·路德（Martin Luther）把安全感（security）稱為終極的偶像。我們已一次又一次地表明，我們願意以任何東西——家庭、健康、教會、真理——來換取安全感的滋味。我們是脆弱的動物，我們尋求保障，尋求以不恰當的方法來建構我們的生命，我們賴以為生的是自己的機智而非信。

在教會裏——體現在彼得身上——亞拿尼亞和撒非喇的謊言都要受到對質。人欺騙自己或欺騙教會裏的弟兄姊妹，都會導致死亡。我們所聽到的是，路加以嚴厲的、苛刻的、絕不妥協的語調來述説這個故事。但除了以嚴厲的方式對待説謊的人之外，還有甚麼方法面對虛謊？不與我們的欺騙對質，其代價也是十分高的：我們的生命將一同滅亡。古代的《十二使徒遺訓》（*Didache*）一開始就記載：「有兩條路：一是生命，一是死亡，而在兩者之間有巨大的差異。」

這些初期基督徒的倫理立場，以及他們關於金錢的獨特信念，是他們的神學主張的一個具體應用。教會蒙召而成為一個僑居地，一個不一樣的羣體，一個記號，一個給世界的標誌，說明基督已為共同生活（life together）提供了可行的方法，有別於世界所見過的一切。不在那些像亞拿尼亞和撒非喇等人中間對抗謊言與欺騙、貪婪與自助（self-service），教會就將會滅亡。雅各書（一 9～11）指出，因基督徒無法好好處理金錢，不只一個初期教會的羣體受到破壞。這就是路加在亞拿尼亞和撒非喇的故事結束之時，首次在使徒行傳（五 11）中使用**教會**一詞的原因嗎？在此，教會在面對真實地處理財富的掙扎中，體驗到它自己是真實性的一個受過操練的羣體。

在使徒行傳五章，彼得作為教會領袖的形象，卻與我們對「好」牧者的一貫描述，形成強烈的對比。教會內的憐憫又怎麼了？恩典在哪裏？彼得要成為一位「好的」及關心別人的牧者，他就應該更溫柔地處理亞拿尼亞和撒非喇。假如修讀過好的教牧輔導課程，彼得就能夠明白，雖然亞拿尼亞和撒非喇可能有點富裕，但這對夫婦與所有人一樣，都有自己的問題。為甚麼彼得沒有幫助他們尋找更有意義、能作更多貢獻的生命，而是如此與他們對質，甚至置他們於死地？

我們會問這些問題，這就揭示了，雖然身為牧者與教會，但我們的故事已與那個產生出一個羣體的故事和其信息背道而馳。彼得摒棄那受社會認同的召命，即是幫助那些類似亞拿尼亞和撒非喇的人，讓他們活得少一點痛苦且更加真實；彼得反而與他們對質。他與他們對質，不單要他們面對自己的謊言，也要他們面對一個徹底的視象：上帝呼召他們、要他們成為怎樣的教會。路加在使徒行傳中記載這個故事，固然是為了同樣的目的——向我們列舉出上帝為我們所準備那種相異的生活方式。因此，我們不是要問這個轉移視線的問題：「為甚麼會發生這樣的事？」而是要問：「我們需要成為哪種羣體，才能讓這種教會（具真實共性〔truthful commonality〕的教會）得以存在？」

從我們的職事層面來看，使徒行傳五章的這一段情節，揭露了我們的欺騙。我們說，要容忍亞拿尼亞和撒非喇，因為我們愛他們，因為我們蒙召從事那服事與憐憫人的職事，即使當人們是一些富有的說謊者。換言之，我們比使徒行傳中的彼得更有愛心。但真相是，我們在欺騙自己。我們不相信亞拿尼亞和撒非喇，就如彼得不相信他們一樣。對我們來說，財產是那判處我們要非自願地受奴役的無期徒刑。我們無法想像有任何方法，能幫助我們從物質主義的枷鎖中逃脫，因此，我們不敢像使徒行傳五章那般冒險地道明真理。

彼得道出真理，不是因為他在深心處相信，假若訴諸恰當的方法，亞拿尼亞和撒非喇或會展示出他們美好的本性，並會把他們的生命建基於更值得人追求的價值之上。彼得真的相信，福音——以及因著福音而生的羣體——有能力轉變那些平凡的、自私的、以物質主義掛帥的人（像我們的人），使之成為類似聖徒的人。

身為牧者，我們若使自己太易擺脫那困境（藉著訴諸我們對人類的軟弱和有限施予憐憫），我們就會失去最好的機會，無法確定我們在教會中的職事，讓教會真正看起來像教會，而非一間社交俱樂部。舉例來說，蘭茜（Nancy）花了很多時間在教會的一對夫婦——湯美（Tom）與蘇（Sue）——身上，他們正遇上很大的困難。蘇是一位酗酒者，她已曾多次進出戒酒無名會（Alcoholics Anonymous）和接受過不同的療程，但全都沒有幫助。十年來湯美一直默默忍耐與支持她，但蘇的酗酒問題愈來愈嚴重，而湯美亦發現她的病態開始影響他們的兩個小孩子。

有一天晚上，湯美致電蘭茜牧師，請她到他家裏一趟：「蘇又喝醉了，我實在無法再忍受了。」

湯美整個星期都在做家務，照顧小孩，並嘗試繼續如常上班。蘭茜感到湯美已經到了他的極限。

「我只是一個尋常的、平凡的人，」湯美說。「我實在忍無可忍了。我可以怎樣做？」

蘭茜十分同情他的處境。「湯美，我知道你為了這事已多走二里、三里路。我不會怪責你。假如你要把蘇趕出家門，也沒有人會怪責你。」

「但我們是夫婦。我承諾過無論好與壞我也要愛她。」湯美說。

蘭茜向他保證，凡有理智的人都不會指望他在這樣的情況下仍然堅守婚盟。更何況假若他決定離婚，對蘇和孩子而言，這或許都是件好事。

「你說我已多走兩里路，」湯美說。「耶穌有沒有設下我們可走的極限？」

蘭茜嘗試向他保證，極限是有的。耶穌說了很多東西，但我們也必須考慮實際的情況。我們必須實際一點。畢竟，蘭茜並不是一位保守派或基要派的人。她知道如何靠著複雜的詮釋，幫助人接受耶穌。

那天晚上，蘭茜帶著極大的絕望而離開湯美的家。湯美在他的處境中看不見任何出路。他無法離開蘇，但他卻已沒有信心他可以繼續生存下去。蘭茜認為她已是位善良的、明白事理、開放的牧者。或許她若要繼續給予支持，她可以幫助湯美「決定甚麼是必須的」。

若非是愛麗斯．瓊斯（Alice Jones），或許一切就會這樣結束。第二天，愛麗斯致電蘭茜，看看她是否知道「蘇又喝醉了」。愛麗斯是湯美和蘇的主日學班的校長，她完全察覺他們的情況。蘭茜給愛麗重述她之前與湯美的對話，她認為愛麗斯也許可以幫助湯美克服關於離婚的躊躇。

「湯美說的沒錯，他無法獨自承擔這個問題。他已經到了他的極限，」愛麗斯說。「他打從一開始就不是一位特別堅強的人。而這正是令我感到懊惱的問題。」

「甚麼事令你感到懊惱？」蘭茜問。

「令我感到懊惱的是，他早已認為他要獨自承擔這個問題。他有兩個小孩子，一份工作，一個喝醉酒的妻子。他是一位好男人，因他沒有解除婚約；但他並不夠好，因他無法向喝醉酒的人持守承諾。」愛麗斯說。愛麗斯是個直言不諱的人。

「那我們要怎樣做？」蘭茜問。

「是的。」愛麗斯說。「**我們**要怎樣做？我們一直在討論這件事，好像這是湯美的問題。假如這是他的問題，那我現在就告訴你，他無法處理它的。」

「因此？」

「因此，我們到底要教會來做甚麼？我對這戲謔感到厭煩了。大家都只是說說而已，完全沒有任何行動。我認為我要召集所有的主日學班，不再只緊握我們的心，而是要接管這問題。」

「接管這問題？」

「是的。讓我們叫湯美知道，我們不只是在他背後支持他，而是**與他同行**。我們可以為他預備食物。我們可以幫忙照顧小孩子。這都不是問題。除此之外，醫院剛為酗酒者開始了一個新的醫治療程，每月的費用是八千元。我認為我們可以支付一半的費用，並且我們要告訴蘇，如果她不願參加，我們就會幫助湯美辦理離婚手續。恐嚇對我的妹夫十分有效，他也是個酗酒者。」

蘭茜察覺到，她身為牧者，卻一直在問錯誤的問題，她好像獨行俠（Lone Ranger）、自由者（free agent）一樣來努力從事教牧輔導的工作。對於福音所要求我們的事，如憐憫別人、守約、照顧小孩、醫治別人，從沒有被期望要我們獨自完成。我們作為家庭、一個僑居地而存在，我們要使平凡如湯美的人成為聖徒。蘭茜已放棄了那故事，就是一個湯美還未想忘記的故事，一個關於要饒恕七十個七次，關於在受苦中依然要保持忠心的故事。當蘭茜因其熱心而忘記了那個故事的教導時，她就無法提問那個教會所需要的倫理問題。愛麗斯．瓊斯想要知道，他們要成為怎樣的人，才能幫助湯美這個軟弱但良善的男士成為一位門徒。牧者應該是那位堅持我們要長期徘徊於這個故事中，以致我們被故事抛進那個教會所需要的困窘之中。

因此，這個故事把我們這羣作為牧者的，重新帶到那基本的、公共的、社羣性與倫理性的問題之上：我們要成為怎樣的教會，才能及得上使徒行傳五章那真實的一半？當教會的那些領袖忠於召命，這就是他們所要做的事：牧者要使教會朝向上帝。

就如使徒行傳五章所展示的，把人轉向上帝，這是一件可怕的工作。會眾或會在充溢的靈中忽跳忽說（徒二章），又或因懼怕致死（徒五章）。然而，這正是教會需要領袖的原因。作為一個牧養職事的行動，關於亞拿尼亞和撒非喇的情節在牧養上是成功或失敗呢？這要視乎你是從哪個角度來看。透過彼得的教牧關顧，教會失去兩位較為「顯著」的成員。然而，與此同時，教會首次把自己經歷為教會，首次以「教會」（*ecclesia*）這字來描述所發生的事。在路加那極其言簡意賅，近乎幽默的結論是：「全教會和聽見這事的人都甚懼怕。」

甚懼怕。落在上帝的手裏是一件可怕的事。察覺到教會不單是一個好心腸的團契，也是涉及生命與死亡的地方，這是十分可怕的。察覺到上帝對我們的期望是何等的大，這是使人敬畏的；知道上帝決意「要建立或破碎我們」，而非容讓我們停留在這光景中，這卻是一件可怕的事。當我們把我們關於「教牧關顧」的定義與使徒行傳五章並排去看時，我們會察覺到我們的定義是何等的微不足道；這察覺是件很可怕的事。

不久前，在一個研讀路加福音和使徒行傳的牧者查經班上，我們其中一人說了亞拿尼亞和撒非喇的故事。有些牧者因那關於人仆倒在地上，斷了氣，被抬出去的荒謬記載而發笑。其他稍為敏感的牧者則感到十分震驚，因「任何人可能會相信上帝准許殺人」。有人嘗試指出這並不是故事的信息，但並沒有用，所以只能問他們：「這裏有誰曾經嘗試過為了拯救教會而殺人嗎？」

有人在後排回答說：「有的——在某程度上。」這個回應叫導師感到驚訝。

那是怎麼呢？那人被問到。

「我在南部的小市鎮內宣講有關種族問題的信息。學校正在進行融合不同羣體的學生的工作。當時的情況十分緊張。委員會警告我，我的講道要在這個問題上低調一點。我沒有照著做，結果有五個家庭離開了教會。其中有四個家庭再沒有成為其他教會的會友。我的妻子問我：『為了一個問題而永遠使人疏離教會，值得嗎？』她的問題十分好。我從沒有認真地思想過這問題，直到今天晚上。我想，你可以問問彼得。為了小東西如一塊土地而令一對夫婦心臟病發死亡，值得嗎？」

使徒行傳五章所提出的問題是舊式的，而且是古老的，但那只有是在一間欠缺一些具創意及勇氣的領袖來提出正確問題的教會。

我們稱之為「教會」的東西，往往是一羣陌生人的聚集，他們把教會視為另一間「助人機構」，要進一步滿足個別的慾望。有些會眾對牧者的態度十分卑劣，尤其是當牧者力勸他們仰望上帝的時候；他們有這種態度的其中一個原因，是當牧者邀請他們注意在他們以外的事情時，他們會感到受欺騙。他們來教會乃是為了要得「安慰」，讓他們的個人需要得到滿足。為甚麼講壇上的信息都是在說「失去生命，才能得著生命」?

我們稱為教會的地方往往是真誠的陰謀（conspiracy of cordiality）。牧者學會安慰（pacify）而非教導他們的亞拿尼亞和撒非喇。我們會説，我們所做的是出於「愛」。通常，我們這樣做，乃是為了要叫人儘量與其他人保持距離。你不要進入我的生活，我也不會進入你的生活。這就説明了為甚麼對很多人而言，教會只是令人窒息地停留於表面。所有人都同意談論所有話題，除了那最重要的東西以外。假如受到對質，亞拿尼亞和撒非喇會傾向對他們的基督徒同伴説：「這與你們無關。這是我的生命。」或類似的話。現代生活的孤獨和抽離，即我們變成陌生人的方式，都影響著教會。

這解釋了為甚麼教會要如此令人恐懼地依靠那些像格拉迪斯或彼得的領袖。從真誠與友善的角度而論，彼得（或格拉迪斯）的行動在牧養上是失敗的。從教會的目的與角色這角度而言，他們的職事卻是成功的。也就是說，他們成功地引起一個機會，讓教會能夠仰望上帝。

教會在敬拜中繼續成為牧區職事的嚴峻考驗。在我們的敬拜中，我們重述上帝的故事——關於上帝藉著基督在我們身上所做的工作的歷險故事——以及對此故事負責任。所有職事都可以按此重要的禮儀的準則作評價：職事的行動如何幫助人與上帝同在？在那令人驚訝、感到脅迫、不安的、致命的、給予生命的一刻裏，格拉迪斯使教會得以進入敬拜。這正是為甚麼在那天晚上，她在會議中的言論可被稱為「成功的職事」。

牧者差不多所做的一切——即使看似是最小的事情，尤其是最小的事情——都可以是一個機會，引導我們朝向上帝。如果我們把探訪病人看為一個引導人朝向上帝的機會，它就不只是移情的分享（畢竟，所有人也可以這樣做，即使是那些不相信上帝的人）。牧者將要好好檢視他們的行程表，殘忍地取消所有無法幫助人做我們在敬拜中會做的事情的活動。領袖就是那些能幫助我們定睛於我們作為教會的獨特召命的人，而教會需要這些領袖；這需要是十分重要，絕對不可被世俗生活的忙碌所擠掉。當然，就如關於格拉迪斯的記述和使徒行傳五章所提醒我們的，差不多所有的教會活動（除了賓果遊戲〔Bingo〕、義賣會、籃球賽），包括基督教教育委員會或為貧窮人收集捐贈，都可以是一個幫助我們朝向上帝的機會——**假如**我們有幸得到真實的領袖。

假如我們對世界和福音的閱讀（在最初幾章裏所陳述的）是正確的話，那麼我們就必須要重新調整我們對「成功的」職事的想法。假如基督教王國依然存在，那麼牧者的首要任務便是要幫助我們處理我們的痛苦（當然是藉著最先進的自我幫助療法），挑戰我們運用自己內在的才華和能力。但假如我們是一羣生活在一個充滿敵意的環境中的異類僑居者——這環境以最狡詐與致命的方式來腐蝕及取代我們的基督徒身分——那麼牧者就是蒙召來幫助我們，以集合那些我們成為上帝之義的僑居地所需要的資源。

若牧者能夠正確地以恰當的準則來判斷他們所做的事情，這個世界將會不再一樣。欠缺恰當的準則，他們就只會因為懼怕忽略了最重要的事情而去做所有事情，他們會嘗試滿足所有人的需要，卻最後注定要感到絕望——當他們發現，他們這樣滿足那些荒謬的、無限的工作，是不適當的。牧者在敬拜、講道、施聖餐、施洗中，接受那個模型，並藉此模型，其他所有的牧養行動都要受判斷；而所有職事的職務都要符合這模樣，就是使上帝的子民朝向上帝。這樣做的時候，牧者就可預期會聽見：「好，你這又良善又忠心的僕人。」

上帝的服事

最近有一本工商管理的著作宣稱：員工生產力低及缺乏工作滿足感，其中一個最常見原因是關於工作的處境——他們不知道他們要做甚麼。他們不清楚了解其職責何在，他們就永遠無法讓自己或上司感到滿意，而他們的工作也永遠無法完成。牧養職事的性質往往是比其他工作更為開放的。我們承認，這不單是因為牧者要執行很多不同的任務，要與很多不同的人同工，也是因為教會的本性就是如此。

像使徒行傳五章所展示的，從一開始，最初的教會必須與其**本身**全力拼搏，為要處理它自己的身分問題，以及要確定它應該做甚麼。從這個角度來看，路加或可能對我們說：「不要沾沾自喜地說：世界不斷嚴厲地挑戰教會的忠誠。一直以來都是這樣困難的！」我們或會回應說：「這正是我們的意思！你必須要在不信的世界中創造並不斷重新創造一個信仰的飛地（enclave；編按：在本國境內隸屬另一國的一塊領土），我們也是一樣。我們必須使我們的生活方式在世界中酷似異教徒般，就如你一樣。」

這有助我們更能明白，為甚麼路加傾向環繞著初期領袖——如彼得、腓力、保羅，多加、呂底亞——而講述初期教會的故事。當然，教會就是那些被稱為聖徒的平凡人。然而，這些平凡人從開始已經非常依賴其他的平凡人來提問那些正確的問題，來不斷講述上帝的故事，來繼續在愛中宣講真理。因此，教會可以在其他地方稱這些領袖為真正的**上帝禮物**（gifts of God），是為了建立與維持教會的（弗四章）。

我們要對所有沮喪、抑鬱的牧者（他們的名字是「羣」）說，有一個狀況比「失敗」更壞的，那就是「成功」。在今天要成為一位成功的牧者，差不多與要擁有一段「快樂」的婚姻一樣，都是具毀滅性的。假如我們對快樂的婚姻的理解就是一段沒有紛爭的婚姻，那麼我們就知道，一段婚姻是快樂的，因為有人早已在這場遊戲中落敗。很諷刺地，早已落敗的那人往往都是這段「快樂」婚姻中擁有真正權力的人。有時候，最可怕的權力遊戲是由那宣稱為弱者的一方所操縱著的。婚姻中那抑鬱的人擁有所有的權力，因為另一人的生活受那渴望所操控：嘗試整頓一切，以致那抑鬱的配偶將不會那麼抑鬱。

很多「成功」的牧者會快樂，只因為他們早已投降了。他們容讓會眾知道，他們純粹按會眾是否喜歡他們，從而判斷其職事的成敗得失。假如會眾不願牧者感到抑鬱，他們就會仁慈地作出回應，好讓牧者知道，接受一位個性討人喜歡的宣講者，而不是一位具有真實信息的宣講者，他們覺得這是無問題的。

這些話是對那些更清楚知道這事實的牧者說的。而正因為有些牧者更清楚知道事實，他們知道，他們大部分的職事乃是建基於一個錯誤的教會觀上，所以他們很想要自我輕視，以致他們的職事逐漸受破壞。

這問題十分複雜，因為我們的教會活在一個買家的市場中。消費者是王。消費者想要的東西，就應該得到。對福音一知半解的牧者，會墮進一個自我滿足的經濟結構內的這個買賣網羅中；有一天他們要醒來，並十分痛恨自己的作為。我們將會失去一些（有潛質的）最好的牧者，他們會很快進入犬儒主義與自恨的墳墓裏。牧者所需要的是一個繼續職事的方法，即一個能幫助牧者明白他或她的職事就是參與上帝的故事的視界。

只要教會和其領袖願意對上帝的故事——福音——負責任，職事就會是一場幫助塑造一羣配得講述故事、經歷故事的人的重要歷險。忠心的牧者會不斷呼召我們回到上帝那裏。藉此，牧者會擴張我們作為教會的想像力，讓我們看見更多的可能性，比我們單憑自己所見到的更多。

藉著格拉迪斯，藉著其他願意呼召我們來負責任的人，會眾是好遊玩地（playfully）自由，得以探索現況的其他可能性，能夠探究羣體的新模式，使得羣體的成員可能成為那種人：願意按著上帝對世界的計劃而生活，而非按著他們所擁有的財富而生活。她幫助教會去敬拜。

在星期日早上，當牧者呼召教會來敬拜，當牧者祈禱、宣講、施聖餐，牧者如此行，是因為他深信假如教會成長而習慣在星期日的敬拜中轉向上帝，那麼在星期三晚上的基督教教育委員會會議中，教會也能這樣做。

如果我們無法這樣盡忠，那麼我們只會對一個文化的濫情作出默許，以為我們能給虛空的人作的，只是讓他們較少痛苦。

我們需要怎樣的教會，才能塑造更多像格拉迪斯的人？怎樣的會眾，才能讓類似格拉迪斯的人說出真相，而不會為此討厭她？我們要求怎樣的牧者，才能使人真正愛人，以致願意他們得救？身為牧者，我如何可以因著忠心而感到孤獨，而非因為濫愛而孤獨？這些問題可以幫助牧者一生繼續職事。這些問題也幫助我們發現，當我們藉著敬拜上帝來服事世界之時，這是一場多麼奇妙、有趣的歷險。

7 能力與真理

成就職事的德性

回顧上文，我們知道到，我們提過很多挑戰著當代教會與其事工的事情。這看來十分奇特，因為我們一直以為，我們是以正面的方式來討論關於教會的事，好為牧者和平信徒給予盼望。我們的目的乃是藉著激發信徒的想像力，讓他們看見當教會能夠重拾其表裏一致/整全性(integrity)後，基督教職事的核心擁有很多奇妙的機會，從而賦予他們能力。充權(empowerment)是由發現所引起的——發現我們乃是一場歷險(在城裏最刺激的遊戲)中的一員。

我們其中一人最近寫了一本關於神職人員和平信徒在教會中「被耗盡」的著作。為甚麼曾經努力耕耘的人，會回望、卻步、放棄，以及在教會中被耗盡？無數對牧職上的抑鬱作評論的人，都力勸牧者要強化他們的自我(ego)，休息一天，找些興趣，在會議中堅持己見，並嚴厲斥責他們。這些冒充要為神職人員作辯護的人，似乎全都假設職事中的問題，主要是神職人員那不適當的心理性情，又或是教會有不切實際的要求，諸如此類。當然，他們所說的有部分是真相。正如我們說過的，很多人從事職事的方式，導致職事對他們而言成為一份孤獨的事業，職事充滿危險，最終帶來破壞。每星期有一天休息，這主意對任何人而言都不是壞的，對牧者而言也是一樣。

我們認為，這些解決方式只是徘徊在問題癥狀的周邊，而非處理問題的源頭。牧養職事充滿危險的，而且要求忍受那些瑣碎的、關於自我改善的心理建議。牧者——以及他們所服事的平信徒——所需要的是一套關於職事的基本神學理由，這基本理由是宇宙性、終末性的，因而是抗逆主流文化的，這樣，他們便能在一個決意活像上帝已死的世界裏持續基督教的職事。其他任何東西都是誤解了福音那使人震驚之處，以及我們文化的敗壞。

我們想到兩位牧者的牧區。一位是費城（Philadelphia）舊城區的長老會（Presbyterian）牧者，另一位是長島（Long Island）郊區的長老會牧者。

「我不需要去到尼加拉瓜（Nicaragua）就能『為和平作見證』（Witness for Peace），」費城的牧者告訴我們。「我只要往牧師公館門外觀看，我就能看到，這個文化充滿暴力、敗壞，而且將要滅亡。每天早上，當我帶女兒上學時，我總要趕走門外的男妓與毒販。每天晚上，我會在黃昏時刻打開教會的大門，讓那些無家可歸的婦人進來借宿。有三至四名婦人若不是進來與我們吃飯和在我們這裏留宿，她們必定死在行人路上。我那羣小小的會眾不需要去到馬那瓜（Managua）就能作見證，又或看到這個社會到底是怎麼樣的。每個星期日，當我們聚集在一起敬拜時，這就表明『我們對照他們』（“us against them”）。」

在費城的舊城區內存在著一個「來自天上的僑居地」（colony of heaven）。

「當我與我的會眾傾談時，」長島的牧者說。「他們都會形容自己好像在受攻擊，好像他們身處某場戰爭之中。這些人有足夠的工具、技能、學歷與智慧，能好好在美國文化中爭競。但當你與他們談及他們的子女、他們的婚姻、他們的工作時，你就好像與在戰鬥中的人傾談無異。他們明確地告訴我，他們的價值觀早已出現問題了，他們不知道應該怎樣做。他們來到教會，並非因為這是『應做的事』，這可不是在長島應做的事！他們是因為感到絕望而來到教會的。」

這種來自長老會（看老天份上）的言論，讓我們感到這宣告是正當合理的：就如我們在第一章已說過，世界早已結束，而新的世界正在出現。教會就是那個僑居地，讓我們這羣異類僑居者（resident aliens）得著詮釋技巧，我們藉此誠實地知道如何陳述四周所發生的事，以及知道該怎樣做。然而，當美國教會正忙於以為自己在改變世界時，世界已在宣佈，它已成功消滅或駁回教會。最近，戰事再次在如長島和費城等地開始，太多的戰事以致我們現今被迫使要再次考慮我們的教會和我們的職事。

穿戴上帝所賜的全副軍裝

最後：

> 你們要靠著主……作剛強的人。要穿戴上帝所賜的全副軍裝，就能抵擋魔鬼的詭計。因我們並不是與屬血氣的爭戰，乃是與那些執政的、掌權的、管轄這幽暗世界的，以及天空屬靈氣的惡魔爭戰。所以，要拿起上帝所賜的全副軍裝，好在磨難的日子抵擋仇敵，並且成就了一切，還能站立得住。所以要站穩了，用真理當作帶子束腰，用公義當作護心鏡遮胸，又用平安的福音當作預備走路的鞋穿在腳上。此外，又拿著信德當作盾牌，可以滅盡那惡者一切的火箭；並戴上救恩的頭盔，拿著聖靈的寶劍，就是上帝的道；靠著聖靈，隨時多方禱告祈求；並要在此警醒不倦，為眾聖徒祈求，也為我祈求，使我得著口才，能以放膽開口講明福音的奧秘，（我為這福音的奧秘作了帶鎖鍊的使者，）並使我照著當盡的本分放膽講論。（弗六10～20）

這段結束以弗所書的經文或許不會是一段受人歡迎的經文。然而，我們在此引述它，是一個合適的方式來結束這些對今天基督教職事的歷險所作的反省。

很多基督徒基於對「和平與公義問題」的關注，而欣然扔掉以弗所書六章10至20節。對於用那些與軍事有關的隱喻來描述基督徒生命，他們感到不安。「你們要靠著主……作剛強的人。要穿戴上帝所賜的全副軍裝……又拿著信德當作盾牌……並戴上救恩的頭盔，拿著聖靈的寶劍。」他們警告說，把軍事與傳福音混為一談，是十分危險的。他們想起在基督教歷史裏的那些黑暗日子：當時基督徒舉著旗幟而展開十字軍，去征服、撥亂反正、潔淨、進行聖戰。我們的教會——聯合衞理公會（The United Methodist）——最近為了決定是否把〈基督精兵〉（"Onward, Christian Soldiers"）一曲收入新的詩歌集而進行了不聖潔的吵鬧。有人說，這些軍事形象與和平之子的宗教有甚麼關係？

雖然我們無意讚揚軍事行動，或為〈基督精兵〉辯護（又或相關的，同樣論及戰爭的〈共和國戰爭樂曲〉〔"Battle Hymn of the Republic"〕，是北部基督徒在南征殺害我們的曾祖父母時所唱的詩歌），但我們卻認為，寫信給以弗所教會的作者選擇以軍事隱喻來描述作為基督徒的意義，是十分有趣的。這似乎是一羣受到攻擊的信徒，猶如長島的那些長老會會友一樣。或許在教會十分馴服，宣講者的言論十分溫和，而先知都成了遷就主義者（accommodationist）的時代裏，我們都忘記了，教會曾有一段時期深信，雖然在耶穌裏沒有一些東西需要我們為之而殺害別人，但在耶穌裏還是有些東西值得我們為之而搏鬥，甚至為之而死的。

福音對我們有很高的要求，不單要求我們願意為真理受苦，也假設了我們所愛的人也將要受苦。耶穌讓很多一世紀近東的家庭傷透了心。試想像一下，在教會受政治逼迫的時代，對基督徒父母而言，是否要讓孩子接受洗禮，這會是一個多麼痛苦的決定。要這些第一代基督徒引領他們的孩子走上一條或會導致他們被殺害的路，這又是否公平呢？

所有有價值的倫理都有機會要我們所愛的人受苦。沒有甚麼比這一點更刺傷自由倫理學的濫情（sentimentality）。我們盼望有方法可以堅持信念，而不會要我們的朋友和家人受苦。我們嘗試把「愛」變為個體的情感，而不用要求別人因我們的愛而受苦。當然，這樣的想法會使如婚姻或生兒育女等事情變得難以理解，因為作為我們共同努力所組成的部分，這些踐行都無可避免地涉及要我們所愛的人受苦。

牧者有時候會投訴，教會期望他們的兒女與配偶因著牧者的召命而作出犧牲，這是不公平的。當然，有些犧牲可能是無價值和有辱人格的，是源於對職事的誤解而非源於職事的本性。但教會不應對此感到驚訝：忠於福音，包括要作出犧牲，甚至那些可能沒有蒙召要為福音之名而參與服事的人，也要作出犧牲。馬丁．路德（Martin Luther）曾經評論過，偶像崇拜涉及一個問題：你會為了甚麼而犧牲你的兒女。教會對犧牲兒女沒有作出責備，除非這樣的犧牲是為了假神而作的。我們的上帝是真實的（real），對我們也有實在的要求。根據以弗所書六章10至20節，作門徒並不是廉價的。上帝是十分認真的。所有值得擁有的倫理，都會涉及悲劇。

以弗所書六章 10 至 20 節中所呈現的上帝是一位充滿激情的上帝，祂把教會的言說能力推到其想像的極限。我們懷疑，當教會的言說能力給整理了、刪除了，受馴化以確保我們與上帝的關係是可預計得到及友善的，那樣的教會就會失去其生命力。今天的教會都因那令人窒息的友善和受馴化的隱喻而受苦，這是現代人對信仰所作的詮釋的惡果——他們自以為比以弗所書六章 10 至 20 節的作者，更清楚知道作忠心的門徒是怎麼回事。

我們期望，在費城長老會牧區那被圍困的僑居地，能夠明白那呼召：「要穿戴上帝所賜的全副軍裝…… 因我們並不是與屬血氣的爭戰，乃是與那些執政的、掌權的、管轄這幽暗世界的，以及天空屬靈氣的惡魔爭戰。所以要拿起上帝所賜的全副軍裝…… 用公義當作護心鏡遮胸…… 此外，又拿著信德當作盾牌…… 拿著聖靈的寶劍。」

一位普林斯頓（Princeton）的學生接受訪問，記者問他對被派到阿富汗（Afghanistan）的美軍的前景有何看法（那時蘇聯〔Soviet Union〕攻入了當地）。她回應說：「沒有甚麼東西值得人為之賣命。」她的回應意味著，她將有天要經歷這樣的不愉快任務：為到無意義的東西而失去性命。

福音為我們提供了一些值得為之捨命和犧牲我們所愛的人的東西，這與國家嘗試給予我們一些值得為之而殺害別人的東西，是截然不同的。正因為我們是住在那些國家之內，而它們建基於這個假設，即國民有責任透過暴力來保存國家，因此全副軍裝就成為了必須品。假如基督與世界的紛爭只是為了讓世界少一點暴力，多一點公義，那麼遷就而非軍事裝備才是這個遊戲的名字。

我們記得，曾經有人說笑地提議，《公禱書》(*Book of Common Prayer*)應該刪除傳統的「為仇敵禱告」的禱文，因為「聖公會的會友如今都十分友善，我們不再樹敵」。真理自有它的敵人。

以弗所書的作者寫到：「帶鎖鍊」(在昔日，基督徒所得到的是監獄裏的小囚房，而不是電視娛樂)。他告訴他的會眾，假如你計劃要跟從耶穌，你**就要作好準備，面對真正的戰爭**。

我們直覺認為，以弗所書六章的這段經文告訴基督徒要準備作戰，它對有些年輕基督徒的意義，比對年長基督徒的意義更大，因為不同年代的信徒有顯著的分別。我們大部分是三十歲以上的白人，我們都是在教會成長，而教會的主要議程就是要幫助基督徒**適應**這個世界的真貌。然而，我們遇到愈來愈多的年輕基督徒，他們都在尋找一間為了幫助人以基督徒的身分**生存下去**的教會。

請留意以弗所書六章所記載的軍事裝備，大部分都是**防禦**用的，包括：頭盔、盾牌、護心鏡，這些軍裝都是人要活下去所需要的，而非用來攻擊別人的。軍事隱喻和給基督徒的那些進行曲是會令人感到害怕，當基督徒是多數派，尤其是當基督徒的主要社會議程是要使世界成為更美好的地方，好讓人在其中居住；或尤其是當基督徒以為他們的主要服事是要創建「具公義的和平」(peace with justice)。就如耶穌所說的，門徒要好像鹽一樣。太多鹽，人攝取過量的鹽分，會導致人窒息與嘔吐；少量的鹽分能作調味之用及使人高興。雖然教會內沒有特定的德性是細小與微不足道的（世界愛以大小與重要性作衡量的標準），但教會應該坦誠地承認，當我們是主導的大多數，或當我們獲邀與總統在白宮共進午餐時，我們都似乎不是做得好。我們基督徒從來沒有好好處理成功。我們似乎充其量只能是在費城舊城區內作鹽、作一羣苦苦掙扎的會眾，而非在羅馬的聖彼得（St Peter's）內。（我們要對現今住在聖彼得的人公平一點；雖然古老的君士坦丁式綜合體〔Constantinian synthesis〕崩潰了，而教會漸漸顯得與在位的「執政的與掌權的」格格不入，但連那些在聖彼得等地事奉的牧者也開始感到自己是僑民的〔colonial〕——若他們決意要繼續成為忠心的門徒。就讓教宗告訴我們，對他和教會而言，西方的中產階層在自由地表達個人性取向上的需要，根本不及拉丁美洲的貧窮問題那麼重要；而一些傑出的學究式倫理主義者將會嘗試把他歸類為一些食古不化的、不合事宜的人。這些指控大概不會困擾教宗，因他早已習慣在波蘭內服事上帝。）

異教主義（paganism），就如我們所呼吸的空氣，所喝下的水一樣。它俘虜了我們，改變我們的年輕人，顛覆教會。以弗所書的作者並不需要別人說服他，他也確信，這世界是充滿敵意的，是不適合門徒居住的地方。他寫下「帶著鎖鍊」這些話。他的世界認出了基督教信仰那具顛覆性的本性，並把他囚禁在監獄裏。我們的世界也認出了基督教信仰那具顛覆性的本性，並嘗試透過忽視我們，或透過給予我們宗教自由——只要我們把宗教看為個人選擇的事宜——來推翻我們。

世界早已以最微妙的方式來向福音宣戰。這些方式是十分微妙的，有時候連我們也無法察覺到自己正處於落敗的光景，直到戰事結束後，我們才知道。

好幾年前，在杜克大學教堂（Duke University Chapel）的迎新崇拜（Orientation Sunday）中，經課（lectionary）為講員定下的經文並非以弗所書六章 10 至 20 節，而是以弗所書五章 21 節。講員的心便沉了下去。「又當存敬畏基督的心，彼此順服。你們作妻子的，當順服自己的丈夫。」

「我無法宣講這篇經文，」講員心想。「只有法威爾（Jerry Falwell）才能宣講這樣的一段經文！對於一間先進的、具前瞻性的大學教會，這是一段不適切的經文。忘記以弗所書五章吧！我們今天要強調的字是『自由』（liberation），而非『順服』（submission）！」

但這位講員最後決定讓聖經自己說話。他這樣開始他這篇迎新的講章：

> 你會鄙視這段經文。除了法威爾或一些反動分子以外，沒有人會喜歡這段經文。這是多麼難看的詞彙：順服。
>
> 然而，我們知道，在當時的處境中，這是一個徹底的詞彙。那時代的女性是沒有地位的。以弗

所書五章的作者用了更多話語，來向丈夫作出勸告，教導丈夫向妻子所要盡的責任，比告訴妻子要如何取悅其丈夫所用的話語還要多。學者同意，這段經文並不是要討論女性在婚姻中的順服，而是要強調在那被稱為「教會」的一個陌生、嶄新的社羣安排（social arrangement）下，**彼此**順服。經文一開始已經定下了語調：「彼此順服」（五 21）。

而這正是我們鄙視這段經文的原因。代表我們的詞彙是自由。今天，我們已經看見差不多所有人都有自由。按著鄂蘭（Hannah Arendt）的說法，我們的思考總是按著「從甚麼得自由」（freedom from）而非按「為了甚麼得自由」（freedom for）。我們的文化早已把「自由」曲解為「免於別人的要求，以致人可以自由地按自己的要求而活」。只要丈夫能快一點脫離妻子，父母能快一點脫離兒女，個人能快一點脫離羣體，我們能快一點脫離上帝，那就會多好！你們認為，為甚麼我們所有人要上大學？乃是為了得自由！要獨立，要自立，自主，得自由！當你們完成大學的學業，取得學位，你就不再需要父母、丈夫、妻子、兒女、上帝、任何人。我們稱之為「教育」。

然而，以弗所書的作者說，這是一條通向**死亡**的道路，而非通向生命。

這就奇怪了。這有違一般看法啊！福音以最

奇特的方式，直接與我們文化中最廣為人認同、最為人所深信的價值觀，迎頭撞擊。成為一個基督徒，這並非自然而然的，也絕非容易的。

因此，以弗所書的作者說，你們最好穿上全副軍裝而出。外面是十分凶惡的。世界與教會是截然不同的，它有另一套的口號、視象(vision)，說著另一種語言。因此，我們必須聚集一起，「用愛心說誠實話」(四 15)，這樣我們可以在我們的信仰中成長。軟弱、孩子氣的、不成熟的信心，是無法敵得過世界的。要成為一個基督徒，獨自一人上路是十分困難的。

我去年曾與一位學生傾談，他現是校園宿舍查經小組的成員。(根據我們的統計，杜克大學每星期也有超過五十個類似的查經小組，你們知道嗎？)他告訴我，他從沒有參與過查經小組，他在得梅因(Des Moines)居住的時候，從沒感到有這個需要。「那你為甚麼會在這裏參與這個小組呢？」我問。「在這裏要同時成為大學二年級學生與基督徒，你知道是多麼的困難嗎？」他回答說。

是的，外面是十分凶惡的。異教主義就如我們所呼吸著的空氣，所喝下的水一樣；而我所說的不單是每個星期六晚上，他們在宿舍裏所作的事 —— 那可是異教徒才會作的 —— 也是每個星期一早上，他們在課室裏做的事：異教主義的特色就是敬拜那些承諾讓我們見到果效的假神。你們千萬不要在沒有全副裝備的盟友，沒有帶著你的寶劍與盾牌的情況下，單獨出去。

因此，我們必須定時聚集在一起，一同敬拜。要在一個活像沒有上帝的世界裏言說上帝。我們必須在一個鼓勵我們活像陌生人的世界裏，視彼此為親愛的弟兄姊妹而彼此對說。我們必須向上帝祈禱，祈求祂在一個教導我們人是自我足夠與滿有能力的世界裏，把那些我們無法靠自己能力得著的東西，賜給我們。在這樣的世界裏，我們每個星期日早上在這裏所做的事，都是關乎生死的大事。我祈求上帝讓我能放膽說出福音的信息(弗六20)。

幾年前，我應邀到一位友人所服事的一羣會眾中講道。那羣會眾處於我們其中一個大城市的市中心。那會眾全都是住在那城市的廉價公寓裏的黑人。我在十一時抵達，期待參與那約有一小時的敬拜。但我差不多要到十二時三十分才開始講道。那天有五、六首聖詩和福音歌曲，大量的說話、掌聲與歌聲。要差不多一時十五分，我們才祝福結束。我實在疲憊不堪。

「為甚麼黑人愛留在教會這麼久？」當我與友人前去吃午飯時，我禁不住問到。「我們的崇拜往往不到一個小時就結束了。」

他笑了。接著他解釋說：「這裏的失業率接

近百分之五十。至於我們的年輕人，失業率還要更高。這意味著在整個星期內，無論他們去到哪裏，他們所見到的，所聽到的，都在告訴他們：『你們是失敗者。你們是微不足道的，因為你們沒有一份好的工作，沒有一輛優良的車子，沒有金錢。』

「因此，我必須把他們召聚在這裏，一星期一次，調整他們的價值觀。我把他們聚集在這裏，在教會中，並透過詩歌、祈禱、講道，告訴他們：『那是謊言。你們是重要的人。你們是尊貴的！你們是上帝重價買贖回來的，祂深愛你們，你們都是祂所揀選的百姓！』

「我花了很長時間才能調整他們的價值觀，因為世界一直可怕地扭曲著他們的思想。」

當然，一般人都會反對類似以弗所書五章21至33節的經文，反對一篇類似上述的講章，又或引述那些類似費城的牧者的言論，指這些都是助長教會中的「教派/小眾主義」（sectarianism），又或如我們在前文所説過的，是「部落的」（tribal）。很多人告訴我們，教會必不可抽身退到自己的小領土裏。教會必須專注於社會，幫助美國社會成為一處更美好的地方，讓人在其中居住；教會也要致力改變不公義的結構。

我們認為，這些言論都忽略了這個體會：我們難以為

「公義」下定義，政治體系本身限制了我們對「甚麼是公義」的界定，以及成為基督徒是多麼奇特的事。那包含了美國資本主義的、符合憲法的民主的故事，與那引發教會的故事，兩者之間有著很大的衝突，比這些文化的基督教改革者所知的更為嚴重。

我們主張教會要有表裏一致/整全性，面對美國社會，教會需要常作防備（*en guarde*）；有人會指控我們乃是在把基督教再次部落化（retribalizing），呼籲教會重新回到教派/小眾主義的姿態——教會早已脫離了這個模式，為的是要有自由而成為美國的教會。但我們的回應是，那些把基督教與關於個體權利的自由派式、啟蒙運動式的概念（由現代國家所賦予的）等同起來的人，才是把基督教再次部落化。當人向美國，又或向羅馬帝國、古巴或南非效忠，過於向教會效忠之時，部落化過程（tribalization）就會出現。部落主義（tribalism）猶如凱撒祭壇上的一小撮香氣一樣。

我們要讚揚所有牧者，無論是在費城的或是在以弗所的，他們非常關心僑居地，以致會給予他或她的會眾其所需要的軍裝，好抵抗異教社會——活像上帝已死的——所倡議的部落化過程。

敢於宣講福音的職事

很多人常問我們：你們所說的是屬於自由派的或保守派的思想？坦白說，這個問題是政治性的。「你支持哪一方？

是先進的、開放的自由派還是封閉的、反動的保守派？」我們承認，我們頗為開放地政治性的，但卻不像其他人所理解的政治性。保守派—自由派這兩個極端，都無助於我們為教會診斷其困局，因為就如我們在上文所說的，我們可以看到，不論是自由派抑或是保守派，它們的出發點只有些微的差異而已。兩者都假定，教會主要的政治意義，是按世俗國家本身的前設，幫助為其國民建設起一個更美好的世界。哪個立場對這個目標有更大幫助？是保守派的還是自由派的立場？

為了教會，我們要主張政治是既真實的（truthful），又有盼望的。我們的政治是**有盼望的**，因為我們真的相信，身為基督徒，我們得到資源好向彼此言說真理。幸好，盼望不只是局限於右派或左派的方案。盼望就是被描述為教會——一個地方、一個城邦（*polis*），一羣新造的人，得到那無懼地生活的途徑；恐懼，無可避免地會把我們引向暴力之中。

我們的政治是**真實的**，因為它拒絕建基於那些使我們傾向於使用暴力的假神之上。這是權力的政治（power politics），但權力並非如世界所慣常界定的，而是衍生自一羣嘗試把生命建基於真理的平凡人。當福音的故事成為我們的故事，我們就得著途徑，可以成為一羣沒有犬儒主義或謊言的人。

我們想要說的是，我們既不是自由派，也不是保守派。我們是有盼望的。當然，美國的政治家也否認他們是自由派或保守派。他們想要儘量取悅更多的選民，但我們——應該是顯而易見的——卻無意取悅人。我們的企劃是要藉著幫助教會重拾那成為真實的人的意義——這一個盼望是美國的自由派和保守派都早已遺棄了的——從而重拾對歷險的意識（a sense of adventure）。

藉著「子民」（people），我們希望指出：教會所面對的挑戰是政治性、社會性、教會性的——關乎建立一個由子民所組成的可見的身體，他們知道作門徒的代價，並願意為此付出代價。我們所能提出的是，自由派和保守派的基督徒都早已棄絕了這個目標，雖然他們雙方仍然渴望地談論「羣體」的盼望。我們懷疑，這樣的盼望之所以得以圓滿，將會是透過那些試圖維持個體特權和自主權的神學，以及透過那些反映政治視象和受到政治視象（而非那些屬聖經的視象）所支持的教會論。

藉著「真實的」，我們意指：教會可以成為一羣人，有力地面對我們那些難以接受的實在（realities），而不會退卻。每次當我們在崇拜中認信／認罪和得著赦免，我們就能敍述／演習（rehearse）及期盼這個可能性。世界會把所有能夠對自己坦誠而不會退縮的人，視為一個驚人的道德英雄。基督徒宣稱，這樣的能力是藉著福音的禮物而賜予平凡人的。無法保持真實的，那麼我們對自己所能期盼的，最好都只會是靠著謊言中那傷害最小的東西而活。

舉例來說，猶太人正在指控美國的黑人為反猶的（anti-Semitic）。事實上，這個指控可能多少是有道理的，但所有人都急於否認這指控，我們不願使我們的社會基層分子承受過多的道德擔子，過於他們所需要承受的。我們否認這個指控，因為類似的說話令我們感到害怕；它提醒我們，我們並未如我們所期盼的，建立起一個少數派的文化熔爐，我們當中依然有很多羣體在自稱為「美國人」之前，先視自己為「猶太人」或「黑人」。除此之外，政治家必須否認這個指控，因為他們只是視黑人和猶太人為那些必須取悅的、具有特別旨趣的羣體。沒有一個故事的一羣人，若要聯合起來，那就必須選擇一個「文化熔爐」。一羣沒有真實的故事，又無法達到「文化熔爐」的人，他們所能做的就只是藉著謊言來處理他們的分歧。

人所無法說出的這個真相是：黑人有時候是反猶的，而猶太人也有時候是種族主義者；因為在一個種族主義式的、反猶的社會中，很多得到「成功」的少數派都會這樣做，只要他們得著社會的主流偏見。美國的白人喜歡積遜（Jesse Jackson）的言論，很大部分是因為他的說話向我們這些美國白人保證，我們是公義的與非種族主義者。畢竟，謝西這番話已經「成功」了。聆聽積遜的黑人毫無疑問會得著一個相當不同的信息。

在我們的神學發展的深處，那根深蒂固的是越戰（Vietnamese war）。假如有政治家告訴我們那場冒險行動的真相，那又會怎樣呢？人欠缺資源好讓人成為真實的（即認罪與饒恕），我們所能做的最多只是鼓勵別人去認為，那場戰爭是一個令人厭惡的錯誤，是一個由不正當的行政決策所導致的越軌行動。難怪我們難以尊敬在那場戰事中數以千計壯烈犧牲的人，他們都是負責盡職地參與那場戰爭的。有誰願意尊敬那些有分參與一次重大錯誤行動的犧牲者？

我們要說的是，越戰不只是一次國家的失誤，不幸的錯失；它反而是衍生自美國人那關乎自己的最深信、最珍貴的信念。我們真的想要經營全世界，想要撥亂反正，想要把民主與自由傳揚到世界每一個角落。我們真的想相信，甚至積遜也想相信，美國是與眾不同的國家——我們想要相信，我們的行動不是基於自身利益，而是出於我們的理想。我們那偉大的民權總統詹森（Lyndon B. Johnson）的工作，與我們墮進越戰的深淵，是息息相關的。對詹森而言，兩者是相配的。我們對自己的最大假象，導致我們歷史中最大的恐懼：為了最好的美國原因，我們殺害了本地的美國人，我們轟炸了北越。這不是說那些參戰的人是可恥的，而是說他們為了一場可恥的戰爭而英雄地完成他們的本分。配受尊敬的人可以被人可恥地利用。這類事件時常發生。除非我們的社會知道如何承認這一點，否則它根本無法成為真實的社會。

不幸地，除非我們被那真實的故事抓住，否則我們無法成為真實的人。基督徒宣稱我們早已得到資源，以過不用說謊的生活，因為我們已學會如何認自己的罪。這正是為甚麼聯合衛理公會的那些主教在選擇言說出核武的禍害時，他們不應採取他們所做的那方式：以有點兒裝模作樣的姿態來向政治左派分子——拒絕基督教那公義之戰的學說和基督教和平主義（pacifism）——說話。我們認為，他們這樣做的原因，乃是為了向世界上那些有權力的人士說明，他們能夠明白一些與福音無關的東西，一些與《紐約時報》（*New York Times*）的報告並沒多大分別的東西。對於那些主教，更好的做法應該是承認我們是這結構內的共犯，我們有分於這場戰爭之中；也要為罪悔改，承認這罪令教會無法在戰爭問題上忠心地作見證。假如預備作戰是錯誤的，那麼我們聯合衞理公會想要那些在防衞工業中工作的會友的奉獻嗎？聯合衞理公會的牧者可以讓那些靠組裝武器為生的人領聖餐嗎？這些都是有趣的教會問題，這些問題適合那些認為基督教行動主義（Christian activism）只是關心教會如何領聖餐的人。當我們無法這樣做的時候，我們就只能夠向國會裝模作樣地說話，反正國會也不會聆聽聯合衞理公會的主教的話。

這個時代太具挑戰，我們若只顧把人貼上自由派或保守派的標籤，這實在太浪費時間。我們要在真理與謊言之間作選擇。因此，當以弗所書的作者要求第一間以弗所教會為他祈禱時，他代表我們所有在教會裏的人——神職人員和平信徒——講話：「也為我祈求，使我得著口才，能以放膽開口講明福音的奧秘……並使我照著當盡的本分放膽講論。」（弗六 19～20）

給職事充權

如我們所說，我們希望能為今天教會內的職事而給人充權。以弗所書的作者祈求有力來放膽講論真理。他帶著鎖鍊寫信。今天，那捆綁著我們的，並導致牧者失去能力的「鎖鍊」，或許未如那抓住以弗所書作者的「鎖鍊」那樣，叫人容易察覺得到，但它們也足以構成很大的威脅。

當代的牧者被捆綁，因為很多有關教會和其職事的現行思想，乃是奪去人的權柄，而非給人充權的。當人來到神學院時，甚麼事情會發生？我們教導他們一些會奪去其權柄的課程，而不是給予他們所需的技能，讓他們以喜樂及興奮來領受他們的職事。舉例來說，當神學生選修舊約或新約課程時，甚麼事情會發生？學生會接觸到不同的鑑別工具與歷史鑑別學的議題，這些都是受歷史鑑別學的技巧所決定和局限的。第一個星期便是分析那些關於創世記首五章的結構假設的文獻，好像在處理經文上最重要的問題就是歷史性、文學性和科學性的問題。然而，這與職事有甚麼關係呢？我們說過，與職事有關的那些問題，主要都是社會性、政治性與教會性的問題，而非源於現代人的嗜好——把所有知識歸納為科學化和歷史性的知識，並把所有研究方法歸納為個人的和私下的研究。對於教會從事分辨主的話語一事上，這些工具顯然是不適合的。

更糟的是，不幸的神學生漸漸相信，他或她將永遠無法得到所有的鑑別工具和語言技能，這些都是延伸至學者所設定的詮釋議題的要求；那些學者是以聖經詮釋的歷史鑑別學為生的。最能幫助牧者的是對聖經原文的認識——這是一個持續的警告：很多聖經概念無法輕易地被翻譯為現代的思維形式。不幸地，聖經語言被教授，往往是促進了學術上的爭辯，而非針對教會的需要。牧者對於他究竟是否有足夠知識以處理歷史和語言層面的研究，會感到絕望，而那些研究都是受神學院的讚賞，是發掘或重拾「文本的意義」的惟一方法。當然，發掘「文本對我們的意義」就會被說成是神學家和牧者的工作。

所造成的結果就是，當神學生離開校園，進入他或她的首個牧區時，這位年輕牧者將會感到絕望，將會認輸了，並決定宣講他或她的個人意見。假如我無法符合聖經地講道，那我就主觀地講道吧！主觀性（subjectivity）或許不是壞方法，假如我們所指的主觀，乃是與教會的聖徒——例如：馬丁．路德（Martin Luther）、奧古斯丁（Augustine）、加爾文（John Calvin）——和他們對聖經內容的理解所展開的對話。不幸地，很多時候我們所理解的主觀性，都不是這樣的意思。我們對這個詞彙的理解，往往是我們已學會憑自己感覺而宣講。

身為牧者，我們需要**清楚**知道我們的權威來源。其中一個方法就是宣講經文，尤其是按照普世教會的經課作宣講。牧者會希望宣講如墮胎的信息。但牧者會感到不知所措，因為她知道會眾對這個課題的意見有強烈分歧。宣講關於墮胎的信息，聽來彷似是牧者只在發表她的個人意見。神職人員的權威因此被表達為：「我們縱容講員，讓她有權花上十五或二十分鐘來發表她的個人見解。」研讀經文和以經文為講道的內容，在我們這時代裏，是深刻的道德行動，這行動也提醒我們教牧權威的來源。當宣講者使用經課，他或她就清楚表示，其所要宣講的正是他或她所已**領受**（has been told）去宣講的。這一點十分重要，因為它清楚表明那**故事**塑造著我們。這就是教會提醒自己它要如何顛覆世界的方法。

可悲的是，我們很多人都嘗試宣講但不需要聖典，並且詮釋聖典但不需要教會。基要派的聖經詮釋和聖經的高等鑑別學（higher criticism），往往是一個錢幣的兩面。基要派詮釋者源自哲學的「蘇格蘭常識學派」（Scottish Common Sense school；基要主義〔fundamentalism〕就是這樣的現代異端），這套哲學主張所有會思考、有理性的人都能理解那些命題。所有理性的人都應該能夠明白「上帝創造天地」這命題的常識。一位基督教宣講者必須只堅持這些命題，因著這些命題是真的，所以任何有常識的人都應能明白它們。

歷史鑑別學的方法否定了基要派的宣稱。高等鑑別學主張，聖經是經過漫長的歷史過程而有的成果。因此，我們必須把歷史分析那精密的方法和工具應用在特定的經文上，因為我們若不明白經文的真正處境，我們就無法明白那文本。所有應用正確的歷史工具的人，大概都將能明白文本的意思。

基要主義者和高等鑑別學者都假設，人可以在沒有受過訓練，沒有經過道德轉化，沒有在教會中認罪和得饒恕的情況下，明白聖經的經文。兩種詮釋的方法都在不知不覺間嘗試使所有人成為宗教人士（即是能夠明白和挪用聖經），卻不需要使人成為那羣體的成員——對於此羣體，聖經（Bible）就是聖典（Scripture）。或許，最近對那被稱為「歸納式講道」（inductive preaching）——就是誘導地嘗試透過故事而非透過邏輯、推論的方式，間接地宣講福音——的熱心，乃是嘗試在教會以外來理解聖典。歸納式宣講以帶有一點要讓所有人「自己作決定」（“make up his or her own mind”）的意思來呈現福音。但是，我們猜想，聖典對於我們是否可以自己作決定，會感到懷疑！能夠作決定的，是那些具有鑑別理解力的人，他們的思想受過訓練，可根據一些比自己的個人主觀主義更為可靠的東西，來判斷是非。

因此，在一個頗為令人為難的程度上，講道依賴於重拾基督徒羣體的表裏一致/整全性。這是一個要打破美國個人主義那令人窒息的專制——在個人主義中，我們每個人都被塑造成自己的獨裁者。這是一羣不一樣的子民，他們的存在不是因為我們每個人自己作了決定，而是因為我們都是**蒙召**（called）的——被呼召來把我們的生命降服在聖徒的權威下。

神學院的神學和倫理學課程亦不見得很好。我們在這些課程中接觸到各種各樣的道德理性和辯解。我們會辯論：義務倫理學（deontological ethics）或目的論倫理學（teleological ethics）哪一個比較好；又或如何正確理解愛與公義。基督徒倫理學與神學被簡化為智性的兩難局面，是類型學（typology）的不同方案，而非一個對教會如何實際地討論其應該成為怎樣的教會的說明。因著當代神學家與倫理學家是為了其他神學家和倫理學家而不斷撰文著書，卻不是為了在職事中的人而寫，這令情況更每況愈下。這說明了為甚麼在職事中的人愈來愈少閱讀神學和倫理學著作。這也解釋了為甚麼我們會有「實踐神學」（practical theology）這個新的學科——它被假設是要把神學上的學術研究轉化為可應用的東西。對基督徒而言，神學按定義就是實踐的。若它不是幫助建立教會的話，它就是微不足道、毫不重要的。牧者，就是神學要成為基督教神學那最決定性的測試。唉，今天似乎大多數神學的目標，乃是為了證明牧者是太愚蠢了，無法明白真正的神學。牧者在認同這個假定之前，我們懇請牧者先問問自己，問題是否在於那些愈來愈不重要的神學。

在神學院奪去職事權柄（disempowerment）的背後，亦隱藏了另一個議程，就是要說服那些在職事中的人，叫他們相信他們是不夠聰明，無法在神學院任教的。這正是為甚麼我們這羣費盡心力，取得博士學位的人，支取薪水，繼續在神學院任教；在那裏，我們可以藉著帶領新一代傳道人（minister）進到神學院，以致說服他們其召命不是要成為教授，從而奪去他們的權柄。

當然，我們說得有點誇張。不幸地，我們所說的話亦是真實的。能夠把一部分人分別出來，從事閱讀及寫作，以致教導那些蒙召參與牧養職事的人，這是好的。這些人是很好的提醒：神學院不單是訓練牧者的地方，也是讓一些委身於上帝那具智性的愛的人工作的地方。類似我們的神學院教授，正確地花上其大部分時間來讀書，以致基督教傳統不至失落，反而成為我們與已死的人所展開的持續對話。已死的人並非真的死亡，只要我們——無論是在生的和已死的——都是一同在聖徒的契合中被結合起來；因此，我們的對話並不局限於那些仍然在生的人之中。就如我們在較早時說過的，因著教會所需要發生的事，牧者才會是重要的。我們在這裏要補充說，因著牧者需要成為那種牧者，類似我們的神學院教授才會是重要的。

這說明了為甚麼我們非常盼望我們所寫的東西，能成為**充權**的起始點；我們相信，今天的教會是可以做到這一點的。假如牧者無法在其會眾中間喚起他們對歷險有一種令人興奮的意識，他就算是失敗了。假如神學院教授無法提供幫助，以給牧者充權，讓他們能在平信徒中間喚起那歷險的意識，我們就算是失敗了。正如我們多次指出的，我們眼前最基本的挑戰是教會性的。聰明的新神學（new theologies）或許能使神學院教授避免成為乏味的，但它們也會叫他們分心，令他們無法專注於作為神學院教授的核心使命，他們便肯定無法更新教會。新神學這輛過山車，已叫神職人員經歷接二連三的狂熱，也已誤導牧者，讓他們以為他們要處理的問題，是智性的而非教會性的。

更新，不是來自那些孤立的、英雄主義的思想家，而是在教會中透過人們——如在所列舉的例子中的那些人——每天的活動。我們相信，更新是來自對不斷地藉著話語和聖禮而來的充權予以欣賞，而在每個世代，這也創造出一間配得聆聽上帝話語和接受基督身體和血的教會。

所以你們應當記念：你們從前按肉體是外邦人……那時，你們與基督無關，在以色列國民以外，在所應許的諸約上是局外人，並且活在世上沒有指望，沒有上帝。你們從前遠離上帝的人，如今卻在基督耶穌裏，靠著他的血，已經得親近了。因他使我們和睦，將兩下合而為一，拆毀了中間隔斷的牆……既在十字架上滅了冤仇，便藉這十字架使兩下歸為一體，與上帝和好了……這樣，你們不再作外人和客旅，是與聖徒同國，是上帝家裏的人了；並且被建造在使徒和先知的根基上，有基督耶穌自己為房角石，各房靠他聯絡得合式，漸漸成為主的聖殿。你們也靠他同被建造，成為上帝藉著聖靈居住的所在。（弗二 11～22）

藉上帝大能的工作

我們在上文說過，教會如何在友善的牧者手中漸漸死去——這些牧者本身都是痛苦的，因他們嘗試「幫助別人」，卻沒有助人的基礎，他們自己也沒有得到好好的保護，他們有的只是那份想成為友善的及幫助別人的渴望。確實，我們其中一人曾經這樣想：教會並沒有做錯；上帝不能藉著呼召一百位毫不敏感的、不注意的、無禮的人參與職事，從而來醫治教會的！

更好的方法是，我們要滿有信心，相信福音是真實的，我們不敢對我們所蒙召要服事的羣體，少提一點福音。

能力（power）源自真實性（truthfulness）。基督教神職人員的能力並非展現於他們在文化上的重要性，而是展現於他們對活生生的真理——就是耶穌基督——的服事。雖然基督教並不是關乎世界所定義的「解放」（liberation），但它卻是關乎**能力**，而且基督徒亦不需要假裝謙遜地說我們沒有能力。作僕人，就是能力，只要僕人是順服作為道路、真理、生命的那一位。神職人員必定不能假設，文化奪去他們的權柄，就意味著他們沒有能力。基督教牧者是滿有能力的人，因為惟有牧者被賦予權威，他們才可以施聖餐和代表教會而宣講上帝的話語——以表明上帝與我們同在。這就是能力。

因此，對神職人員而言，那真正的挑戰，並非如何在一個只承認政治權力的世界中活像沒有能力的人。那挑戰是如何成為有道德的人，能行使出上帝話語和聖禮那令人敬畏的能力，這能力是上帝與祂的教會所賦予的。當神職人員扮作沒有能力，無法傷害別人的時候，他們就成為最危險的人。試想像一位來到醫學院的醫科學生這樣說：「我很想成為醫生，但我不想修讀關於解剖學的課程，因為我不喜歡解剖學。」醫學院實際上會這樣回應：「你個人喜惡算是甚麼鬼東西？假如你不想學習解剖學，我們也不想你為人做手術！」

然而，很多神學院容讓未來的牧者不去學習教會歷史或神學——或許因為神學院假設了，神職人員的無知畢竟是沒有殺傷力的。教會被賦予那使人敬畏的能力，可以捆綁、釋放、定罪、饒恕。看看彼得在可憐的亞拿尼亞和撒非喇身上所作的事吧！因此，我們必須成為一羣會尊重上帝所賦予的能力，並學習忠心地行使這些能力的人。

當約拿單．愛德華滋（Jonathan Edwards）得到上帝所給予的真理時，他從不會猶疑地講論出來；他問過一羣牧者：

> 我們為甚麼害怕讓那些已經陷於極其悲慘處境中的人知道真理，又或害怕帶他們走進光明中，恐怕他們會給嚇倒？假如他們要被改變，這光就必定能夠改變他們。我們愈是把這些罪人帶到光明中 —— 尤其是當他們的光景是十分可悲的，而真光看來又是那麼可怕的時候 —— 那光就愈能夠成為他們的喜樂。平凡人所享受的安逸、和平與安慰，在黑暗與瞎眼中是有基礎的。因此，當黑暗漸漸消失，他們會感到害怕。但我們沒有好的論據去解釋為甚麼我們應試圖還原他們的黑暗，以致我們可以促使他們現在得安慰。（*Thoughts on the Revival of Religion in New England, 1740 to which a prefixed A Narrative of the Surprising Work of God in Northamption, Mass., 1735* [New York, NY: American Tract Society, n.d.], 244 ～ 245. ）

我們相信，今天的牧養職事藉著偽裝要使人免受真理

（就是福音——這才是我們真正的充權）的傷害，已經喪失了其生命力和權威。

牧者若要勇敢地言說真理，他們就必須免於懼怕他們的會眾。其他人或會藉在心理學上訴諸強化牧者的自我，從而尋求使牧者變得有勇氣；但我們卻要藉著訴諸職事的神學基礎，從而尋求使牧者充權。因此，我們認同布魯格曼（Walter Brueggemann）的這番話：「在牧養上的生命力，是與人對上帝在世界中的工作的具體意識息息相關的。假如人無法對此作出無畏的決定，他就必定會搖擺不定和猶疑不決。」（Walter Brueggemann, *Hopeful Imagination* [Philadelphia, PA: Fortress Press, 1986], 16.）以弗所書的作者雖然帶著鎖鍊寫信，但他依然按著上帝的召命，宣告他有能力作宣講和服事他的會眾：

> 我作了這福音的執事，是照上帝的恩賜，這恩賜是照他運行的大能賜給我的。我本來比眾聖徒中最小的還小，然而他還賜我這恩典，叫我把基督那測不透的豐富傳給外邦人，又使眾人都明白，這歷代以來隱藏在創造萬物之上帝裏的奧秘是如何安排的，為要藉著教會使天上執政的、掌權的，現在得知上帝百般的智慧。這是照上帝從萬世以前，在我們主基督耶穌裏所定的旨意。我們因信耶穌，就在他裏面放膽無懼，篤信不疑地來到上帝面前。（弗三7～12）

牧者有勇氣言說真理，因為他或她已經找到教牧關顧的聖經基礎：耶穌基督，「在他裏面我們放膽無懼，篤信不疑」。欠缺這種信心，牧者便會成為終日惶恐的受造物。畢竟，牧者站在最前的位置，看到人賴以為生的那些謊言、膚淺、沉默的絕望，或人用來回應一個沒有意義的生命的盛怒。自我保護，只會叫我們所有人都成了膽小鬼。

我們相信牧者可以勝過恐懼，因為耶穌所呼召來成為教會的人們，儘管是背信的，但他們卻依然能夠聽到真理。一個建基於對人的恐懼的職事，不會是快樂的職事。毫無疑問，人會為了很多錯誤的原因而上教會，但牧者可以幫助他們找到話語以承認（甚至令他們感到驚訝）：他們來到這裏是因上帝的心意，儘管他們有錯誤的原因。人上教會，是為了修補他們的婚姻關係，或為了尋找幫助以養育出純潔和順服的兒女，或為了不想孤獨一人而想結識一些友善的朋友。牧者是十分重要的，他要幫助我們克服所有上教會的錯誤原因，並幫助我們明白上帝是一位不離不棄的，徹底無所不為的，擁有無限智慧的上帝，無論我們有善或惡的原因，祂也定意要接納我們。這正是我們要高興的原因；這正是們要稱我們的飲食為「聖餐」的原因。

對那些很在意我們到底是自由派或保守派的人而言，他們會懷疑，我們所說的究竟有沒有「新」的東西。我們並非要說新的東西。那是學術界所喜歡的遊戲，但對教會而言，作用甚少；教會所關注的並非新的東西，而是真的東西。然而，若說在我們所寫的東西中有新的強調，那就必是要更新人對基督教的確信所具有的表裏一致/整全性懷有信心，視這些確信是體現於教會的生命和工作中的。我們較早時經已斷言，今天基督徒所面對的挑戰，並不是要把基督教的確信翻譯為現代的慣用語，而是要形塑一個羣體，一羣異類僑居者（resident aliens）。這是一個明確地由我們的確信所塑造的羣體，當我們認信上帝是父、子、聖靈時，沒有一個人會不明白它是甚麼意思。

基督教神學所面對的最大問題，不是「翻譯」（translation），而是「演示」（enactment）。毫無疑問，偉大的現代神學家致力把我們的語言翻譯為現代人所明白的東西，其中一個主要原因是因為教會已再無能力作演示。然而，沒有神學舉動可以取代教會作為一個羣體的必要性，這羣體體現出我們言說上帝的語言；在教會裏，我們言說上帝而不需辯解，因為我們的共同生活不會使我們的話語變得無效。教會是我們言說上帝的語言時那可見的、政治的演示，藉著一羣會列舉他們的罪，並接受上帝的饒恕，因而能夠在愛裏言說真理的人。我們星期日的崇拜是一個提醒我們的方式——最明確的和最為教會性的方式——叫我們記起我們的能力的來源，記起我們解決世界的痛苦的方法那殊異的本性。

上帝滿有恩典，拒絕任由我們自生自滅，祂反而藉著拿撒勒人耶穌和祂的教會，親自來到與我們相遇。因此，看看那些上帝已稱為聖徒的人的生命，是其中一個最好認識上帝的方法。

當然，這正是很多人說他們不信上帝的原因。他們見過那些被稱為教會的「聖徒」，並認為這些人與不信的人並沒有分別。這問題部分可能是由於這些旁觀者對上帝擁有一個太過有限的觀念，又或對上帝有如異教般過分的觀念，以致當上帝藉著格拉迪斯（Gladys）或保羅與他們相遇時，他們也無法看見上帝。但更有可能的是，我們基督徒並沒有活像我們所崇敬的那一位。

我們相信牧者的勇氣和會眾那潛在的真實性，因為我們不相信上帝已經放棄這個世界。今天的教會有很多問題，有誰比教會的牧者更清楚這一點？然而，感謝上帝，我們還未至於全然不忠，以致我們連一個聖徒也找不到。

因此，就如會眾在領聖餐時所作的祈禱一樣，我們也要這樣祈禱：

主啊！請記念
祢惟一聖而公的使徒教會，
由基督的寶血所救贖，
揭示它的合一，保守它的信靠，
並在和平中保存它。
主啊！請記念祢教會中的所有僕人：
主教、長老、執事，
以及所有得著職事恩賜的人。

也請記念所有弟兄姊妹，

他們已在基督裏平安地離去，
記念那些惟有祢知道他們的信靠的人，
帶領他們到祢所擺設的歡喜筵席中，
就是祢在祢的臨在中為所有子民而預備的，
與童貞女馬利亞、
列祖與先知、使徒與
殉道者……並所有聖徒共享筵席——祢與他們的
友誼就是生命。
為這一切，我們要讚美祢，
並等候祢國度的快樂
在國度裏，我們與所有受造物，
最終從罪惡與死亡中得拯救，
藉著我們的主基督
我們要歸榮耀予祢。
〈利瑪禮儀〉（“Lima Liturgy”）

第二部

Where Resident Aliens Live: Exercises for Christian Practice

異類僑居者所居之處

基督徒踐行的操練

成為基督徒，其中介物已從存在與倫理的中介物，轉變為智性的、形而上的與富有想像力的中介物。在思想基督教與成為基督徒之間，多少引進了具戲劇性的關係——因此，要成為基督徒，已被徹底廢除了。

祁克果（Søren Kierkegaard）：〈中庸之道〉（“Armed Neutrality”）

給

卡達（Kenneth Carder）主教

前言

對於寫續集，我們感到擔心。但是，有很多讀過《異類僑居者》(*Resident Aliens*；編按：即本書第一部)的人都提出了不少問題，希望我們能夠澄清某些觀點。我們嘗試回應部分問題。我們也回應一些針對異類僑居者的評論。我們在這本書裏轉載了部分評論(編按：如頁193的引文)，以致那些沒有看書評的讀者能夠明白其他人對異類僑居者的回應。

我們欠了很多人的債，我們亦嘗試在此書中提及一部分人。有很多人過著比我們更忠心的生活，他們告訴我們《異類僑居者》對他們而言是天賜之物，這實在令我們興奮不已。他們使我們成為可能。

我們要感謝莊遜(Kelley Johnson)，她是一位很好的羅馬天主教徒，她為我們閱讀此書及作出評論。她提出了寶貴的建議。

我們也要把此書獻給卡達（Kenneth Carder）——為到他的勇氣及他的謙卑。

8

在我們中間的異類僑居者

沒有預期過的成功

《異類僑居者》（*Resident Aliens*；即本書第一部，下同）一書十分成功。有評論說這書是「教會的求死願望」（death-wish for the church），但有超過五萬人購買了本書。《異類僑居者》的銷量是否算極好的消息，這視乎人如何界定**成功**。在執筆撰寫《異類僑居者》前，韋利蒙（William H. Willimon）告訴侯活士（Stanley Hauerwas），他要讓他成為名人；他的意思是，他要把侯活士的作品從「認真學術研究」的精純範疇拉走，而以簡單的言語向侯活士介紹教會。

侯活士討厭自由主義（liberalism）。他討厭自由神學、自由派倫理學、自由派教會、自由派政治、自由派經濟與自由派民主。他引用了軍事用語……指出他是一場反對自由主義的大戰事中的其中一

> 部分，為德性、品格與和平主義（pacifism）而戰。他在這次戰事中的武器，是敍事神學（narrative theology）和後現代哲學（postmodern philosophy；以及加一些咆哮）……〔但是〕基督教的內核是具備自由派元素的。[1]（編按：在這格式內的文字為英文原書內的輔助內容，部分為作者所轉載的評論；下同）
>
> 史達侯斯（Max Stackhouse）

侯活士現已成了名，而那精純的學術研究，也開始受人注目。

但侯活士並不知道要如何回應其新的聲譽。他留意到，假如教會真的按著《異類僑居者》所主張的信仰而生活，它將會是更為細小的教會。本書的成功暗示，「異類者」（aliens）的數目或那些具潛質會成為異類僑居者的人的數目，比侯活士所想的還要更多。

韋利蒙認為，假如侯活士沒有得罪某些人，假如在他演說後，沒有一半人憤怒地離開，那麼侯活士就會認為他說了不忠心的話。有很多人讀了《異類僑居者》，而且認同書中的內容，這令侯活士感到十分尷尬。

對那本書的回應，與拉姆齊（Paul Ramsey）在完成其廣為人知的文章〈論尊貴的死亡〉（"On A Dignified Death"）後的感想，是十分類似。拉姆齊突然發現，他的文章深受一羣被稱為「死亡學家」（thanatologist）的新種人類所歡迎。那些死亡學家已深受庫伯勒—羅斯（Elisabeth Kübler-Ross）

的名著《論死亡與垂死》(*On Death and Dying*)所啟發——此書主張，人死時會經歷不同的階段。他們開始時會否定死亡，繼而感到憤怒，嘗試透過與死亡討價還價而戰勝死亡，進而漸漸變得冷漠，最後接受好的死亡(good death)。拉姆齊不願看見他的著作被這樣理解。他後來相應地寫了另一篇文章，名為〈論對一個尊貴的死亡的侮辱〉("On the Indignity of a Dignified Death")。

我們像拉姆齊一樣，對《異類僑居者》的「成功」感到十分懷疑，因為假如《異類僑居者》所說的差不多是正確的，人對其內容的認同，應該需要承受很多的傷痛。我們都以某種方式在這個社會中活像自由派的人。因此，若人要理解我們在《異類僑居者》中所嘗試要做的事，這會使我們與自己產生分歧。這亦包括了韋利蒙和侯活士。假如你要成為一位異類僑居者，那痛若是需要的，這使你不能夠成為自己的好朋友，也不能成為其他從現狀獲得好處的自由派人士的朋友。

但與此同時，我們相信，很多人對成為異類僑居者作出了正面的回應，正因為它有助我們處理那痛苦——我們不幸地並錯誤地稱之為「自由」。舉例來說，在阿特蘭大(Atlanta)一位浸信會牧者在執事會中告訴眾執事：「假如你們想這教會成為阿特蘭大另一間具有千名會友的浸信會，那就繼續這樣做吧！差不多所有阿特蘭大的浸信會也可以那樣做。然而，假如你們真的想成為這樣的教會，那你們必須自己去做，我不幹了。」

他告訴他們，他對成為「成功」——正如很多教會所界定的——沒有牧養上的興趣。當他們問他想要甚麼，他告訴他們，他想他們的教會成為一間由殊異的基督教確信所形塑的教會，能強調作門徒的代價，並尋找一些願意為此付出代價的少數人——就是這類教會。

他們又來了。先知侯活士和韋利蒙已對當代的基督徒生活再次提出指控，並再次呼籲教會要更新和保持忠心。侯活士和韋利蒙宣稱，一個共享的基督徒敬虔生活的舊世界「已經結束，而新世界正在出現」（本書頁 157）。在這個嶄新的世俗世界裏，「異教主義（paganism）就如我們所呼吸的空氣，所喝下的水一樣。它俘虜了我們，它使我們年青人歸信，它破壞教會」（本書頁 163）。[2]

邁爾斯—廸郎尼（Rebekah Miles-Deloney）

他的執事們想知道更多。他要他們在那年秋季的執事退修會中，閱讀《異類僑居者》一書。他們重新想像（reinvision）他們的教會，建基於所重新發掘的基督徒踐行而為自己定下計劃，並承諾向他們的會眾分享這個視象。

「問題是，」這位年輕牧者把這故事告訴我們。「我認為，我們仍然會發展成為一間千人的浸信教會！我們不斷提高我們的要求，不斷請求人做更多，而他們仍是繼續回來。世界上有很多人都知道，有些東西出現了問題，而他們渴望教會知道如何命名他們的痛苦，並具有一個更好的方法。」

我們相信，很多人閱讀和欣賞《異類僑居者》，其主要原因是它並不是我們獨創的。這本書不過是一首交響樂曲中的一個和音，許多人都曾經有所貢獻。當你數數有那些在此書中作出貢獻的人，例如：紐畢真（Lesslie Newbigin）、林貝克（George Lindbeck）、威爾．甘寶（Will Campbell）、史贊費羅（William Stringfellow）、米爾班克（John Milbank）與巴特（Karl Barth）；你就會明白，這只是一個巨大的、不斷擴張、朝向那有趣目標前進的運動其中的一分子。事實上，藉著稱呼那些殊異的基督徒為異類僑居者，我們遇上很多我們不知自己曾結交過的朋友。

我們的朋友認識我們

我們認識了很多新朋友，例如：在奧勒岡（Oregon）和加州（California）的基督教共產主義社會的成員（Christian communitarians）。他們聯絡上侯活士，說：「我們一直在嘗試活出信仰，就如你在你的書裏所說的。請來探望我們吧！」侯活士去了，並在那裏發現，有一羣人在西部成立了六個羣體，讓基督徒聚居在一起，分享他們的資源，一同養育兒女，互相支持婚姻，並嘗試過著徹底的基督徒羣體。我們發現他們的教會很嚇人的。若異類僑居者不僅僅是兩位教授的空閒夢想，而是在那些認真看待福音的人中間的一個實際可行的可能性，又怎麼樣？那就是十分嚇人的了。

韋利蒙也記起在肯塔基州（Kentucky）參與聖公會（Episcopalians）的會議時，有一位婦人溫柔地上前作自我介紹，說：「你好，我是格拉迪斯（Gladys）。」

「格拉迪斯？」他問。

「格拉迪斯！在書裏的格拉迪斯，」她說。接著，韋利蒙記起在《異類僑居者》（編按：即本書的第六章）裏那位親愛的格拉迪斯。

「我剛完成教區委員會的會議，現還在沸騰中。當我躺在牀上看書，我的丈夫則在睡覺。我讀到格拉迪斯和日間托兒所的故事。我拍醒我的丈夫，說：『看！我在這本書裏呢！他們在寫關於我的故事！』」

她解釋說，較早時在教區委員會的會議中，負責青少年事工的傳道人提出了一份關於安排青少年參觀迪士尼樂園（Disney World）的熱情匯報。報告完後，這位「格拉迪斯二世」問：「帶青少年參觀迪士尼樂園，與青少年事工有甚麼關係？」

傳道人帶著辯護的語氣來解釋，這是為了「在我們的青少年小組中建立羣體」。

「他們可以在這裏路易斯威爾（Louisville）建立羣體，」格拉迪斯二世說。「我不明白，帶一羣享有特權的、富裕的年青人參觀迪士尼樂園，這有甚麼理據。他們早已去過了。」

傳道人繼續為這次行程作辯護，加強辯護的語氣而說：「我們的孩子互不熟識。羣體是重要的。」

「**基督徒**羣體是重要的，」格拉迪斯二世駁斥說。「帶一羣被寵壞了、享有特權的小子往如迪士尼樂園般的地方，他們在那裏所做的只會是一連四天在一個資本主義遊樂場玩樂，展現出他們最壞的傾向。我認為，這對教會而言是在浪費時間。」

格拉迪斯二世說：「在那一刻，他們開始責罵我。」

我們會存著愛心記念格拉迪斯二世——這位異類僑居者。

再者，這本書的寫作方式是要體現出一些它的主張。我們一同撰寫這本書。侯活士笑言，韋利蒙所寫的都是已經出版過的東西，而大部分的好東西都是出自侯活士的。韋利蒙反駁說，若非靠著他那出色的語法，根本沒有人會聽過侯活士的思想。

給好的羣體的一個測試——即使那羣體小得只有兩個好友——就是它的成員有很長時間共聚、傾談，以致他們無法記起哪個思想是屬於誰的。我們認為這就是教會所嚮往要成為的羣體。

因此，當有人問：「我們這時代的偉大先知（prophet）在哪裏？」你可以回應說：「我們這個時代的偉大先知」這個概念說明了我們對預言（prophecy）的誤解。預言並非孤獨的、獨特才華的或勇敢的社會評論家的活動。預言是共同努力的成果。基督教社會鑑別學（Christian social criticism）是次要的，首要的活動是建立教會。先知——如阿特蘭大那位浸信會牧師、在奧勒岡和加州的基督教門徒、肯塔基州的格拉迪斯二世——引導我們注意忠信者（the faithful）的生命。他們給福音所作的見證，不是孤獨的、英雄式的成果。預言之所以是忠心的，因為它與教會的必要踐行是聯合的。這些先知在對教會說話的同時，他們也如我們大部分人所見的，在對「世界」說話。他們的真實性（truthfulness）讓教會成為教會（keeps the church as the church）。

平凡人的榮耀

你將會發現，異類僑居者完全是「平凡的人」（ordinary），就像世界所斷定為平凡的東西一樣。我們很驚訝有很多人說：「你們所描繪的教會是在哪裏呢？」或說：「你們想要的教會是不存在的。」我們以為我們已經盡了最大努力，在《異類僑居者》裏引用了很多平凡的、本地化與典型的例子，以便強調我們心目中的先知式教會（prophetic church）早已存在，至少我們是可以瞥見它的。

當然，就如我們很多時候所觀察到的，沒有甚麼東西比常識（common sense）更非凡的（extraordinary）。因此，我們所表揚的那些平凡人是非凡的，但是以頗為有趣的方式而已。然而，在他們的忠心（faithfulness）那非凡的本性中，其中的一個困難是，當他們和那些欣賞他們的人缺乏方法，以列舉為甚麼他們的生命是這樣重要的時候，他們就會失去其含義。因此，我們的著作在很多方面都是嘗試要描繪那些平凡人，以致在某程度上他們可以幫助我們保存在我們所舉出的生命中那非凡的含義。這正是為甚麼《異類僑居者》——本書（編按：即此部分）亦是如此——要不間斷地嘗試教導我們，如何說出作為基督徒應說的話。沒有甚麼東西，比讓基督教言論產生作用以致在某程度上決定我們之所是，更為重要。

舉例來說，身為基督徒，我們不會互相稱呼對方為**英雄**（heoric）；反而我們會稱呼對方為**忠心的人**（faithful）。對於有些忠心的見證人，我們甚至會學習形容他們為**聖徒**（saints）。因此，沒有甚麼東西，比我們學習作恰當的言說更為重要，以致我們不會在建立教會的過程中，失去上帝所已賜給我們的那些生命的重要性。

這正是為甚麼我們所提供關於教會的描述，並不能被形容為「不切實際的」（unrealistic）、「理想主義」（idealistic）或「教派／小眾主義者」（sectarian）。這些回應不過是眾多途徑中的一部分，為了躲避歸信（conversion）和作自我保護，以免上帝不單呼召我們來就近祂，更使我們體現更多的教會職事。

我們受迫使要指出異類僑居者所居**之處**。這本書是對那些想要知道「你們所說的教會是在哪裏？」的人的回應。此書的核心信息可從我們所列舉的例子中得見。這些例子為的是要提醒我們，上帝沒有遺棄教會。教會依然是可見的，假如我們不怕麻煩地在適當的地方去尋找。我們依然有適當的踐行，無論是在你們還是在我們的教會中；這些踐行都是忠心地更新所需要的資源。但是，那至關重要的是，我們要理解它們為踐行（practice），而不僅僅是「信念」（belief）。最後，這是關乎真理的，而真理——即是福音——只會透過踐行而讓人知道，例如，講道、洗禮、聖餐——簡言之就是**敬拜**（worship）。

雖然此書的論點強而有力，但它的檢視仍只停留在問題的表面。它記載了很多趣聞，這種風格最初很吸引我，但最後卻無法滿足我。它使人聯想起說故事式的宣講方式（那是今天十分普遍的宣講方式）所存在的問題。故事幫助我們留心，但它們卻沒有基本內容……例子是使人易於記得，但它們卻因欠缺深度和分析而變得衰弱……作者的意圖是攻擊尼布爾兄弟（Niebuhrs）所作的鼓勵，就是要教會參與政治。雖然尼布爾的說法有給批判的空間，但兩位作者卻沒有提供別的選擇……

作者把前君士坦丁式的教會（pre-Constantinian church）作為例，但他們卻沒有指出，聖經故事所反映出的教會，往往比現今的北美教會更為不一樣的。我們這時代的教會傾向是同質的（homogeneous）。初期教會要以「淳樸自然」（down-home）的方式來努力解決一些政治的問題：奴隸與主人、財主與窮人、希臘人與猶太人，全都在初期教會中一同敬拜和生活。初期教會因其會

> 眾的多樣性而被迫使要處理那些政治問題。如果我們眾教會中有百分之五是這樣多樣性的話——這樣的多樣性通常會使教會如作者所想的那般與文化作出對抗——我們就很幸運了。假如教會要成為作者心目中所想的僑居地，我們就要找出方法，使我們的會眾變得更多樣性……他們並沒有就這個問題提供幫助。
>
> 這本書是個好的開始，〔但是〕……成為「異類僑居者」，到底是甚麼意思？[3]
>
> 斯特普（Nibs Stroupe）

就如詹姆斯．愛德華滋（James Edwards）在其即將出版的著作《事物的顯明意義：宗教在價值觀的時代中的命運》（*The Plain Sense of Things: The Fate of Religion in an Age of Values*）中指出，當宗教淪為關乎信念的事情時，我們自然會問那些信念是否真實的，以及/或者是否如其他我們面前所擁有的信念一樣有用。當我們以這方式提問時，無論在給定的爭論中那答案是甚麼，結果都已經毫不重要。換言之，「當宗教信念開始與其他信念競爭時，那麼那些宗教的信徒就會成為——而且他們將會認識自己是——那些價值觀念的負責人；而他們同時也會是商場裏居民，與我們其他人一同作選擇、作買賣。」

以踐行為焦點，我們嘗試尋找方法，好互相幫助以抗拒把基督教看為一套信念或價值觀。簡言之，我們嘗試幫助你重新發現，「成為耶穌基督的教會的一員」所涵有的非自願的品格。當然，這個看法明顯悍然不顧這假設：教會是由一羣有類似想法的個體所組成的志願踐行者（voluntary agency）。然而，我們相信，基督徒必須尋找方法，以抗拒這樣解釋教會；惟有這樣，世界才能發現敍事的真理（truth of the narrative），而這真理促使那我們稱為「教會」的踐行成為可信的。

我們將會講述更多故事，列舉更多忠心的例子，提供更多教會——讓平凡人成為聖徒的地方——的故事。有很多人已真的經歷了我們這些教授所描述的事件，他們來信見證並分享他們的故事，這成為我們很大的祝福。我們要提出這些例子，因為我們深信當代教會因欠缺政治上的想像力而受苦。教會時常聚焦於聖徒與殉道者的故事，一個原因是為要擴展我們的想像力。沒有想像力，歸信或成長就不會有可能發生。

其中一位深深吸引著我們的聖徒是巴特。我們從巴特身上獲得神學上的經驗。他拯救我們脱離自由派新教徒（liberal Protestant）的假設：人以為必須翻譯基督教語言，以致其他人才能聽得懂。相反，巴特幫助我們明白，假如基督教的語言沒有發揮其功效，那問題並不在於語言本身，而是在於教會。因此，巴特迫使我們留意基督徒所得的言論的表裏一致/整全性（integrity）。很可惜，我們發現，巴特本身的教會論（ecclesiology）並不夠充分。

對於一位能夠以福音之名對抗納粹（Nazis）的基督徒而

言，這樣的批評是十分奇特的。遺憾地，巴特似乎無法把其神學立場轉化為一個說明，以提出那些足以讓教會在對抗納粹之後，繼續維繫教會的踐行。

巴特並沒有任何類似這樣的教會的例子。瑞士（Switzerland）的改革宗教會（Reformed Church）是他主要的例子，但這個例子並不足夠，因為它與一間想要成為國家俱樂部、聯誼的地方並無差別。我們所有人都需要更多例子，好叫我們明白，「教會要成為教會」（church to be the church）是甚麼意思。我們猜想，正因為他知道他需要這類的例子，所以天主教時常吸引著巴特。因此，我們部分的工作是要為巴特的神學列舉出更多例證，比巴特所能提供的要更多。

我們要承認，對於上帝正在我們中間產生的教會，我們並不清楚其內在過程。即是說，我們不知道在組織和制度上的細節。我們沒有任何我們相信必須效法的理想教會，讓我們可以「重回那裏」（back there）。事實上，試圖把某時代的「成功」視為將來的保證，這是不忠心的其中一個主要方式。事物不斷變遷，你也不會永遠是這個樣子。我們相信，我們只是剛開始探討忠心的教會所應有的模樣。

有些人問我們：「當你們思想教會時，哪一種教會模式最能影響你們？」侯活士深受尤達（John Howard Yoder）和門諾會（Mennonites）的影響。韋利蒙在禾福特學院（Wofford College）所寫的高級宗教論文，其題目是〈重洗派的教會觀〉（“The Anabaptist View of the Church”）。

然而，侯活士在聖母書院（Notre Dame）教學時，也體驗到天主教在禮儀上敬虔所展現的活力。很多聖公會與信義宗的信徒喜歡異類僑居者的形象，一個原因是他們聽到其中重視聖禮主義（sacramentalism）的聲音，與他們本身所強調的一樣高。聖餐的祈禱（eucharistic prayer）是其中一個最有特色的踐行。

人們便能夠理解，為甚麼有人會質疑我們的教會論是從哪裏來的。畢竟，我們都是聯合衞理公會（United Methodists）會友，只是各人愉快程度不同。在主流的聯合衞理公會與異類僑居者的一些觀點之間的差距，就如白晝與黑夜的分別那樣大。然而，它強調成聖（sanctification）、強調踐行的重要性、強調平信徒對信仰所作的踐行式體現；我們認為，在這些方面，我們的異類僑居者也算是衞理公會的人。

當我們被問及：「你們心目中的教會是怎樣的？」韋利蒙或會提到在人權運動期間和在其開始之前，於南卡羅萊納州（South Carolina）的非洲裔美國人教會（African American church）。這是一間知道它在陌生的地方、活像陌生人般的教會，它對這個更廣闊的文化沒有幻想，它知道它要在星期日聚會，並保護它的孩子。當白人的優越主義者（white supremacists）在一九六〇年代炸毀並焚燒很多這類的教會時，他們很清楚知道自己在做甚麼。透過那些由這些教會所產生的人（其中一位是馬丁．路德．金〔Martin Luther King〕），人就可認識這些教會的忠心，而他們被視為白人優越主義者所支持的一切事情的敵人。

然而，韋利蒙後來也察覺到，他同樣深深受著校園職事（campus ministry）的影響。在杜克大學（Duke University），就如在所有的校園一樣，那些茁壯成長的基督徒團體，就是那些強調團體的重要性，以裝備聖徒（弗五21～33）為中心，並教導一些對抗世界所需要的技能的團體。

> 亞伯拉罕因著信，蒙召的時候就遵命出去，往將來要得為業的地方去；出去的時候，還不知往那裏去……因為他等候那座有根基的城，就是上帝所經營所建造的。
>
> 希伯來書十一章8、10節

因此，當韋利蒙與我們校園裏的一個信義宗小組會面——一些信義宗信徒在晚上九時於禮堂聚合來守聖餐——時，他說：「當你們離開得梅因（Des Moines）時，你們或會以為信義宗信徒是某些事情的主管。教會有一座巨大的管風琴，停車場在星期日總是泊滿了汽車，你們或會以為你們的教會在社會上具有重要的地位。但你們來到大學，你們就會發現原來我們乃是試圖要滅絕信義宗信徒。不要介意，我們也是這樣對待天主教徒和猶太人。大學希望你們能比進大學之時，更不像信義宗的信徒。

「因此，你們會認識到，假如你們要繼續成為一位信義宗信徒，你們就必須參與小組，你們必須每星期聚會，你們必須做一些信義宗會做的事情、唱信義宗的詩歌、吃信義宗的食物。我告訴你們，你們是未來的潮流。你們在得梅因的教會甚至不知道，它與你們很相似。我相信（你們首次在這裏聽到這話），你們就是明天的教會。你們在此處信義宗校園職事小組裏所學到的技能與踐行方式，將會立即轉在得梅因應用。得梅因的人並不知道，他們其實是在同一條船上。」

我們覺得，四十歲以下的年輕牧者與平信徒，比年長的牧者與平信徒較為喜歡異類僑居者。這不單是由於在年長的一輩中，有很多人曾經為了開放、確認信仰、包容別的信念而爭戰、流血及死亡，因而認為，我們呼籲要成為獨特的教會，這是驚人的；也是因為年輕一代似乎有更多經驗，以致使他們願意放棄遷就主義的企劃（accommodationist project），渴求一些可以幫助他們達到目標的東西。

論不感到自在

由於我們其中一位是來自南卡羅萊納州，另一位是來自德州（Texas），我們從來沒有在一處地方如大學，特別感到自在（feel at home）。來自德州的那位，就連在德罕（Durham）也會感到很不自在。他認為，南部的禮貌（civility）是殘酷所產生的其中一個最可能的形式。

異類僑居者的意象或許以一個唐突的方式意味著，美國基督徒需要停止那自在的感覺。我們認同紐畢真的說法，今天的西方教會在那個我們以為是由我們所策劃的文化中，必須感到自己好像宣教士一樣。美國基督徒以為我們透過我們的憲法，已創造了一個讓人最終會安全地成為基督徒的文化。

那是錯誤的。聖維克托的休格（Hugo of St. Victor）批評那個以為基督徒可以在這個文化或其他文化中感到自在的想法：「那以為他的國家是美好家園的人，依然是脆弱的新手；能夠視各處地方為其本土的人，是強者；但惟有那視整個世界為陌生地方的人，才是完全的。」基督徒被接納（adopted）而成為那被稱為作門徒（discipleship）的旅程的一部分，他們將會永久地在世界中感到不自在。

滿有智慧的麥格利治（Malcolm Muggeridge）祈禱說：「那降臨在我們身上的惟一終極災難，就是我們在這世界上感到自在。只要我們還是異類者，我們就無法忘記，我們真正的家鄉，就是祢所宣告的另一國度。」

君士坦丁主義（Constantinianism）嘗試藉著國家力量，把世界轉變成國度；嘗試把敬拜上帝變成為無可避免的事；嘗試叫所有人不用歸信或轉化，就能得到基督教的確信；這是構想拙劣的企劃，它也因著其詭詐而終告沒落。就如侯活士所說：「我們不清楚最先是誰在模仿誰，是南方浸信會（Southern Baptist）的牧者開始模仿德州的政客，還是德州的政客開始模仿南方浸信會的牧者。」

因為我們是在主流的新教中成長，我們對那個企劃十分清楚。美國主流的新教徒想成為很友善的人，他們希望把福音改造為一些可以不證自明和明顯不過的東西，以致世界會認為，它早已是基督徒，而不需要死去和重生。幸好這一套企劃似乎已經在垂死掙扎，單憑會友數目的統計便可見到；很多人早已作去準備，棄絕這些謊言，並擁抱作為旅居者（sojourner）的這個新身分。美國，無論在其能力與祝福上，都不是上帝的拯救。

平信徒似乎比神職人員較樂意接受異類僑居者。我們認為，這是因為平信徒早已知道，身為基督徒，我們正身處於某種戰鬥之中。他們似乎對這宣稱產生共鳴：教會可以藉著成為教會而服事世界，這對教會而言是一個更實在的政治行動，而非向國會提議解決方法。

有人認為我們很虛偽，指我們繼續以那使我們感到厭煩的基督教殘餘力量作為資源，卻與此同時狠狠批評那使我們成為可能的基督教。我們對教會恩將仇報。我們不會否認，我們大概是更殘餘的、更妥協的基督徒，比我們所應該是的更甚。君士坦丁主義是難以破除的惡習。但我們為甚麼要把生命中的不足合理化，以致好像這就是基督徒可以過著的並應有的生活方式？

侯活士和韋利蒙視教會為異類僑居者……然而可惜的是，這個語調並不適合主流教會……侯活士和韋利蒙……主張「教會是僑居地，是一個被另一個文化包圍著的文化孤島」（本書頁 4）；這暗示著，教會與美國社會的關係，就如同宣教士的混合物

（missionary compound）昔日與中國文化的關係一樣。說來古怪，這個看法實際上描述了、不經意地確定了超級教會（megachurch）……世界中的世界。[4]

凱克（Leander E. Keck）

我們也許在欺騙自己，但我們喜歡視自己為當代大學裏的宣教士。或許有一天，大學將會醒過來，發現我們與它所主導的思想與行為模式截然不同。侯活士不斷在說，他盼望韋利蒙有天能夠在杜克大學禮拜堂（Duke Chapel）清楚地宣講福音信息，既鮮明地又令人注目地宣講，以致大學的行政院會說：「我們支付薪金給這樣的破壞分子，我們是瘋了嗎？這個人反對一切我們所相信的事情。」

然而，這樣的事還未發生。但是，就如耶穌在差不多放棄期望年輕財主能夠得著拯救（路十八27）之後，祂告訴門徒，對上帝而言，任何事也有可能發生——甚至像我們這些受過教育、富有、無知、自足的人，也可以得著拯救。

身為大學裏的宣教士，我們相信正在肩負著那充滿喜悅的任務：向大學宣告福音那些有趣的信息——不只是宣告世界是**被造**的。把《異類僑居者》看為給宣教士的指引吧——他們已經休息了一段很長時間，現在是時候回到衝突之中了。

他在大學最初兩年都會定時來到禮拜堂。韋利蒙最初與他傾談時，他告訴韋利蒙，他的母親要他讀《異類僑居者》。「我喜歡這本書，但我並不認識很多與它相符的基督徒。」

後來，韋利蒙在某個星期一的清晨收到他的電話，這令他大為驚訝。

「韋利蒙博士，你起牀了嗎？」一把沙啞、緊張的年輕聲音問。

「是的。」

「我需要立即見你。我經歷了可怕的一夜，我需要跟你談談。」

「我可以在三十分鐘後與你在禮拜堂見面。」韋利蒙說。

抵達禮拜堂的後門時，那位學生與韋利蒙打招呼，並流著淚倒在他的懷裏。

「發生了甚麼事？」韋利蒙問。

「太可怕了。我經歷了生命中最可怕的一夜。昨晚在弟兄小組會議結束後，我們如常聚在一起，分享我們在週末所做之事。我們在星期六舉行了派對，在派對中，我到樓上，要從某位弟兄的房間拿點東西，就在那裏發現一對男女正在，噢，『幹著那回事』。

「我立即關上門，回到樓下，並沒有說甚麼。當我們在會議後作彼此分享，而幾位弟兄分享過他們在週末所做之事後，小組中有人說：『我知道基督徒先生昨晚看見精彩的一幕呢！』

「接著，全部人都大笑起來。這並不是善意、友善的笑聲，而是冷漠、殘酷、卑鄙的笑聲。他們所有人都在大笑，並說了一些如『你不會在教會看見這些東西！』『快點向神父認罪吧！』等說話。

「我極力嘗試恢復原狀，嘗試說些緩和氣氛的話，但我無法做到。他們討厭我！他們是認真的。我離開了他們，站在外邊暗自落淚。我從來沒有被人這樣對待過。」

韋利蒙說了類似的話：「這太奇妙了。你豈不是世上最偉大的基督徒嗎？然而，只要有一個能夠說『不』的人自由地四處遊走，也足以對其他人構成威脅，他們需要嘲笑他、打壓他、用暴力對付他，以致令他閉嘴。這個校園或會從你身上理解一個基督徒，即使是你自己！」

在與這位年輕的異類僑居者相遇，我們為自己的成功感到一點點驕傲——請原諒我們。

註釋：

1. Max Stackhouse, Princeton Theological Seminary, "Liberalism Dispatched vs. Liberalism Engaged," *The Christian Century*（October 18, 1995）: 962.
2. Rebekah Miles-Deloney, The Divinity School, The University of Chicago, review in *Quarterly Review*（Winter 1990）: 104.
3. Nibs Stroupe, *Journal for Preachers* 14, 1（1990）: 36～37.
4. Leander E. Keck, Yale Divinity School, *The Church Confident*（Nashville, TN: Abingdon Press, 1993）, 76.

9
詮釋現況
被包圍著

你們以為我來，是叫地上太平嗎？我告訴你們，不是，乃是叫人分爭。從今以後，一家五個人將要分爭：三個人和兩個人相爭，兩個人和三個人相爭；

父親和兒子相爭，

兒子和父親相爭；

母親和女兒相爭，

女兒和母親相爭；

婆婆和媳婦相爭，

媳婦和婆婆相爭……

假冒為善的人哪，你們知道分辨天地的氣色，怎麼不知道分辨這時候呢？（路十二 51～53、56）

指我們是「教派/小眾主義者」(sectarian)，這指控叫我們尤其感到奇怪。我們感到驚訝，有人斷言，身為異類僑居者的基督徒就是被召要從世界撤退出去。要隱退。這個指控使人感到驚訝，因為我們二人都是在大型的世俗大學裏工作。大學並不是修道院。但是，我們也認為，這似乎是對想像力（imagination）——是成為異類僑居者所需要的——的一個奇特誤解。我們不是要求基督徒從世界撤退出去，而是要承認我們乃是被世界包圍著。我們可以退到哪裏去？再者，在這樣的世界中，「嚴陣以待」、蜷縮在防護屏背後，這是十分危險的，好像教會的工作就是要保護自己、免受世界的傷害。

反而，我們相信，假如基督徒能忠心地生活，世界將要尋求保護，免受教會的傷害。教會的工作不是要退到自己的領土之內，躲藏起來，而是縱使有危險，也要不斷向外前進。的確，我們不斷實行我們的使命，這事實就意味著，我們必然地會產生危險——假如我們已留在家裏，我們就不會有任何危險了。

我們認為，我們並沒有準備好踏上上帝在我們的日子裏所為我們預備的旅程。我們居住在一個對教會十分危險的世界裏，因為教會自我欺騙，以為基督教早已馴服了世界。舉例來說，「這是一個基督教的文明」這個假設是危險的，因為它會迷惑我們，使我們以為沒有敵人。在一間已經與世界講和的教會裏，我們會被迷惑，以為我們的工作就是要解決那早已開始的企劃其未善之處，使世界成為一處對教會安全的地方。

結果就是假設了教會是沒有問題的，我們所需要的只是讓世界成為較好的地方。我們宣稱，這樣的解釋是非常騙人的，亦一直是個很大的謊言；而在這個居間的世代裏，這特別是騙人的。正如侯活士（Stanley Hauerwas）在《基督教王國之後》（*After Christendom*）裏説過，這是一個笨拙的世代。它是笨拙的，因為舊有的世界正漸漸滅亡，卻還未清楚新的世界將會是甚麼樣子。那正漸漸滅亡的舊有世界，就是主流的新教基督教的世界，它假設了美國從某個角度而言是一個與眾不同的國家，因為它是建基在基督教的前設上。「建基在基督教的前設上」，往往指我們生活在一個民主的文化中，而這文化從本質上是支持「成為基督徒」所具有的意義的。我們對此表示十分懷疑。

> 在一個擔心教會人數下降及教會身分的教會氣氛中，此書可能是具刺激性及受歡迎的，但它卻不足以針對現況，改革職事。它指出，我們的問題既簡單又複雜：我們無法成為我們蒙召所要成為的教會；而全書如禮儀般一貫地指出，那解決方法是「讓教會成為教會」……世界所要看到的不是任何新事物；目標似乎是要繼續保持忠心，藉此令饑渴的世界留下深刻印象，以致它會渴望地來到教會的桌前。這是一世紀等候彌賽亞即將再來的策略。但即使保羅的教會也知道，「行在聖靈裏」（walking in the Spirit）不單指基督徒要留心自己的純潔。它也指透過以公共語言所進行的辯論和對話，人在公

開討論的場合裏展開危險的對話，以宣告好信息和說服別人接受福音的真理……此書沒有提到的是——而事實上也含蓄地否定它是「君士坦丁主義」——合法的神學（legitimate theology）所帶來的結果，那就是看到上帝透過在多元的、全球的實在（reality）中的說話與架構，在僑居地（colony）以外的地方工作。在這本書裏，「世界已經結束」，而剩下來的只有充滿敵意的環境；但這基本上是錯誤的。這裏根本沒有對話的空間，只有要人歸信。因此，這本書所促進的基督教毫不羞愧地是帝國主義的，與神聖的君王主義十分相稱。但是，上帝的統治只局限於教會這個「屬天的國度」，而非世界。因此，我們無法想像上帝離開教會的寶座，先於上帝的子民而進入一個使人煩惱的、困苦的世界。

本書並沒有提供指引，讓人與其他的真理宣稱相遇，讓人與非基督徒展開對話。除了教會的語言以外，人並無法以其他語言聆聽上帝的聲音。結果就出現一本帶著自負無知的語調的書……有人可能會懷疑……在這本書裏，宗教教育家將會成為那所謂遷就主義罪惡（accomodationist sin）的主要犯人……體貼已讓步給譴責。這本書也帶有真理，是值得我們留意的；但除了某些宣稱，並非所有內容聽起來都是真的。[1]

希斯特（David C. Hester）

史贊費羅（William Stringfellow）講說了一件事：他在布洛克島（Block Island）一間小小的聖公會裏，主領一個使徒行傳的查經班。由於教會所有的查經資料都是由專業的基督教教育家所撰寫的，所以史贊費羅說他知道「這些東西都在神學上是不可信的」。因此，他決定花十堂的時間，與一羣十一至十二歲的學員一同閱讀和討論使徒行傳。課程結束後，史贊費羅按著學員在課堂上從閱讀使徒行傳而發現的教會模樣，問他們：教會有何理由要存在於布洛克島上呢？他們一致同意地說——有部分人甚至興奮地說——由於整個社區所行的與教會沒有太大分別，島上並沒有需要另立一間自稱為**教會**的機構。[2]

有很多基督教教育家其畢生的職事都是幫助基督徒適應周遭的文化，他們是在我們現況裏其中的主要犯人。他們的遷就主義暗示著一個假設，就是以為可以在沒有紛爭之下而成為教會。你將會留意到，我們的確信是要提醒基督徒，我們乃是身處一場戰事之中。不要調整你的踐行，以配合流行的語言。不要退縮，而是要與敵人交手。

舉例來說，當基督徒成為羅馬帝國的敵人，他們便知道誰是敵人。敵人就是「在外面」。在新約「掌權者」明顯作為邪惡的化身，使得「掌權者」的語言具有真正的意思。基督早已勝過了這些權力。但正正由於它們落敗了，它們在其驚駭中成為更可怕的力量。然而，只要基督徒與羅馬達成和平條約，他們就會開始以為，拯救是關乎他們的內在生命。於是，贖罪論的補償論（satisfaction theories of the atonement）便決定了教會的基督論。這些理論固然在新約中找到共鳴，但當它們與教會那「我們正身處宇宙之戰中」的意識分割時，我們就失去了作戰的能力。

基督徒以為現在我們並沒有敵人，在我們的時代裏這是教會那獨特的遷就主義的其中一個標誌。確實，我們假設了，如果我們有敵人，那可能就是我們的情慾。這正是為甚麼當代基督徒錯誤地把焦點放在性的問題上，因為他們認為既然沒有外在的威脅，那威脅必定是源自內心，而且這往往是與性慾有關的。因此，教會苦苦掙扎著，為要幫助我們控制我們的情慾。我們錯誤地假設情慾是內在的，因為我們如今已經再沒有影響人類安好（well-being）的外在威脅。當然，我們內心的爭戰變得外在化，因為我們這些基督徒認為，我們在性方面弄得一團糟，因為世界在性方面已被弄得一團糟。因此，我們會斥責廣告業，會責怪卡文萊克（Calvin Klein）和斑尼頓（Benneton）以露骨的性愛和兒童色情相片作為其廣告賣點。我們高呼要提倡家庭觀念。只要由我們掌管世界！

因此，我們盼望保護自己，免受最深處的慾望所傷害。我們注視「內在」，因為基督徒早已失去了分辨我們的真正敵人的能力。

學習先確定我們的敵人是誰，之後才嘗試愛他們

沒有甚麼事情比知道誰是我們的敵人，更為重要。確

實，教會首要的任務是教導我們知道誰是我們的敵人。今天，我們以為敵人就是自己，這是不充分的。教會必須指定真正敵人是那種生活方式——那生活方式藉著說服我們以為敵人是在人的內在，從而馴化我們。因此，我們十分贊同新約裏的天啟意象，它們有助我們明白，教會所面對的威脅不單是戰爭、饑餓、對貧窮人不公義。新約把所有這些邪惡識別為對手，但它們並不是**那個**敵人。這些只不過是國家與帝國帶給我們的悲劇；而國家與帝國承諾，只要我們成為合作的國民，它們就會對我們有好處，藉此它們衍生出其權威。教會的任務就是要揭露這些國家與帝國其假裝為敵人。

在這方面更加重要的是，教會要有能力指出，來自國家與帝國的威脅與聚焦於把性看為敵人之間的關係。我們固然同意，對於教會，關於性的那些問題是重要的，但其重要乃在於作為必要操練的一部分，而這操練是要讓教會成為一支能夠對抗國家與帝國的軍隊。在資本主義掛帥的經濟體系裏，性猶如麻醉劑和鎮定劑，所以它是有危險的。那危險是我們無法明白敵人如何使用性去俘獲我們。

有人在聽過異類僑居者的信息後會搖著頭，並擔心會出現一個「新教派／小眾主義」（new sectarianism）或「再次興起的部落主義」（resurgent tribalism），又或擔心這會呼籲教會成為「一個基督徒聚居區」（a Christian ghetto）。然而，是誰告訴我們**教派／小眾**（sect）**、部落、聚居區**是不好的詞彙？

就是那些來到這個大陸，並發現原居民已住在這裏的人，他們告訴這些原居民：「我們要優待你們，讓你們離開你們的部落，遷移到現代的民主世界裏。我們要讓你們成為美國人！」當他們回覆説寧可成為拉科他族人（Lakota；編按：美國西部一個美洲原住民的民族），我們就把他們屠殺。有些人就是無法明白自由的真諦。

基督徒作為以色列部落中尊貴的一員，他們應該同意被稱為「部落主義者」。但問題並非：「你將是部落中的一員嗎？」而是：「你所忠於的部落是真的還是虛假的？」「你會與波尼人（Pawnee；譯註：美國一個印第安部落）一同分享聖餐嗎？」

假如從負面角度來使用部落主義，那沒有甚麼東西比亞美利堅共和國（United States of America）更為「部落」。那個部落憑著世界社會（universal society）之名，在諸民族之間設立界線，並按兇惡的強弱程度來防衞他們。凡有人被殺的地方，部落主義就會存在；部落主義不再是為了保存君王的神聖權利（divine right），而是為了保存「國家主權」（national sovereignty）、「領土整全」（territorial integrity）或「民族自主權」（national self-determination）。

美國已企圖透過憲法來消除麻煩的基督徒的傷害力，其主要方法是宣稱政治是公共的事，而宗教則是私人的事。因此，「宗教」可以全神專注於「性的問題」當中，因為性也是「私人的事」。我們可以自由地隨心所欲而成為虔誠的人，只要我們不要給他人知道，只要宗教單單關注我們最深處的情感和最深藏的慾望。這個説法對於一個像基督教的宗教，是一個令人不滿的説明，因這宗教相信，是上帝而非國家統治這個世界——這確實是一個涉及公共的和政治的信念。但這也是犬儒主義的手段，為要確定基督徒基本上不會挑戰國家對我們生命的主權。

當聯合衞理公會的領袖鮑爾斯（Jean Audrey Powers）向世界宣佈她是同性戀者時，我們就似乎開始了一個有趣的公眾討論：誰應或不應成為聯合衞理公會的牧者。性取向是神職人員入職的重要要求，其神學理由何在？我們相信，教會對這個問題的考慮是混亂的。這位女士在這個宗派中擔任一個全國性的要職已有好幾年時間，她正揭露她的性取向，這與教會對牧者的要求並不一致。她把自己比作埃及地裏的希伯來奴隸，並把聯合衞理公會比作法老。

然而，當鮑爾斯女士宣稱她的性取向是與別人無關，是她與她的伴侶之間的私人問題時，她就展現出關於性習慣的一個使人沮喪的慣例、來自中產的觀念。在我們的文化中，性好比法老，管轄著我們的生活；又或更準確地説，性是法老用來一直捆綁著我們的其中一個手段。

當關於性的議題成為私人的問題及個人選擇的問題時，你就知道我們已經在戰事中落敗了。選擇（choice），令那些關於聯繫到我們生命的操練的問題，似乎必須是與我們個人的實現（personal fullfilment）有關，也與那墮落的、中產的性觀念有關。教會要求我們在性方面保持忠心，其中一個原因是，這正是成為一羣子民所必須的操練的一部分，為要使我們能抵擋那足以摧毀我們生命的力量。對我們而言，婚姻裏的忠心是必須的操練，以支撐我們去對抗敵人。

對於那些要推翻已有政權的改革者，試想一下他們所需要的操練。他們沒有時間花在那些認為性歡愉是好的，認為對性的關注比改革更重要的人身上。好像其他東西一樣，性必須隸屬於那成為某種子民所必須的操練，以使他們有力與不公義的人和事爭戰。基督徒倫理學最深層的問題是，作為建立一羣可以於一個時常威脅要作破壞的世界裏撐得住的羣體的一部分，基督徒踐行如忠心等，已經失去其意圖。基督徒蒙召要在婚姻裏忠心，並要在婚前保持忠心，因為這樣的忠心是一間交戰中的教會所固有的。

對於那些深知道這是長久戰爭的人，踐行如忠貞等，是那些必須的操練。我們與世界的對抗不會是一天就完結的。相反，教會正身處於一場長久的對抗中，它需要那些有德性的人以支撐長久的對抗。忠心與願意生育，就是教會在世界延續下去的方法；這個世界是那些長期委身於任何人 —— 尤其是兒女 —— 的人的敵人。

舉例來說，猶太人堅持在面對基督徒逼迫的日子中繼續生育，我們認為沒有甚麼比他們這份堅持，更忠心地見證著上帝如何照顧祂的子民。猶太人拒絕受那些逼迫他們的基督徒所影響以致節育。他們能夠在不安全的世界裏繼續生育，這就説明了他們是上帝所應許的子民。

我們真的有時候會認為，上帝已在世界裏呼召基督徒，以致猶太人被迫要按著耶穌呼召我們要過的方式來生活 —— 就是如一羣在幾個世紀以來學會了所需的生存技能，像沒有軍隊的人一樣生存下去的子民。猶太人有比軍隊更好的東西。他們有敬拜，有從敬拜而來的生活習慣，足以使他們在一個充滿敵意的世界中撐得住。我們相信，這是今天教會的最大挑戰。我們必須重拾那些仍然存在於我們當中的習慣——雖然它們很多時候只成為回憶——好讓我們在爭戰中撐得住。

當然，要這樣看教會，我們就需要反思我們應該如何去問問題。舉例來說，有人說我們要求教會從世界中退出來，這說法乃是基於一個假設：教會必須與其「文化」連上關係。因此，有人告訴我們，我們必須先處理這長期的問題：基督與文化的關係。這樣設定議題，所帶來的問題是，它假設了教會和我們所敬拜的基督本身並不是一個文化。今天，我們眼前的問題並非教會如何服事其文化。我們早已在多方面屈從這文化了！

有極多的人和耶穌同行。他轉過來對他們說：「人到我這裏來，若不愛我勝過愛自己的父母、妻子、兒女、弟兄、姐妹，和自己的性命，就不能作我的門徒。凡不背著自己十字架跟從我的，也不能作我的門徒。⋯⋯或是一個王出去和別的王打仗，豈不先坐下酌量，能用一萬兵去敵那領二萬兵來攻打他的嗎？若是不能，就趁敵人還遠的時候，派使者去求和息的條款。這樣，你們無論甚麼人，若不撇下一切所有的，就不能作我的門徒。」

路加福音十四章 25 至 27、31 至 33 節

那問題是：在一個不斷試探我們、要我們忘記自己（作為教會）就是一個文化的社會中，教會作為一羣能夠生存的人，它如何能適應這文化（enculturated）？我們的文化如何能夠成為那些文化（我們自己身處其中）的另一個選擇？當然，在教會這個文化與我們所置身其中的文化之間，或有延續性。然而，文化延續性（cultural continuity）並不是必然的，也不一定是我們想得到的，因一切都視乎周遭的文化對敬拜上帝的人有多開放。這個延續性是教會所發現的，因為教會最先知道它是誰。

我們承認，要與異類僑居者建立關係並不是易事，部分困難之處是在現存的教會和我們蒙召要成為的教會之間，似乎存著頗大差異。人們以為我們要求教會成為賓夕法尼亞州（Pennsylvania）的亞米甚人（Amish；編按：美國一羣新教重洗派門諾會信徒，以拒絕現代設施，過著簡樸生活而聞名）。

我們非常尊敬賓夕法尼亞州的亞米甚人，但我們並不是要求教會成為這樣子。畢竟，我們是屬於主流的衞理公會信徒。我們相信，上帝沒有遺棄主流的衞理公會信徒，因我們也擁有那些習慣——假如我們有勇氣依靠它們——而那些習慣正正提供了那種文化適應（inculturation），就是我們認為教會所需要的、好在爭戰中支撐我們的文化適應。

舉例來說，侯活士記得在很久以前，曾經聽過一位世界基督教協進會（World Council of Churches）要員的演說，是論到正教會對共產黨接管俄羅斯時所作的回應的。相比起俄羅斯正教會（Orthodox Church of Russia），甚少教會會那樣調適自己，以符合其在社會上的角色。有人甚至會以為，俄羅斯正教會的職責，就全是要同意支持沙皇（czars）的統治。很明顯，它的社會實況是更為複雜的；但毫無疑問，俄羅斯正教會至少在其官方立場上，是甚為容納沙皇的統治。它所主張的「密契敬拜」（mystical worship），意味著教會甚少參與關於政治和經濟的社會鬥爭。因此，當共產黨接管俄羅斯後，這尤其是一間不合適反抗當權者的教會。

然而，俄羅斯正教會有一個習慣，讓它終於呈現真正的教會。在開始聖餐之前，神父要走到教會的門廊上，搖搖門鈴。鈴聲提醒村落裏的人，慶祝儀式快要開始。然而，在早期，作為反宗教運動（anti-religious campaign）的一部分，共產黨政權就把傳統的公眾搖鈴宣佈為不合法。最後，世界抵觸了教會，而正教會也在這抵觸中發現，他們所敬拜的上帝確是世界的上帝。正教會的神父本是久經不衰的傳統主義者（traditionalist），他們繼續站在門廊上搖著小小的門鈴；他們認為不搖門鈴，教會就不是教會了。國家的回應就是把數以千計的神父殺害及收監。正教會藉著拒絕放棄搖門鈴，以連他們也不為意的決心來對抗國家的掌權者。上帝以其神祕的方法，讓正教會成為忠心的人，這是他們自己從沒有想過的。感謝上帝，共產黨找到方法讓教會成為那教會（the Church）。

我們相信，上帝也以類似的方式幫助我們發現，教會日常的踐行是重要的，是我們在作戰中所需要的幫助。舉例來說，試想一下，教會依然需要人聚集在一起以敬拜上帝。我們被召離開我們的家、離開我們的社區、離開我們的城市，聚集在一起，成為一羣能敬拜上帝的人。我們不會在家裏敬拜上帝，這是一個記號，説明了我們明白到家庭除了支持著我們之外，也是具有破壞力的。教會會使家庭受到質疑，只要教會堅持教導我們的兒女明白，對上帝忠心比對家庭忠心是更為首要的。我們堅持告訴屬我們的人，身為一羣在星期日聚集的人，教會的合一（unity）比國家所提供的合一更具決定性。

此外，學習向上帝祈禱，這樣簡單的行動也是如此的一個踐行。學習祈禱是基督徒發現如何説話的途徑。教會首要的語言就是祈禱的語言——因為在祈禱中，踐行與語言是無法分開的。當然，要好好祈禱，這並不易學。這正是為甚麼我們最好還是要模仿那些已懂得祈禱的前人。如此看來，我們會説出一些自己可能也不太明白其話語的祈禱，因為我們在説話的過程中發現，我們已經成為了解（understanding）的一部分，而我們日後才能使那了解屬於自己的。因此，透過成為基督教語言那熟練的演講者，我們可以藉著祈禱，發現基督徒所需要的技能，不單藉此得以存活，更能抵抗那足以摧毀我們的世界。

同樣，基督徒不能輕易與其他國家開戰，因為我們在其中或會被要求殺害別的基督徒。我們怎能離開合一的餐桌，並願意以忠誠——卻非忠於基督——為名，互相殺害？離開合一的餐桌——我們稱之為聖餐——並以忠於國家之名互相殺害，這又意味著甚麼？當我們這樣做時，世界不會認真看待基督徒，這又有甚麼奇怪呢？因為世界知道，我們是屬於世界，而不是屬於上帝的。

> 我還有末了的話：你們要靠著主，倚賴他的大能大力作剛強的人。要穿戴上帝所賜的全副軍裝，就能抵擋魔鬼的詭計。因我們並不是與屬血氣的爭戰，乃是與那些執政的、掌權的、管轄這幽暗世界的，以及天空屬靈氣的惡魔爭戰。所以，要拿起上帝所賜的全副軍裝，好在磨難的日子抵擋仇敵，並且成就了一切，還能站立得住。所以要站穩了，用真理當作帶子束腰，用公義當作護心鏡遮胸……此外，又拿著信德當作盾牌……並戴上救恩的頭盔，拿著聖靈的寶劍，就是神的道。
>
> 以弗所書六章 10 至 17 節

一個基督徒反對戰爭，在很多方面都輕易成為別人批評的對象。所有人都反對戰爭，但基督徒往往為了錯誤的原因而反對戰爭。我們一直受教導而以為戰爭是非常可怕的事，因此基督徒不應該支持戰爭。對於基督徒，關於戰爭的深層爭論，並非因為它是很可怕的，而是因為它會摧毀基督身體的合一。確實，成為異類僑居者，其中部分的作用是要幫助基督徒，以挑戰自由民主政治制度下的濫情（sentimentalities）；這些濫情假設了戰爭必是某種失控了的誤解。戰爭是基督徒的敵人，因為戰爭慫恿我們，為錯誤的神明獻上我們的兒女；因為戰爭以錯誤的符號來使人聚集在一起；因為戰爭欺騙我們，叫人以為是國家而非上帝在管治世界。對於福音，戰爭在道德競賽上是不可信的。戰爭發掘出人最好的一面——關於和平，只有幾本好的小說，但好的電影卻一套也沒有。戰爭需要人作出難以置信的犧牲。戰爭叫人聚集，一同抵抗共同的敵人。正因為我們明白戰爭所牽涉的是一場何等昂貴的道德工程（moral project），以致我們認為教會必定是那種在習慣上能夠挑戰這種道德工程的人。因此，假如你想知道異類僑居者會在哪裏居住和如何生活，你就嘗試探索這些踐行、這些操練的發展——它們或能幫助我們成為那種有資源說「不」，甚至能夠向一個如戰爭那般大的道德工程說「不」的一羣人。

在中世紀初期，位於克魯尼（Cluny）的、重要的勃艮地修道院（Burgundian monastery），給其封建的鄰居（位處修道院四周的地主，他們時常互相開戰）展開了一項實驗。那被稱為「上帝的停戰」（truce of God）的安排是這樣的：所有戰爭只能在一星期裏的三天（星期一至三）內進行。這個實驗沒有維持太長時間；如今看來這實驗似乎也有點愚蠢。但這不只是中古眾多怪誕事件之一；其背後也隱藏著一個令人尊敬的洞見：已受洗的基督徒，就是那些共同分享著基督身體的人，互相攻擊，這是荒謬的。[3] 我們相信，勃艮地人——他們對象徵主義的能力（power of the symbolic）是非常尊敬的——已經察覺到甚麼。畢竟，一星期停戰三天，這並不算是甚麼，但人總要踏出第一步。

侯活士的辦公室門上掛著一幅由門諾會中央委員會（Mennonite Central Committee）所贊助的海報。海報上說：「給和平最審慎的建議：讓世上的基督徒承認，他們不會互相殺害。」有些人或會認為這是微不足道的姿態，有點像勃艮地那一星期停戰三天的計劃。但因我們知道，作為一羣被聚集在一起的人，我們是以更深層的合一而被結合起來，比透過家庭、社區或國家所產生的合一更為深入；那麼，有甚麼東西比基督徒不願意殺害別的基督徒更為徹底的呢？

試想像一下，在對抗伊拉克（Iraq）的國際戰事之中，假如有聖公會的信徒在巴格達（Baghdad）的聖公會裏，目睹布列寧主教（Bishop Edmund Browning）施聖餐後，說：「我會為布殊（George Bush）和艾克森石油公司（Exxon）而在伊拉克戰爭中盡責，但我不會做任何危害巴格達聖公會同伴的事。」你甚至無法想像有這類人，這就是對我們所建立的教會的一個指控，這也正是我們需要異類僑居者的其中一個原因。

在約翰福音結束時，即約翰福音二十章，已復活的基督向祂的門徒顯現。多馬錯過了那次顯現，他告訴其他門徒，除非他觸摸到復活的基督的傷痕，否則他不會相信復活之事。當基督催促多馬「不要疑惑，總要信」，多馬呼喊著說：「我的主！我的上帝！」

勃朗(Raymond Brown)注意到，約翰使用多馬的認信，不單為要表達出對復活的相信，也要作出一個政治的宣告。羅馬皇帝多米田(Domitian)命令所有帝國公民尊稱他為「我們的主和上帝」(*Dominus et Deus noster*)。[4] 在約翰福音成書的時代，「我們的主和上帝」是歸屬皇室的稱謂。具有出色的諷刺作用，約翰把這句與敬拜皇室權力及榮耀有關的詞彙，透過多馬的認信，已轉化為應用在那位被釘死、復活的基督身上。身上滿是羞辱的傷痕——也是皇帝對敵人所能做最壞的事——的那一位，如今被祂的教會高舉為我們的主及我們的上帝。

試把復活節看為我們在政治上的召集。試把星期日的崇拜、我們對擘開的身體與流出的血的處理方式，看為我們嘗試使我們的政治恢復正常的企圖。

註釋：

1. David C. Hester, Professor of Christian Education, Louisville Presbyterian Theological Seminary, review in *Journal of Religious Education* (Spring 1991).
2. William Stringfellow, "St. Ann's-in-the-Sea," in *A Keeper of the Word: Selected Writings of William Stringfellow*, ed. Bill Wylie Kellerman (Grand Rapids, MI: Eerdmans, 1994), 154.
3. Rowan Williams, *The Truce of God* (New York, NY: Pilgrim Press,

1983）, 28.

4. Raymond E. Brown, *The Gospel According to St. John*, Anchor Bible 29 and 29a（Garden City, NY: Doubleday, 1970）, 1078.

10

教會與世界

教會的首要工作

我們關於異類僑居者的觀念只可以被形容為終末性的（eschatological）——若非屬於天啟性的。我們基督徒藉著終末性的渴望而相信，我們是活在一個由上帝以故事來描繪的世界之中。這是一個有結束的世界，而因為這是一個有結束的世界，它也是一個有開始的世界。但若沒有教會，世界就無法知道它是一個有結束、有開始的世界。沒有教會，甚至沒有世界。

就如巴特（Karl Barth）所說：

> 教會惟一比世界優勝之處，就是教會知道世界的真實情況。基督徒知道一些非基督徒所不知道的東西……惟有教會可以清楚地、明確地、有意識地為基督的統治作見證。[1]

侯活士（Stanley Hauerwas）不斷地聲稱，教會首要的工作不是讓世界成為更公義的世界，而是讓世界成為世界；這強調是一個終末性的宣告。「你可以記下世界的歷史」這個概念只能從一個假設而來，那就是有大量稱為教會的人存在，他們比世界更清楚認識世界自己。畢竟，假如沒有教會，沒有這羣橫越各國而把人普遍地聯繫起來的人，世界又如何得知它是世界呢？

當然，這會大大影響到基督徒如何受教育。我們相信在北美，最能摧毀基督徒的，是我們在公立學校裏所學到的那種思維習慣。我們在那些學校裏所學到的敍事，混淆了教會的形象，即作為述說出「認識作為世界的世界對我們有何意義」的說故事者。舉例來說，當被稱為「歷史」的東西教導我們，教會只是在諸國家裏的其中一個角色，那麼基督徒就會失去了從基督教觀點來理解世界所需要的思維習慣。當歷史被領悟為諸國家的歷史，這就假設了，諸國家決定了世界的命途，而不是上帝藉著教會來照顧祂的世界。

當那些日子，凱撒奧古斯都有旨意下來，叫天下人民都報名上冊。這是居里扭作　利亞巡撫的時候，頭一次行報名上冊的事。眾人各歸各城，報名上冊。約瑟也從加利利的拿撒勒城上猶太去，到了大衛的城，名叫伯利恆，因他本是大衛一族一家的人，要和他所聘之妻馬利亞一同報名上冊。

那時馬利亞的身孕已經重了。他們在那裏的時候，馬利亞的產期到了，就生了頭胎的兒子，用布包起來，放在馬槽裏，因為客店裏沒有地方。

路加福音二章1至7節

我們在神學院中教授一個被稱為「美國教會史」（American Church History）的課程。「美國教會史」這命名假設了，主要的課題是美國及教會在美國裏的角色。我們認為，我們應該教授一些如「教會的美國故事」（The Church's Story of America）等科目。舉例來說，從「在津巴布韋（Zimbabwe）身為基督徒的意義」這觀點出發來講述那故事，必定令人大開眼界——在津巴布韋裏的基督徒是我們的弟兄姊妹，在關係上比我們那些恰巧為美國人的非基督徒弟兄姊妹更為親密。與「教會首要的工作是要成為教會」這宣告有關的是思維習慣的復得，那些思維習慣使我們可以得著技能以理解這個世界，而我們在這世界中生活所靠的是我們的觀點，而非世界的觀點。

我們在路加福音二章之始讀到一段歷史，至少是學校所教的歷史。歷史是人類的故事，是那些類似皇帝奧古斯都般的強者的故事——奧古斯都就是那位於其在位期間，為世界帶來和平的偉大凱撒（Caesar）。假如我們對古典研究有興趣的話，我們甚至可讀讀居里扭（Quirinius）的故事。這些男性，特別是強而有力的男性統領過軍隊、制定過法律、統治過世界，他們就是那些創造歷史，決定世界故事的發展的人，而奧古斯都更是那位為猶大地帶來和平與公義的人。

但是，被加插進歷史裏的馬利亞和約瑟又是甚麼人？藉著馬利亞和約瑟而把祂自己加插進歷史裏的這位**上帝**又是誰？路加巧妙地以常見的、官方的「歷史」，來開始他的耶穌故事。但到了故事結束時，路加只以幾句短經文，就重整了我們對歷史的觀念。奧古斯都與居里扭現在哪裏？這些男性，強而有力的男性，曾在他們的時代裏呼風喚雨，只要大筆一揮就可以叫猶太人收拾細軟，跨越猶大地報名上冊；但現在他們在哪裏？馬利亞和約瑟為甚麼要報名上冊？他們要報名上冊的原因，跟南非的黑人在族種隔離主義下，要隨身攜帶身分證明文件一樣。假如沒有報名上冊，奧古斯都就無法跟得上猶太人的情況。而我們也明白到，為甚麼當時全世界也有和平。那是羅馬帝國的和平（*Pax Romana*），是全世界臣服在殘暴不仁的獨裁者下、由羅馬所強制執行的和平。

現在奧古斯都在哪裏？居里扭在哪裏？他們都已經死了。當路加講述這故事的時候，他們的屍首正在某處腐壞。但那個被舊布包著，因客店裏沒有為祂預留地方而躺在馬槽裏的小嬰孩，祂的子民正在一步步瓦解奧古斯都和居里扭的世界。

路加正在教導我們，不要太過受那被世界稱為「歷史」的東西所影響。不要受那被世界稱為「新聞」的東西所欺騙，因為在新聞與一貫的大標題以外，還有一個好信息

（good news）。

基要主義者是對的：基督徒在公立學校裏所學到的東西，對基督教信仰是帶有破壞性的。然而，它對基督教信仰所帶來的破壞性，不是科學本身逐漸損害創造的前提——雖然科學被領悟為一個機械論式系統，這往往都在挑戰基督教一些基本的前提。相反，對於基督徒，公眾教育（public education）最深層的問題是，它根本不是「公眾教育」。它是愛國主義式的教育（nationalistic education）。公眾教育的基礎理論家格理利（Horace Greeley）清楚知道，由國家統籌、強制性的教育其目的是要幫助一大羣不斷湧入美國的移民融入美國社會。

最近在一個電台訪問中，一位美國原住民活躍分子被問到：「你希望這個國家為你和你的人民做甚麼事？」

「嗯，」他以平靜的聲音冷冷説。「政府可以為我們做一件小小的事情：把拉什莫爾山（Mount Rushmore）回復它被發現時的原貌。」

「你説甚麼？」受驚的訪問者問。

「這只是一個開始，一件小事，但也是個開始。你可以想像這事對我們是何等大的羞辱：我們的聖山被人以一些歷史上最血腥的領袖的肖像損壞了——羅斯福（Theodore Roosevelt）、華盛頓（George Washington）、謝菲遜（Thomas Jefferson），以及像林肯（Abraham Lincoln）的人。要我們的孩子一抬頭就看見那些刻在石上的樣子，這是不好的。有些人或會以他們為榜樣，是他們所應該效法的。假如我們的孩子長大後，成為一個像謝菲遜的人，那怎樣辦呢？」

我們猜想，他必定是沒有受過公立學校的教化。他是由一個對世界的真貌有截然不同看法的故事所產生出的。

當布殊（George Bush）說：「我們必須反對赤裸裸的侵略行動，無論它是發生在世界哪個角落。」但基督徒一直深受公眾教育所教化，以致我們以為布殊所說的「我們」，也包括我們。異類僑居者漸漸發現，「成為教會」的意義，與「講述一個讓世界變得更美好的故事」的意義，是截然不同的。試想想，星期日早上的崇拜就是不同敍事的衝突。換言之，有機會說故事的人，就是那決定政治的人。

異類僑居者對「政治」有不同的觀念，與現時俘虜了教會的想像力的想法頗為不同。因著我們信仰的本性，基督徒是很「政治性的」（political）。只是對於「政治性」的意義，我們有一個更有趣的看法。就如我們在《異類僑居者》（*Resident Aliens*；編按：即本書第一部）裏說過，當世界問我們：「請講一些有政治色彩的東西。」我們會說：「教會。」

根據我們的故事，有證據顯示聖經主要是藉著笑話（joke）來處理政治。舊約有幾處提到笑聲，那是上帝對聯合國家的狀況所發的笑聲：「那坐在天上的必發笑；主必嗤笑他們。」（詩二 4）稍後在同一篇詩篇裏，詩人建議眾王應怎樣對待耶和華如此偉大的君王：親吻祂的腳（雖然原文那個委婉言的確切翻譯不詳，因詩人有可能要求眾王親吻神聖君王的其他身體部位）。

當有人把政治帶到耶穌面前時（路二十 20～26），整個討論是以十分滑稽的方式被描述，似要告訴我們，不要對這些問題太過認真。當人想找住耶穌的把柄，捉拿祂時（路二十 20），他們問耶穌：「我們納稅給凱撒，可以不可以？」（留意，這是**我們的**問題，不是耶穌的問題。）

耶穌回答說（路二十 24）：「拿一個銀錢來給我看。」（留意，耶穌的口袋裏並沒有錢。）

當有人拿了銀錢給祂，耶穌問：「這像是誰的？」

我們回答說：「華盛頓。」

「假如他真的很需要這東西，甚至要把他的肖像刻在上面，那就給他吧！」耶穌說。「但你們要小心，不要把上帝之物歸給凱撒。」

好了。我們放棄了。我們應否納稅給凱撒？

我們從這個故事學到，聖經主要是以笑話來處理政治。當然，政治家可以製造如此的惡作劇；若過分認真地看待他們，這在崇拜儀式上和倫理上會是個錯誤。對民主和非民主的體系而言，拜偶像都是一大問題。

讓我們再看看使徒行傳裏的政治幽默；我們在書中找到了一個異教官僚主義（bureaucrat）與官員的分類，而路加毫不留情地描繪他們。腓力斯、亞基帕、百尼基與其他人，都是使徒那動人見證的受益者，而他們全都不明白使徒的話。使徒行傳描述著一間忙於接觸世界的教會，教會時刻在探索，在行動，只要人願意聆聽，即使是羅馬異教徒官員，教會也願意與他展開對話。然而，類似的政治見證和公開聆訊，並沒有多大果效。根據使徒行傳，這類政治行動的最好結果是，那自由的、開放的異教徒歎息著說：「噢，這個對話真是**非常**有趣。有時間我們將會再聽聽吧！」但他們永遠沒有歸信。到了最後，政治家以一貫外邦人的方式來回應教會——在羅馬處死保羅。

從這些在使徒行傳中的故事，我們衍生出幾個基督徒參與政治的原則：

1. 我們絕不可給凱撒過於他所當得的。不要過分認真地看待凱撒和他解決問題的方法。
2. 基督徒是在世的；因此，我們會與政治世界發生不同的小衝突。我們就如所有人一樣，都是「公眾的」與「政治的」，甚至比別人更甚。
3. 然而，不要對政治作太多的期望。政治家總是會傾向成為極權主義者（totalitarian；編按：或譯「全權主義者」），無論他們是由民主選舉所選出來的類型，還是社會主義的、集體主義的類型——因為官僚主義者始終是官僚主義者。即是說，事實上，大部分官僚主義者的行為，彷彿認為上帝根本沒有不存在。他們有數之不盡的方法，以佔有和敗壞福音。在這些負責人身旁，要特別小心。官僚主義者對自身利益的興趣，遠多於你對自身利益的興趣。
4. 最後，無論對話是多麼的一致，無論我們在政治上勝出了多少的特權，世界用來聚集及統一人們的方式其結果就是暴力。政治與暴力是息息相關的。在一個不認識上帝、不知道祂呼召這個被稱為教會的大家庭的世界裏，暴力傾向是用來建立羣體的普遍方式。

或許這正是福樂神學院（Fuller Seminary）的沃夫（Miroslav Volf；編按：沃夫現任教於耶魯大學〔Yale University〕）的意思，那時他談到，基督教與世界的差異是「軟性差異」（soft difference）。沃夫指出，「軟性」差異不意味著「軟弱」（weak）。[2] 我們與世界那自我佈置的方式，在基本上確實是有分別的。然而，我們的差異並不是一種會帶來威脅或強迫的差異。我們的差異並不是意味著，我們認為世界比我們更邪惡，也不是認為我們已經得蒙救贖，而世界是墮落的。我們相信，世界和教會都是墮落的，**並且**都是藉著基督的十字架而得蒙救贖的。只是教會知道這一點，並嘗試按著這個認知而生活，而世界卻不知道這一點。或許，世界欠缺這個知識，是教會的錯，而不是世界的錯。教會向世界所作的見證，怎樣才是生動的、有魅力的和誘人的？耶穌已清楚把世界得救的職責交托給教會而非交托給世界。

沃夫說：「軟性差異是跟隨被釘十字架的彌賽亞那具宣教的一面（missionary side）。這不是額外的要求，而是基督徒身分的一部分。」[3] 我們察覺到，在政治的世界中成為宣教士，我們就要明白，我們是置身於一個特別危險的處境裏；就這世紀的政治歷史而論，這是一個為了其不虔誠的目的，而已屢次曲解和佔有基督教信仰的地方。然而，「政治」不是完全統一的地方，而「政治」也被解作臣服在基督的主權之下。祂將要掌權，要叫萬物都服在祂的腳下（來二8），也就是眾王都要親吻的腳下（詩二4）。

韋利蒙（William H.Willimon）總是毫不厭煩地談論那個星期日的經歷：幾年前，他正前往探訪一間教會。在星期日的崇拜中，宣講者縱情享受一個我們不太珍視的踐行，那就是一篇「兒童講章」（Children's Sermon）。小孩子被叫到禮堂前面，在講壇前蹲坐著。

宣講者開始說：「孩子們，今天是顯現節。你會說『顯現節』（Epiphany）嗎？每年的一月六日是顯現節，而今年剛好是在星期日。孩子們，這豈不是太好嗎？顯現節的意思是**啟示**、**彰顯**。一個受人喜歡的顯現節故事，被記載在馬太福音的開端。你也聽過這個故事。這個故事是關於幾個智者來到伯利恆，要見嬰孩耶穌。但他們其實不是『博士』或『三個王』。聖經稱呼他們為術士（Magi）。**術士**。那就是**魔術**（magic）一字的來源。他們是魔術師或占星家（就如列根夫人〔Mrs Reagan〕所聘用的）。〔會眾中一點笑聲也沒有〕他們『從東方而來』。有些人認為他們是從波斯（Persia）而來。孩子們，波斯是在哪裏呢？」〔一片安靜。一名小孩大膽地說：「在伊朗（Iran）？」〕

「是的，在伊朗。很好。那是波斯，但它並不是波斯全部。還有哪些國家是位於那時候的波斯呢？」

一名小孩說：「伊拉克（Iraq）？」

「伊拉克！很好！伊拉克。事實上，有人認為這些術士是來自伊拉克的首都巴格達（Baghdad）。伊拉克有很多術士……而馬太福音說，這些術士，這些伊拉克人，是首先經歷顯現節的；他們最先看見並敬拜嬰孩耶穌。很多有聖經的人，很多以為自己與上帝很親密的人，他們都錯過了這個機會，而這些來自伊拉克的陌生人卻見到了。」

向一羣北美孩童教導這樣的歷史，講述這樣的故事，會產生甚麼效果？我們想，他們當中很多人在步出教會時，他們會以不一樣的方式看這世界；基於我們的故事，他們會發現教會與世界之間的確切分離。

教會—世界

在理查．尼布爾（H. Richard Niebuhr）的著作《基督與文化》（*Christ and Culture*）裏，充滿全書的基本神學觀念就是創造與救贖的關係。「教會」（churches）一直著重於創造，很大部分是因為創造一直有利於它們。「教派／小眾」（sects）則以救贖為焦點，主要因為創造對它們來說是百害而無一利的，這令他們感到更需要救贖。即是說，就神學上而言，我們早已假設了，創造與救贖是基本的神學敍述，應該可以決定人如何理解世界裏所發生的事。

相反，我們假設「**教會—世界**」（church-world）的關係，比那關於創造與救贖之間區別的描述，更為基本。

我猜想，那些其宗教傳統會對經典、系統神學、高

> 等文化(high culture)和抽象思想產生懷疑的人,以及那些上到大學才發現其年輕時所持守的敬虔操練遭蔑視因而感到傷害的人,會十分喜歡侯活士。有些人不想被強迫為其內在的信仰提出理由,或不知道如何提出理由,或認為連要求理由也是不適當的。他們會喜歡侯活士那便利的哲學信念,因為既然所有宣稱都同樣是沒有根基的,宗教宣稱也就從理性鑑別學(rational criticism)中免疫了。他們想要一位沒有**邏各斯**(Logos)的**神**(theos)。[4]
>
> 史達侯斯(Max Stackhouse)

這正是我們猜想,為甚麼會有這麼多長老宗信徒(Presbyterian)不喜歡《異類僑居者》的部分原因。不僅理查·尼布爾的《基督與文化》與他們志趣相投——他們喜歡自認是轉化美國文化的、在社會上具重要角色的人——他們也認為(有別於加爾文〔John Calvin〕),人可以從救贖中把創造神學提取出來。他們認為人可以在基督論以外,單獨地為大自然定下獨立的標準。這使他們讚揚「創造」,以致人不單為環境而傷感(sentimentalize),使生態破壞變得令人難以理解;這也蘊含了世界並不需要救贖。我們宣稱,在遇上這位來自拿撒勒、被稱為耶穌的猶太人之前,我們根本無法知道世界的相是甚麼,不知它將往哪裏去,又或它需要從我們得到甚麼。

拉斯(Nicholas Lash)在其出色的著作《以三種方式相

信一位上帝》（*Believing Three Ways in One God*）裏提到，春節——而非冬至——曾經被定為新年的第一天。根據被稱為耶柔米的殉道史（Martyrology of Jerome）的五世紀日曆，在三月二十五日上有說：「我們的主耶穌基督被釘死在十字架上，由童女懷孕而生，而世界也被造了。」[5] 這個世界是上帝的創造，在其中所有東西乃是從無到有而被創造出來的。上帝藉著祂的話語，在世界裏，在童貞女的肚腹中，造了一個家。這是一段我們身為基督徒必須學習的歷史，以述說出我們的上帝作為創造主的意義是甚麼。

教會承傳了在馬利亞裏的創造回憶，以致世界可以得知它的起源。我們推敲，這是很多聖公會信徒（Episcopalians）喜歡「異類僑居者」的原因；這實在教我們感到驚訝。他們是北美處境中少數強調教會論的教會之一，他們因而理解到，基督教神學是始於教會論、教會踐行（church practices），而非那被稱為「系統神學」的東西。神學乃是始於教會，並從教會發展出來；而非在大學的宗教系裏開始，再慢慢回到教會之中，成為偉大思想的實際應用。

神學院大部分的課程都體現了這個錯誤。舉例來說，我們把系統神學教導為某些在學習倫理學前必須先修的東西。這預先假設了，你必須把你的觀念系統化，之後才能討論踐行。結果，我們無法理解到，神學本身就是一個可以服事教會的踐行；而教會就是服事世界。異類僑居者挑戰著「神學就是關於觀念」這個設想。我們的前設是，教會——繼而是世界——是首要的範疇，好提醒我們踐行比觀念更重要。確實，「觀念」這概念被造，似乎在暗示，教會早已失去了其與那些維持著它的習慣之間的繫留。我們想幫助基督徒，重拾那些讓教會適應作為教會的模式。

此外，要緊記，沒有甚麼踐行比學會說教會的語言，更能決定教會的存有；這是重要的。

今天教會面對的其中一大挑戰是互相教導如何言說。當我們說「世界」，這並不等同於《紐約時報》(*The New York Times*) 所指的「世界」。**世界**一詞的意思十分含混，對基督徒而言，它可以是很叫人迷亂。這正是為甚麼這**是**如此重要的：我們要被那些習慣和踐行所佔有，它們有助我們記得，我們的言語與世界的言語是頗為不同的。

不幸地，在一個相當尷尬的程度上，我們無法得知如何好好說話，這是基於現時主流新教神學院那典型的學科分法。舉例來說，我們把新舊兩約分開、把系統神學和倫理學分開，或把講道學和聖經研究分開；這方式成為某形式的幫兇，以確定教會不用認真看待它跟其使世界明顯地更為「世界」的使命的關係。

因此，教會服事世界的方法，就是透過幫助它知道它是世界。世界就是一切已耗費上帝的忍耐力、不敬拜上帝的東西。世界這樣做，令世界深陷於苦惱之中。因此，只要教會指出那苦惱，它就是服事世界。假如你說不出那病的名稱，你就無法知道該如何醫治它。這就是異類僑居者所極力主張的東西。今天，身為基督徒，我們首要的任務就是要指出那疾病——如果我們要好好在我們所身處的世界裏作服事。

只要我們明白到，你只有在那看得見的世界中才能有道德地行動，而你只有透過學習言說才能看得見世界；這樣，我們就更能理解教會首要的工作（讓世界成為世界，而不是使之成為更公義的世界）。換言之，我們明白成為基督徒是甚麼意思，就是要使我們經受操練，以學習如何言說一種陌生的語言。教會的語言並不是與生俱來的語言，而是需要人轉化自己而成為那語言的一部分。我們在杜克大學（Duke University）的同事麥金泰爾（Alasdair MacIntyre），在其著作《誰的公義，哪種理性？》（*Whose Justice, Which Rationality?*）中便說服了我們，語言就是使用中的語言（lanuguage in use）。語言是一套踐行，而非話語的一個結集（collection of words）。

這正是為甚麼把基督教踐行或詞彙（例如：**聖餐**與**罪**）翻譯為一些較易接納和適切的概念，是一件多麼令人生疑的事情。為了使他們的信仰更為吸引，有些教會領袖以為他們可以把獨特的基督教詞彙，翻譯為一些會吸引世俗的非信徒進來的概念。這些人被稱為「尋道者」（seekers）。事實上，他們希望吸引到世上一些與他們相似的人，因為教會與世界之間的差異往往是難以察覺的。為了令那些敏感的教會經理——他們尋找友善的人上教會以分享教會設施——感到不滿，侯活士時常告訴人，他們無法理解他使用**混蛋**（asshole）的意思。假如侯活士稱韋利蒙為「混蛋」，人們就會以為侯活士對韋利蒙有負面的評價。但在侯活士的家鄉（德州〔Texas〕），這詞彙是表達親切之意。要明白這一點，人必須成為德州的習俗的一部分；當地的男性只能夠在美式足球觸地得分時，才能互相觸碰對方。「混蛋」成為其中一種表達「我很高興你是我的朋友，因為我們有同樣的習俗」的方法。

美國基督徒活在錯誤的假設中，以為這至少是個倒退了的基督教國家；他們不懂得欣賞我們的語言的奇特性。我們的行動猶如任何人，不管有甚麼技能、洞見、訓練，都應有能力走在街上，並明白我們在說甚麼。你無法透過閱讀法國小說的英語譯本，來學懂法語；同樣地，你也無法透過聆聽那以自尊的語言（我很好，你也很好）或美國資本主義的行銷術語(上帝是你的總裁)所翻譯成的福音，來學到福音的信息。

當我們說**孩童**（child），世界或以為它能明白我們在說甚麼。然而，世界並不知道那些使這個字成可理解的故事，就是關於救主的故事——祂擁抱孩童、祝福孩童，祂說：「這些事你們既作在我這弟兄中一個最小的身上，就是作在我身上了。」對於**孩童**一詞，世界所能做的只會是感到傷感或想扔掉它，因為在一個以成就和生產力作為人的價值的世界裏，兒童永遠在受威脅。

路加說，上帝以孩童的樣式來到我們當中。上帝藉著一位嬰孩，而不是透過軍隊，向凱撒宣戰。了解那個故事，會建立教會，這幫助我們首次看見這個世界。

一個邀請：成為奇特的人

侯活士與韋利蒙相信，教會的角色就是要成為教會，就是「惟一環繞著真理——即耶穌基督——而建立的羣體；而耶穌基督就是那真理、生命和道路。」……他們也認為，兩個主要的現代基督教思想模式——「歸信主義者」(典型地是保守派的)和「行動主義者」(典型地是自由派的)——都與世界相一致了。對侯活士和韋利蒙而言，教會並非如世界所理解的屬於「自由派的」或「保守派的」，而是屬於一個徹底不一樣的選擇：十字架的羣體。

由於他們首要地把教會定義為一個決意要敬拜耶穌基督的認信羣體，這兩位在南部土生土長的衛理公會信徒已發覺，他們被指控為「教派/小眾主義」(sectarianism)和「部落主義」(tribalism)。韋利蒙記起在德州奧士丁(Austin)的聖公會神學院(Episcopal Theological Seminary)曾進行過以下的一番對話。

在課堂結束後，一位聽眾對韋利蒙勸告說：「我感到你的思想帶著一股令人不安的教派/小眾主義氣息。」

韋利蒙回答：「看哪，你是身處德州的聖公會信徒。你竟感到不安而稱我為教派/小眾主義者！我認為在德州小城市裏，一般聖公會信徒都會感到某人是某個教派/小眾的成員。」

韋利蒙反思著這段對話，繼續說：「我在說，你(聖公會信徒)是在你最好情況。我從南卡羅萊納州——南部小城市——的聖公會信徒身上學會很多東西。他們的態度是：我們都是聖公會信徒，這就是我們做事的方式。假如你不喜歡這樣子，沒有問題。不需反感，但這是我們做事的方式。聖公會信徒在其最好的情況，一直都是某種抗逆主流文化的人。」

韋利蒙和侯活士深信教會有責任在一切事情上保持忠心，他們不能容忍教牧關顧那自由派的「肯定」模式。舉例來說，他們描述了當一位年輕女子來到教會辦公室，告訴牧者她懷孕了，卻沒有能力獨自處理這件事時，典型的情況會是怎樣的。

「假如我們說，看哪，你知道墮胎是錯誤的，你要生下這孩子，那麼這位女子會怎樣做呢？」他們問。「典型的回應是，等等，我十九歲了，我無法獨自照顧這嬰孩。」她是絕對正確的，她無法做到。那麼，我們要持守甚麼——我們身為開放的好牧者，必須對自己坦白。很多類以要體貼、肯定他人的立場，都是在說：其實我們所照顧的乃是我們自己。我們根本無力幫助那女子照顧孩子。而類似她的人會不斷回來，好提醒我們教會是何等的微少。」[6]

舒林伯格（Bonnie Shullenberger）

我們認為，沒有甚麼事情比教會要成為一個能順服權威

的羣體，更為重要。今天，沒有甚麼議題比失去權威，更混淆我們的生活。在美國，所有宣稱擁有權威的東西，都無可避免地顯得是獨裁主義者。這正是由於此假設：民主自由意味著，我們每個人也成為我們自己的專制者。個人權威只是地獄的別名，因為我們被迫要做一些我們以往只想做的東西。

相比起權威的問題，我們在不多地方能更清楚地看見教會與世界之間的界線。我們所居住的世界假設了，它藉著讓每個人成為自己的專制者，便早已「解決」了權威的「問題」。但在教會裏，我們知道，我們乃是活在權威之下——那是話語的權威，是主教的權威；這主教負責提醒我們，要如何活在與那些跨越時間及空間的基督徒之合一中。

今天受按立的職事其一大困難是，在現今的處境中，牧者往往以為他們的權柄乃是基於能否成為永久地友善的人——而不幸地，那些受我們吸引而投身牧職行列的都是有這個恩賜的人。成為永久地友善的人，其本身並沒有問題，但很多時候，這樣的人卻缺乏所需要之勇氣，以在教會裏行使權柄。

侯活士最近碰到一位舊學生。那位男士與他一樣，最初都是砌磚工人，後來曾經從軍，最近才加入牧職行列。他是一位非常認真的人，在南部的聯合衛理公會大會中事奉，卻拒絕尋求受按立為長老，因為他不確定自己是否相稱地受檢查。

他突然來到侯活士的辦公室，並告訴侯活士，他已經離開了聯合衞理公會，並成為正教會會友。他曾經在一間基督教書室看見《正教是甚麼？》（*What is Orthodoxy?*）一書，卻因為其售價為八元五角而拒絕購買它。然而，他最後還是買了此書，並狼吞虎咽地把書讀了三遍。他突然發現，他找到了他的家鄉。因此，他移居到另一個城市，接觸一間正教會，而藉著這教會他學習正教的模式與踐行，並渴望被按立為正教會的神父。侯活士知道，他已經遠離了南亞拉巴馬（south Alabama）。

當問到是甚麼導致他作出這樣的改變時，他簡單地回答：「他們不會為真理作表投。」

不幸地，大部分美國新教宗派裏的信徒，其言行舉止都好像可以為真理、傳福音、踐行作表投。我們不明白我們的任務是要成為受過操練的人，能夠承認真理；這真理已使我們成為，藉著在崇拜中由有價值的領袖所帶領底下我們之所是。有價值（worthiness），不一定是指神職人員所知道的比平信徒多。相反，獲按立的職事是由這些人所體現：他們是有勇氣、謙卑的人，以提醒教會那些應有的踐行，以致我們可以與上帝，與他人，及與普世教會合一。我們在職事上需要一些牧者，他們能告訴我們這些平信徒——我們當然不明白——為甚麼要這樣做，因為我們沒有受過所需要的操練，以致我們不明白。

當留意，這樣對權威的解說，不是盲目的。它沒有假設男性比女性對真理更有洞察。它並不是把一個專制的意志，強加於另一個專制的意志之上。相反，順服於這樣的權威，表明了一個源於歷史的關係，它幫助我們明白，順服是彼此服事的一個形式。因此，權威與順服是上帝的子民所需要的踐行的一部分，為要幫助我們對抗一個不明白這個權威的社會。我們這些基督徒不單是要為了順服而順服，而是因為我們所敬拜的上帝是信實的，所以我們順服。我們的上帝並非固執的暴君，而是那位經久不衰地按著正意分辨我們的渴望的上帝。我們的上帝已給予我們時間好去發現，假如我們透過敬拜而對彼此有耐心，那我們將能成為一個為世界祈求合一的有力祈禱者。因此，我們常常會做那我們不明白的事，而在過程中我們成為上帝的教會。

舉例來說，一位前牧者告訴侯活士，作為大齋期（Lent）的一部分，我們逢星期三都要禁食。對侯活士而言，禁食彷彿一道自戀的邀請，因為它只會讓他想起自己的需要。但因為他的牧者要求他這樣做，所以他也照樣做了。他在過程中發現，與教會內的弟兄姊妹合一是甚麼意思，也發現了渴求上帝是甚麼意思。我們必須重拾這些簡單的操練，如果我們要成為一羣有力量對抗世界的人——為的是要世界得救。

我們尤其必須要成為一羣人，願意呼召那些有勇氣及謙卑以有權柄的方式來行事的人，好進入職事之中。這樣的人或許不是最聰明的，但他們必定是那些願意使其生命經受所需要的操練，為了成為能夠以有權柄的方式行事的人。假如沒有這樣的人，教會就會迷路，忘記那個讓它成為有紀律的羣體、以抵抗世界的虛謊故事的故事。假如沒有這種權威，我們就會失去成為教會所需要的習慣，無法在教會眾人的生命中，察覺到所呈現出的各樣美善。這不禁會跟世界的真貌產生「不協調」(out of sync)的情況。

當然，把焦點放在相關的職事上(如我們在神學教育中所做的)，可能是錯誤的，雖然我們認為職事是重要的。畢竟，上帝繼續在我們當中興起更多人，也有很多平信徒比牧者更忠心。教會的職事就是讓一些人可以受按立，好為教會做一些只有全體教會才能做的事。然而，以為那些蒙召成為牧者的人最終都是無關緊要的，這也是錯誤的。事實是：今天，最好、最聰明的人不會來到神學院。這不應教人感到驚訝，考慮到教會已漸漸失去社會力量和地位。有才華的人會到別處追求成就。

然而，我們知道上帝早已把有才華的人給予我們，而身為教會，我們必須呼召他們投身於職事之中，無論他們願意與否。我們必須說：「你有恩賜，我們需要你。」這是真正的呼召，因為這不關乎你是否真的「想」進入職事之中。我們相信，那樣，我們中間才可能有真正的職事，是免於類似當代新教職事裏的阿諛奉承者的。我們相信，到那時候，我們或可有一羣人，能承受衝突，並以之作為其忠心服事上帝的一部分。那時候，世界將會說：「我的天！這是一羣多麼不平凡的人！看看他們如何彼此相愛。確實，他們多麼愛對方，甚至可以要求彼此負責任。」

註釋：

1. Karl Barth, *The Faith of the Church*（New York, NY: Scribner's, 1959）, 145.
2. Miroslav Volf, *Ex Auditu* 10（1994）: 15～30.
3. Volf, *Ex Auditu*, 28.
4. Max Stackhouse, *The Christian Century*（October 18, 1995）: 964.
5. Nicholas Lash, *Believing Three Ways in One God: A Reading of the Apostles' Creed*（South Bend, IN: University of Notre Dame Press, 1993）, 118.
6. Bonnie Shullenberger, *The Living Church*（May 13, 1990）: 10～11.

11
踐行作門徒
體現

有人批評，我們倡議一套神學理論，好改變人以適應社會學的實在（sociological reality）。即是說，當世界正在討論今天的重要議題時，我們卻已廢除了美國教會，把它推到邊緣，強迫它坐在一旁。我們明顯一起對教會說：「好，讓我們盤膝，安坐於場邊，看看別人如何參與這場真實的生命遊戲吧！讓我們成為『異類僑居者』。」

美國教會已經在社會學決定論（sociological determinism）下受苦了一段很長的時間，要讓教會相信我們的神學確信可以如「社會學的實在」般決定我們的生活，實在不容易。很久以前，特洛爾奇（Ernst Troeltsch）說服了那些充滿懷疑的學者，指出「整套基督教思想與教義」都是從「基要的社會學狀況（sociological conditions）」產生出來的，「論及團契的概念——任何時間它都是主導的概念」。[1] 因此，惟一的神學辯論就是關於甚麼才實際是我們的社會學的實在。只要指出這一點，神學就可以幫助我們適應那個實在。

特洛爾奇曾說，社會環境形塑了我們的神學思想、當代馬克思主義（Marxist）的神學家、女性主義神學家（feminist theologians），以及那些支持「美國式的神學」（theology of the American Way）的右翼分子。因此，特洛爾奇認為，從主流文化孤立出來，被剝奪公民權的教派／小眾（sect），必須強調基督是指揮的「主」；而那已被社會文化所改變的或遷就文化的教會，會受社會學環境所強迫而服事一位滿有恩典的「救贖者」。

米爾班克（John Milbank）幫助我們明白，特洛爾奇所教導我們的思想方式，將無可避免地馴化了福音。[2] 我們的處境與周遭的文化會規限了我們。社會學（sociology）——至少是特洛爾奇或其他參與宗教的社會學的人所展示的那類社會學——嘗試叫我們相信，事情所顯出的樣子就是必然的。世界決定了一切。最困難的是，教會如何能提出一套屬於自己的社會學，以致這套社會學能夠述說教會的生命，而不至淪為一番令人欣慰的說話，好解釋我們為甚麼不用在我們所身處的社會中開戰。每種倫理都必然包含一套社會學（麥金泰爾〔Alasdair MacIntyre〕如是說），但最重要的問題是，那是哪一種的社會學。我們相信，教會的社會學的實在，就是成為一羣被召從世界分別出來的人，以致世界可以知道它是世界。

相反，大部分當代的神學詮釋和聖經詮釋，都是以教會的社會學（sociology of the church）其功能性說明為基礎。這些解釋發現，除了服事主導的社會秩序外，我們無法理解宗教踐行的意義。因此，我們的教會領袖發現，除了那套會告訴我們這些基督徒，我們的職責是讓世界成為更美好的地方的神學外，他們實在找不到更有效的神學。那困題是，這個更美的地方是由世界決定的，尤其是由那羣被我們稱為社會學家的可笑的人所決定的。

史隆（Douglas Sloan）說了一個可悲的故事，述說著教會如何失去它們的學院及大學。史隆說明了，即使尼布爾兄弟（Niebuhrs）和田立克（Paul Tillich）等「基督教思想家」指責科學知識是何等不足，但他們同時也受到大學已建立的規例所局限——事實/價值的二分法、科學的機械論式觀點、重量不重質的認知，以及知識那本質上為自然論式的看法。這些自稱為信仰辯護者的有識之士，不但沒有對現代大學的思維提出重大的挑戰，而且因接受了大學的思想方式，所以他們只為那些知識添上一層微薄的基督教外衣，是大學早已從其他在社會上受認可的來源中得到的。史隆說：

> 到了最後，神學家不再明確地肯定人可以認識上帝和屬靈的世界。他們一次又一次拒絕尋求或言說有關上帝的知識，恐怕會把客觀化的、操縱性的思想模式應用在不適切的地方上。然而，與此同時，他們惟恐被視為宗教的基要主義者，因此便想毫無疑問及完全確定地在信仰以外、於所有其他領域裏，都有現代科學和歷史分析那同樣客觀及分析性的模式。結果分裂就出現了，迫使這些神學改革者在討

> 論宗教的時候，回到信仰的前設上；而在討論倫理學、科學或普遍的知識時，便回到愈來愈依靠以自然主義進路來認識那可感的世界（sensible world）。[3]

身為異類僑居者，我們或會說，神學家的失敗更多是在「政治上」的，而非如史隆所說的是在知識層面上。他們接受了主導的文化在探索和講論上所設下的界線，他們的思想所敢於提出的範圍因而會受到這些界線的限制。他們因無法看到基督教信仰對於如**知識**、**思想**與**理性**等類似的平凡詞語所提出的基本挑戰，所以他們在開戰前早已放棄了很多領域。結果，戰事還未開始，他們早已落敗了。如今，那個他們極度想向之說話的「現代社會」，漸漸失去在西方思想中的優越地位，他們的神學觀也看似是古怪及偏狹的。就如人常說的：那些無法與這個世代的精神分割開來的思想家，到了下一個世代必定會被遺棄。

要明白我們現時處境的悲情，我們可以問：一間基督教大學可能是怎樣的。事實是，我們根本不知道。今天的大學背負著大學的名稱，它常提到要照顧「學生的全人」（whole student）。結果就是大學嘗試控制學生的生活習慣，而在某種程度上連他們的父母都早已放棄假裝要作出控制。我們所失去的是一些意識：教會的基督徒踐行應該產生出一種有別於基督教大學所提出的知識。

當然，這樣的建議會產生一個教人吃驚的問題：「你的意思是，你相信有一套基督教經濟學、基督教社會學、基督教哲學、基督教物理學嗎？」答案十分簡單：**是的**。單是由基督徒來教授這些科目，並不足夠，因為就如馬斯頓（George Marsden）在其著作《美國大學的精神》（*The Soul of the American University*）中指出，在很多時候，這樣的教學都是在方法論上從無神論的立場出發來教導學生的。[4] 它們並不真的需要一個三一論以使它們的知識變得有效。我們需要基督徒來說明，他們的知識會對我們生活中的踐行帶來甚麼不同。

舉例來說，當代大學把經濟學與政治學分開。這分割是基於資本主義的假設，而這假設認為經濟學是一門「科學」。這個科學有其自己的法規，而且在著重於產生和分配財富以外，並不會隸屬於任何神學。假如我們要忠心地生活，一個「基督徒經濟學家」又如何產生出這個區分？我們不相信金錢可以從政治中被分別開來，於是我們如何思考這些課題，以及我們如何在大學中教導它們，都會反映出這樣的踐行。那可以產生出這樣的知識的教會和大學，必定不禁成為資本社會秩序以外的另一個選擇。

在韋利蒙（William H. Willimon）撰寫關於異類僑居者的內容之時，他正在德國（Germany）教導夏季課程。他現在明白到，他在一個陌生地方裏的位置，如何影響著他的寫作。（史贊費羅〔William Stringfellow〕在用打字機為《給基督徒和其他在陌生地的客旅的倫理》〔*An Ethic for Christians and Other Aliens in a Strange Land*〕打字的時候，聯邦密探破門進入他的家，以反政府示威行動的罪名而拘捕比里根〔Daniel Berrigan〕。史贊費羅常說，這個位置影響著他的寫作。）德國教會對任何時代的教會而言，都是一道巨大的譴責，它提醒我們，當教會服事周遭的政治秩序時，它會有甚麼危險。特洛爾奇本身也是出自這教會——除了改善德國和促進德國文明（*Kultur*）的發展以外，這教會發現它無法設想任何其他目的。

韋利蒙記得，他曾經與當地的教職員對話，對方問到：「韋利蒙博士，你為甚麼對德文和德國文化如此有興趣？」

他回答說：「因為我來自南卡羅萊納州（South Carolina），我當然感到與德國人有這樣的血緣關係呢！」

「血緣關係？」他們不安地問。

「是的。像你們一樣，我們都被發現為手染鮮血的，把巨大的惡行合理化。與你們不同的是，美國的奴隸制度並不像大屠殺般有效。南部的人並不是很有系統的人。然而，我們的教會都是十分相似。」

我們認為，當代德國教會繼續在這大災難的路上走下去。德國教會已自我確信，在一九三○年代的罪行是保守主義（conservatism）或國家主義（nationalism），因此，新的德國教會決定，日後在任何政治討論中，都要支持左派的立場，盼望這樣能確保，它不會再次陷於一九三○年的深淵之中，並希望幫助德國成為一個更公義的國家。這是同一個企劃，之前已導致大型的不信上帝，如今只是偏向左派而已。社會學指定這次戰事，並決定了教會的想像力有何限制。

我們承認，我們自己是社會學的決定論者，至少在某程度上如此。我們確實相信，特洛爾奇是正確的，他指出周遭的社會學的秩序有能力形塑我們的信念。基督徒羣體也是一個社會學的秩序；其信念與踐行乃是源於一種共同生活的方式。

因此，我們無意對「基督與文化」作出辯論——討論我們應該選擇哪一個。無論我們是居住在北美或其他地方，我們都是一個基督徒羣體，是一個文化。就非體現的基督教「信念」（disembodied Christian "belief"）所作的辯論，並不如就福音在周遭的異教社會秩序中就明確的社會學體現所作的討論那般有趣。基督徒藉著洗禮，得著新的公民身分，得著新的家鄉——這家鄉將給我們如何在當下的安排中生活，帶來分別。

「惟有你們是被揀選的族類，是有君尊的祭司，是聖潔的國度，是屬上帝的子民」（彼前二 9）。

學習語言，採取行動

對於我們在踐行上的強調，在許多地方中，彼里斯島（Parris Island）的海軍陸戰隊訓練營是我們所見過最貼切的類比：

> **「新」海軍陸戰隊說明**
> **軍隊與社會逐漸擴大的分歧**
>
> **軍隊慢慢地灌輸「家庭價值觀」**
> **而癟四（Beavis）則發現他自己在批評平民文化**
>
> 彼里斯島，南卡羅萊納州——經過八星期在新

兵訓練營的訓練，李（Andrew Lee）已經愛上了海軍陸戰隊，並鄙視平民。「軍隊外的人所過的生活是令人厭惡的，」新兵李是三〇八六小隊的最高級成員，他一邊擦著他的 M-16 步槍，一邊說。「我們認為美國可以善用更多的軍事操練。」

彼里斯島常規地把美國的「癟四與大頭蛋」（Beavis and Butt-Heads；譯按：美國卡通）轉變為美國海軍陸戰隊士兵。在這裏經過十一個星期後，新兵都會成為有紀律、具有莊嚴舉止的人。他們不會濫藥，體魄壯健，對長輩十分有禮。他們克服了在身分地位及種族背景上的深層差異，並學會成為團隊，一同生活，一同工作。

但他們乃是因成為兵役中的一員，而變成這個樣子；而兵役以高傲的態度來對待它所保護的社會。像新兵李一樣，很多在三〇八六小隊中的年輕人將要帶著一顆非常有別於美國文化的愛國心，離開彼里斯島。畢業後回到家裏，他們會感到與舊朋友和社會是疏遠的。

極大的分歧

彼里斯島自稱是「開始產生差異的地方」。海軍陸戰隊與美國社會之間一直有點距離，但自從一九七〇年開始，那距離卻愈來愈大。那時候，美國軍隊正經歷低潮。海軍陸戰隊受到各樣問題的衝擊：戰敗、種族之間的張力、濫藥問題、廣泛地不順從上級等；海軍陸戰隊差不多成了一個破碎的家庭。

然而，軍隊從低迷中重新抬頭。與美國社會不同，它積極地以有效的方法，處理種族和濫藥問題。在一九七〇年，海軍陸戰隊共有一千零九十六宗激烈的種族衝突事件；但到了今天，稍為有種族歧視的人，也會被逐出海軍陸戰隊。濫藥問題亦因為「零容忍」的政策而減少了。

今天，訓練官說他們正在對付的是在七十年代出生的孩子，他們是被動的一代，由保姆或日間托兒所照顧，不習慣要負責任。「我們所面對其中較大的問題是那些來自破碎家庭的孩子，」塔克軍士長（First Sgt. Charles Tucker）說。「假如他們來自單親家庭，而其母親要出外工作，他們大部分就會相當自由……」

海軍陸戰隊的基本訓練更多是在文化上的教化，而較少教導關於當兵的事——遲些才教導他們。比爾上士（Staff Sgt. Gregory Biehl）在獲晉升後，於一個私人時刻他說：「軍隊好像家庭，而我們在這裏教導家庭價值觀。」

在接下來的十一個星期，新兵將會學習海軍陸戰隊說話、行走和思考的方式。醒著的每一分一秒都會提醒他們，他們已經離開了一個自我滿足的文化，進入一個自我操練的文化當中。在這裏，愉快是會惹人懷疑，而犧牲是好的。新兵將要戒絕典型美國年輕人所有的基本消遣：電視、香煙、汽車、糖果、不含酒精的飲料、電子遊戲機、音樂、酒精、毒品與性愛。

比爾上士立即要他們浸淫於海軍陸戰隊那獨特的航海用語——門是「艙口」，帽子是「蓋子」。要奪去他們的身分，下一步就是禁止他們使用第一人稱。他們來自一個高舉個人的社會，如今便要進到一個強調羣體的世界，而「我」是被流放的。在稍後的時間，一個近視的、自命摩比港市（Mobile）的、剃光頭的皮利殊（Jonathan Parish），將要嘗試了七次，之後才能以適當的海軍陸戰隊方式，說出簡單的要求：「先生，新兵皮利殊要求打網絡電話，請你批准，先生。」

太陽光照耀著一羣被剝奪過去的年輕人。「所有東西都拿走了：髮型、衣服、食物與朋友，」在那裏身兼天主教教牧一職的奧斯多夫海軍中尉（Navy Lt. James Osendorf）說。「他們完全告別過去的生活……」

中士（sergeants）在操練之間的休息時間，教導基本的海軍陸戰隊「知識」。這一點也不優雅：十九世紀的機械式學習方法，往往是以非常響亮的方式大聲喊叫的。

「知識是甚麼？」加利中士（Sgt. Carey）問。

「是能力，先生。」小隊的士兵蹲在水泥地上回答。

「那能力是甚麼？」

這使小隊的士兵感到困惑。一名新兵冒險回答：「金錢？」

「我發誓，我要對付的是一羣異類，」加利中士說。雖然來到島上已有三天，他這小隊仍存留平民態度，這令他大大吃驚。「不！」他大聲喊著說。「能力就是勝利！」

與很多在美國社會生活的人不同，加利中士與其他訓練官並沒有為了金錢而加入軍隊。他每天工作十七小時，每週工作六天半。他每個月賺取一千七百七十五美元，那可是工人的最低工資。

訓練

在三〇八六小隊中，幾位新兵在首三星期已崩潰了。當他們要離開了舊有的生活，卻又未感到自己是海軍陸戰隊成員，那是一個困難的階段。大概有百分之十一的新兵會在訓練營放棄……

第二天，加利中士為小隊的首次大型檢閱作預備。他從威爾斯（Tony Wells）那筆挺的迷彩制服上拉下一截外露的線。「你接受不達標準的成績，」他大聲喊著說。「這正是美國將要滅亡的原因，如同羅馬帝國滅亡一樣。但不是因為我，明白嗎？不是因為我！」

但他們正在改善。新兵馬基斯卡（Manczka）奪得射擊獎，因此他可以致電回賓夕法尼亞州（Pennsylvania）愛丁博羅（Edinboro）的老家。

「母親，你好。」他以沙啞的聲音說，那是每天十七小時不斷大喊回應命令所得的後果。

「你是誰啊？」她問……

作戰士的一星期

到了第八週，當新兵列隊步操到松樹林作步兵訓練之時，他們更像海軍陸戰隊而非平民了。所有「超重」的隊員都早已達到其目標的體重。隊員都曬黑了，渾身肌肉，還有點兒自大。當軍官要求他們從四十七尺的高台跳下來時，他們輕易地做到了。

他們不再想放棄。當他們沿著堤岸步操時，他們甚至以記念死難者的調子來嘲笑那些放棄的人。

「希望你會喜歡看到這場面/彼里斯島的死難者。

對你而言，這依然是一場夢/在五月十九日，我們就是海軍陸戰隊成員了。」

他們愈來愈適應海軍陸戰隊那個控制暴力的文化。「M-16 步槍可以在五百米外擊中人的頭部，」樂文中士（Sgt. Paul Norman）説。「這真的很精彩，對嗎？」

「是的，先生。」一百七十三人高聲喊著説……

「成為海軍陸戰隊，」他若有所思地説。「是世上最美好的事。」

晚上九時正，所有的燈都關上了。新兵都躺在牀上，專注於「新教祈禱」（「主啊！幫助我們成為美國海軍陸戰隊……」）和幾乎一模一樣的「天主教祈禱」。

對小隊而言，平民社會似乎離他們很遠……迪勒（Eric Didler）來自馬里蘭州（Maryland）的蒲多馬（Potomac）的優雅華盛頓郊區，他批評平民生活是「懶散和沒有系統的」。另外有四位新兵則說它是「令人討厭的」……

小隊中有四分一的新兵是黑人和拉丁美洲裔人，他們認為彼里斯島可以減弱種族之間的張力，「因為海軍陸戰隊的操練也是強調手足之情的……」

軍械庫的摩爾軍事長（Sgt. Maj. James Moore）是彼里斯島上最高級的中士，他自一九六九年開始，已經一直監察著新兵的態度。他認為，新兵重新進入社會將會更為困難。「當我來到這裏時，我以為會學到很多關於愛國的東西，」軍事長摩爾說。「我們在學校祈禱。在海軍陸戰隊中，我們依然強調愛國，強調不可自私，強調要服事社會。」他接著說，到了今天，很多沒有道德基礎的新兵來到。「這就是生活的真貌，」他說。「社會上沒有太多關於尊榮、勇氣、委身的重要性的教導。要重新進入這個只問『這些東西對我有甚麼好處？』的社會，是十分困難的。」[5]

華爾街日報

要留意海軍陸戰隊對新兵所做之事：他們把新兵放在一個小組裏，要他們進行危險的嚴峻考驗，教導他們新的語言，給予他們一些技能，好分析舊有生活有甚麼問題。要留意，世界正逐漸變得緊張；這羣年輕海軍陸戰隊員已體驗了新世界的模式，他們或會對舊世界帶來威脅。要留意，我們所能想到與海軍陸戰隊的基本訓練最貼近的基督教類比，就是教會的基督徒入門（Christian initiation）這個有歷史性的過程——即**洗禮**。

> 你們受洗歸入基督的都是披戴基督了。並不分猶太人、希臘人，自主的、為奴的，或男或女，因為你們在基督耶穌裏都成為一了。你們既屬乎基督，就是亞伯拉罕的後裔，是照著應許承受產業的了。
>
> 加拉太書三章 27 至 29 節

在洗禮中，教會向我們反覆灌輸了一套我們藉以成為門徒的踐行。初信者所要面對的其中一個挑戰，是要學習這個信仰的語言。這套語言有很多奇特的詞彙。學習基督教語言本身就是一個踐行。這正是侯活士（Stanley Hauerwas）的意思：舉例來說，他提到罪並非自然的，而教會必須教導我們以成為罪人。人能夠承認自己的罪，這是神學上的成就，因為罪並非一些廣義的假設，指出我們都在某些地方做出了某些錯誤的行為，如高中時在一輛雪佛萊汽車（Chevrolet）的後座所幹的某些事。相反，當罪受到福音的對質時，罪會列舉出新的發現：我們的生命並未曾活像一份從上帝而來的禮物。

因此，當我發現自己是在上帝美好創造的故事裏的受造物時，我亦同時不禁發現我是一個罪人。我只能夠以奇特的方式知道：我是一個罪人，因為我已得到上帝的赦免。我能夠承認我的罪，只因我首先知道自己已得著赦免。這是一個提醒：饒恕與悔改並不涉及優先次序的問題，而是關乎在惟一的踐行裏的時刻——那踐行是由基督使之成為可能的。

學習像基督徒般說話，就是學習那些使我對世界而言成了奇特的人的習慣。確實，把世界描述為「世界」，這語言上的習慣就是一個踐行。當基督徒說「世界」（希臘文是"*cosmos*"），我們所說的並不只是「宇宙」、「社會」或「文化」。我們所說的是一些更像「五角大樓」（Pentagon）的東西——那地方就是執政和掌權者為了高尚的原因，組織起來好敵擋上帝的地方。

麥金泰爾把踐行定義為：

> 在社會上被建立的人類合作活動（cooperative human activity）那任何融貫的、複雜的形式。藉著人類合作活動，內在於那活動形式的善，在嘗試達到卓越（excellence）的那些標準的過程中，可以得以實現。那些標準是適合並部分地確定那個活動的模式，而結果是人類達至卓越的力量，以及人類對有關的結局及善的看法，都得到有系統地延伸。[6]

我們的教會領袖與教育家需要更多技能，好幫助人開始認識「神學乃踐行」(theology as practice)。韋利蒙的女兒十六歲時，她進到高中的一間課室裏。很奇怪，桌上豎立著一支支的火嘴。當老師點名時，有人在把玩那火嘴。老師大聲說：「不要碰！你想炸死我們嗎？」

哈利特(Harriet)從沒聽過有人會在課室裏受傷。

接著，老師開始教導「安全條例」。整個星期都是教導這些安全條例。你以為你知道如何把液體從一個燒杯倒進另一個燒杯嗎？不。我們有一個方法去做；那正確的方法。

在第一個星期間，坐在哈利特後面的同學問老師：「牆上的那個圖表是甚麼？那些奇怪的數字和文字是甚麼意思？」

「你還未準備好學那些東西，」老師說。「那是我們信仰的神聖記號與符號。你必須等待。」

到了那星期結束之時，他們要進行安全條例的測驗。假如合格的話，每個學生也會得到一件白袍——它是信仰的禮儀服飾——以及一對護目鏡。「現在，」老師十分期待地說。「現在你們準備好進入化學的世界了。」

到了學期較晚的時期，有一天，老師指著牆上的圖表說：「現在你們準備好去學習這些祕密。我要教你們如何運用這些符號，這是你們從未做過的。我要帶你們到你們從未去過的地方；若非你們有好見地，修讀化學科的話，你們就不會去的地方。」

至於化學科的課本，它不單充滿了事實、圖表、化學公式，它也記載了很多英雄的照片和簡短的生平故事——那些敢於面對無知與不公義，並教導我們如何消毒牛奶的人的生命。聖徒！

到了十二月一日，哈利特買了一袋食品回家。韋利蒙看著她從袋裏拿出一小盒東西。他聽到哈利特讀出：「熱力活化除臭劑。」

她本能地反轉盒子，自言自語地說：「不知道這東西的成分是甚麼？我估或許是某些會在九十八度產生化學反應的東西吧！」接著，她讀出除臭劑的化學成分。

作為一個被假設從事於使人歸信的工作的人，就是透過反覆灌輸異類信仰的踐行的人，韋利蒙對著這個場面，感到十分害怕。經過了不到四個月的學習，他女兒的生命中產生了奇妙的改變。那位化學老師不單要教導學生**有關**化學的知識，她也要他們的靈魂。她不單要教導學生一些化學的詞彙——雖然那是課程所要求的必要模式——她也要反覆灌輸他們一套踐行。如今，當哈利特早上從窗內望出去時，她看見的不再是四個月前所見到的世界。她現在是一個化學家了。

學習踐行，就是**歸信**（conversion）的另一個表達方式。我們會得到一些東西，也同時失去了一些東西。學習踐行時，甚少會絲毫不需代價，不需要經過解毒的過程，不用為擁抱另一種生存方式而放棄某一種生存方式的一些踐行。我們要學到那些與「成為教會」相稱的習慣與踐行，其中一個原因是我們要能夠更好分辨我們所身處的世界。即是說，我們要能夠分辨到，這個世界同時是上帝的領域，但現在依是敵人的領域。因此，我們需要知道如何適當地描述這個世界。換言之，我們需要對眼前的實在世界作出具識別力的判斷。就如彼里斯島上的海軍陸戰隊新兵一樣，他們適應了一套真實的踐行後，自然會對其舊有的世界感到渾身不自在。

我們要對眼前的世界作出具識別力的判斷，而這判斷是一個建基於自由派的政治踐行的判斷。現代性的企劃就是要建立一羣相信自己不需要擁有故事——除了他們所選擇的那故事——的人，彷彿在他們選擇之前，他們並沒有任何故事一樣。諷刺地，那認為可以不靠故事——除了我們個別地已選擇的故事——而活的想法，也是一個故事，是我們本身沒有想過的。

一天晚上，在為大學新生而設的秋季宗教人生退修會（Religious Life Retreat）中，經過一段很長時間討論不同宗教之間的分別後，一位學生憤怒地說：「我最討厭你們這些基督徒的是你們時刻要嘗試使別人歸信。」

〔小組中有很多人予以認同。〕

「我認為你們不可騷擾別人。畢竟宗教是很個人的東西，是關乎你與上帝之間的關係。他人沒有權干涉你信甚麼。」

〔小組中其他人繼續予以認同。〕

但那位學生從哪裏得到「宗教是很個人的東西，是關乎你與上帝之間的關係」這個故事？她並非一出母腹就說：「宗教是很個人的東西，是關乎我與上帝之間的關係。」

必定有人告訴她，並**改變**（convert）她去接受這個頗愚蠢的想法。認知（knowing）不是自然而然、與生俱來的。基督徒嘗試改變人，叫人歸信，但基督徒並不是怪誕的。**所有人**在某種意義上都是歸信的主體（subject of conversion）。所有認知，包括「宗教是很個人的東西，是關乎你與上帝之間的關係」這個概念，都是從外在、在社會上衍生出來的。然而，她無法記起的是她在哪裏首次聽到，被改變並接受「宗教是很個人的東西，是關乎你與上帝之間的關係」這個觀念，這是實在令人驚訝的。

有些知識和踐行是這個文化所大大倡議的，是這個經濟體系所必須的，以致人似乎停止學習這些踐行。這些東西都似乎是生命那正常的、自然的事實。

美國人從哪裏得到這個故事：生命是屬於我們的，人可以構想自己喜歡的故事，並按著那故事而活？我們並不是自己把它想像出來。不，那故事透過我們的社會、周圍的環境而進入我們的生命中。我們無法靠自己脱離這種社會決定論。議題並非：「我是否將會按著從外面衍生出來、關於世界的説明而活嗎？」那問題是：「那個從外面衍生出來關於世界的説明——我們的生死都是依賴它的——到底是真的還是假的？」

關於自我製造的個體，現代的故事就是當我們使用**世界**這個詞時大部分人所理解的那個意思。當我們回想這個故事如何控制著我們時，我們就會記起，教會與世界的分割，並非在純粹的教會（pure church）與純粹的世界（pure world）

之間的分割。教會與世界的分割是發生在我們每一個人的靈魂裏，在每個基督徒羣體中。這正是我們需要成為教會一分子的原因——教會使我們在彼此的故事面前變得脆弱。藉著聆聽別人的故事，尤其是那些在現今經濟和政治秩序下非受惠者的故事，我們就會發現，世界如何堅固地成為我們的一部分。

基督教教育並不是發生於主日學裏。相反，要建立基督徒生命，最重要的是讓人參與不同的活動，藉此學習那些塑造其生命的習慣，雖然他們還未能指出它們要在塑造甚麼。這正是為甚麼侯活士認為，要幫助基督徒明白作基督徒的意義，最好的方法是教他們打棒球。每次把球掟出，人就學到如何把球接著。接球與把人封殺在一壘，是息息相關的，而「把人封殺在一壘」這個踐行，亦在進行棒球運動的整個模式與目的中起作用。這與人被建立而成基督徒的方法，是十分相似的。

因此，當我們對人說「不要説謊」，這是因為他們早已發現，自己是真理羣體的一分子，而這羣體已經學會怎樣不説謊。言說真理，不是甚麼偉大的個人成就；它是來自真實的羣體（truthful community）的禮物，使我們進入這個家庭，由此我們這些説謊者能夠述說真理。

活出真理

細想布殊（George Bush）提名湯馬斯（Clarence Thomas）

為最高法院的法官一事。當布殊說，湯馬斯是他所能找到的擔任最高法院法官的最佳人選，他可是向公眾說了一個很大的謊言。當然，我們全都知道這是謊言，但甚少人直斥其非。

布殊所應該說的是：美國依然受奴隸制度之苦，也因種族歧視所帶來的結果而深受其害，這成了我們的奴隸經驗的一部分。因此，任命非洲裔美國人為法官，讓他們能夠保護其他非洲裔美國人免受種族歧視（在我們社會中，依然是某地特有的），這是十分重要的。問題是，布殊並沒有告訴我們這一點；這並非因為他是可寬恕的（儘管他可能是），而是因為美國人不想知道真相。我們選擇我們的領袖時，我們都是根據當下我們所擁有的幻想，以及那些領袖是否承諾確認我們的幻想而作決定的。

然而，身為基督徒，我們相信，我們想要我們的領袖把真理告訴我們，因為假如欠缺了這樣的習慣，任何權威也是不可能的。沒有真理，基督教羣體就會滅亡。我們在《異類僑居者》（*Resident Aliens*）第六章（編按：即本書第一部第六章）提到亞拿尼亞和撒非喇的事件，我們所想要表達的正是這點。我們在那裏嘗試說明，我們對羣體最大的渴求，必須始於對真理的渴求，因為沒有真理，我們的羣體將會成為欺騙的危險領域——另一個我們需要防衛的對象，以致我們能坦誠地檢視自己的生命。

舉例來說，在幾年前，侯活士要到一間由南部浸信會（Southern Baptist）所支持的大學進行演說，那間大學還有一個商科學院。由於他們是南部浸信會的會友，他們希望其商科學院為「合乎倫理的」(ethical)。他們曾資助一個有關商業倫理學的年度講師職位(annual lectureship)，而侯活士要負責其中一次最初的演講。他把是次演講命名為「為甚麼商業倫理學是壞的概念」("Why Business Ethics is a Bad Idea")。他在演講中提出，大部分的商業倫理學課程都只是困境倫理學(quandary ethics)的形式，以處境為焦點，因而錯過了在我們眼前的真正道德挑戰。

在演講開始前，教職員、演講的資助者與侯活士一同享用了一頓愉快的、必須的晚餐。進餐的時候，商科學院的副院長告訴侯活士，她是市內一間教會的會友，那間教會已有六千至七千名會友，而每個星期日也會有一百至二百位新成員加入。在演講結束後，她發現是次演講十分悲觀——若非冷嘲熱諷的話。她提出，他們必定可以做某些事情，讓商科學院變得更合乎倫理的。侯活士說，他肯定覺得有些方法可以幫助商科學院，但他們必須在處理商科學院更早之前就開始做。他提議，在他們讓人加入她的教會前，他們必須要那位準會友先面對全會眾並公開申報他或她的收入。「我每年賺取三萬五千美元，我希望成為這間教會的一分子。」「我每年賺取十八萬五千美元，我希望成為這間教會的一分子。」「我每年賺取六萬五千美元，我希望成為這間教會的一分子。」她說他們沒法這樣做。他問：「為甚麼呢？」她回答說：「那是私事啊！」侯活士只能想到的是：**當我們需要基要派(fundamentalists)的時候，他們在哪**

裏呢？

看看亞拿尼亞和撒非喇的事件，初期教會似乎不知道公眾（public）與私人（private）之間的分別。初期教會清楚知道，假如你是富裕的人，你的得救就會遇到困難了。然而，因為作為基督徒的我們拒絕告訴別人我們賺到多少錢，我們就被詛咒而要孤獨生活——這孤獨是資本主義社會所固有的。問題的真相是，作為基督徒，我們今天寧可告訴人——假如我們真的要告訴別人——我們在睡房內幹了甚麼，也不想告訴人我們一年賺取多少錢。

當然，這正是為甚麼基督徒的婚姻在我們所居住的世界裏是這麼困難的。即使在基督徒的婚姻關係中，夫婦二人也像陌生人一樣，無法向對方言說真理。然而，基督徒相信，婚姻最重要的是真誠（truthfulness）。

然而，人往往在婚姻中最樂於說謊，正因為他們害怕會失去這刻的親密關係。他們知道，真理可以最快撲熄愛火。這正是基督徒強調，婚姻必須以更基本的踐行來維繫彼此的關係，而非單單豐富兩個人之間的人際關係。婚姻對作門徒是有幫助的。婚姻最終是重要的，只要它成為一個途徑，以支持我們每一個人的職事，包括生兒育女、幫助年青人歸信、保護老年人。我們認為，婚姻是讓基督徒真誠地與對方相處的地方，因為婚姻比他們的即時感覺更具決定性。

基督徒夫婦能否真誠地相處，這視乎婚姻有沒有脫離羣體。基督徒要在整個羣體面前給婚姻作見證，而羣體亦要使他們緊守所許下的承諾，那時連他們自己也不知道自己正在做甚麼。當你向另一人承諾要終生忠於對方時，你怎能知道自己正在做甚麼？但正正因為我們承諾要終生忠於對方，我們就可以把真相告訴對方，因為婚姻的結合比個人在任何時間的滿足感更具決定性。這樣，基督徒就可以歡喜快樂地結婚。

真理與非暴力（nonviolence）之間有密切的關係。基督徒說出真理，這是非暴力的，正正因為它拒絕讓謊言安穩地處於世上。我們再次發現，我們所想要的教會不會是教派／小眾主義者（sectarian）的，因為它必須關乎以福音來揭穿謊言，而謊言正是周遭社會的暴力背後的元兇。

侯活士引用其中一個例子以說明這點：我們應該為教會添置手槍嗎？我們不會在教會添置手槍，這是一個很有趣的習慣，但我們未曾留意到箇中的重要之處。有些神學生在北卡羅萊納州（North Carolina）西部的細小郊區的教會中服事。在這些山區裏，你永遠不會知道電單車黨會在甚麼時候來到，衝進教會，高聲喊著說：「我們要強姦你們所有人，並殺死你們！」

把一支AK-47步槍放在十字架下面的槍架上，這豈不是審慎的做法？牧者可以拿出槍來，把這些掠奪者殺掉，藉此展示牧者真是強者，而教會亦時刻作好準備，保護自己。

但對於把槍械放在十字架下面的這個做法，人會感到很反感。為甚麼？

是否因為我們相信教會有比槍械更利害的武器，足以抵擋世界的暴行？我們有這樣利害的武器，因為我們在教會裏有真實性的踐行（practices of truthfulness），那些踐行來自我們所學會的那種語言（例如：認罪），它有助我們維持和平的習慣（peaceable habits），足以抵擋世界的暴行。

訪問侯活士

阿歷山大（Alexander）：你注意到北美的教會身處於一個由消費者主導的市場環境裏。你說這是一個問題，因為「蒙召的教會已經成為志願的教會（voluntary church），其主要的特性是會眾是友善的」。會眾被視為願意邀請別人，願意接納和關心人——不掩蓋地——難道這些都不重要嗎？

侯活士：不！不！我不想上帝接受我的真貌。我想上帝改變我，使我變得完全。當然，教會正確地向人說：「我們想你們知道生命中的喜樂，知道敬拜上帝的意義是甚麼。」但是，你必須不斷改變，才能成為這個羣體的一分子，因為當你成為耶穌基督的教會的一分子後，你的生命就不再一樣了。你所有的渴望及忠誠都必須朝向對上帝的敬拜，其意思就是——例如——你不再是好的美國人了。你不會再相信教會和國旗可以輕易並存。而這也許會改變你與你朋友的關係。你也許無法繼續與某些人做朋友，因為他們的生命是敗壞的。

我不相信「你被接納」(you are accepted)這意識形態。這是我們一個逃避論斷自己所需要的方法，也是一個確保我們將會有膚淺的靈魂的方法。我不會接受人的真貌。就如馬克・吐溫(Mark Twain)所說:「你所能給予最差劣的意見，就是叫人做回自己。」

阿歷山大：你是否已見過有體現你的看法的會眾嗎？在這些會眾的生命中發生了甚麼事呢？

侯活士：我認為這樣的教會是由一位這樣的牧者所領導：他宣講上帝的話，施行聖禮，在某程度上假設了，若沒有上帝，一切也就無法理解。大部分討論教會增長的書籍，其問題是大部分所提出的策略，都是建基於無神論(atheism)的。這些技巧是有用的，無論人是否深深因上帝藉著拿撒勒人耶穌的復活所作之工，而在信仰裏被形塑。

我們要幫助教會重新發現：一羣人願意在生活中花時間單單敬拜上帝，這對這個世界是更具批判性的；有甚麼事比這一點更重要呢？……舉例來說，我曾遇上一位年輕牧者，他告訴我：「他們強迫我在教會綁上黃絲帶，我應該怎樣做？」我建議我們應該向有更多經驗的牧者尋求意見。這位有經驗的牧者說：「關乎黃絲帶的問題是，它作為基督教符號是含糊不清的，因它無法表達出基督徒所關注的東西。為甚麼我們不掛起十字架？」

對於教會所有遷就文化的情況，我認為教會依然創造出作見證的空間。當人敬拜上帝，上帝就會以不尋常的方式來使用我們。我的盼望最終不在於那遷就文化的教會，而是在於上帝——祂會使用那遷就文化的教會，使它可以為祂作見證，這是我們無法想像的。上帝總找到方法，迫使我們成為忠心的人。

阿歷山大：你寫道：「我們住在社會中……這社會由一個假設所構成：實在沒有甚麼東西是值得我們為之而死的。」你是在呼籲基督徒參與戰爭嗎？假若如此，是為了甚麼目的呢？

侯活士：我是在呼籲基督徒作戰——反對戰爭、反對那些建基於無神論的踐行，反對所有叫我們成為冷漠的邀請——只是我們不可在那些戰事中殺害任何人，因為這樣做的話，就有違我們作戰的原因。我們作戰，是為了讓上帝得著榮耀。在過程中，我們盼望其他人也會被吸引，要看看敬拜上帝是怎樣回事。這位上帝讓我們意識到，我們要參與在那歷險之中——我們稱之為「上帝國度」的歷險。韋利蒙和我在《異類僑居者》中所提過其中最重要的一點是，最能指出自由主義如何敗壞基督徒的是這個假設：我們可以生兒育女，而他們將不會因為我們的信仰而受若。這個假設正正讓人以為，沒有甚麼是值得人為之而生或死的。

阿歷山大：最近有很多討論，是關於家庭價值觀和家庭的重要性。你在《品格的羣體》（*Community of Character*）一書裏提及過，家庭是基督徒見證那首要的焦點。然而，你曾經宣講過一篇講章，題目為「和平之道：討厭母親」(“Hating Mothers as the Way to Peace”)。兩者是自相矛盾的嗎?

侯活士:我不認為家庭是基督徒見證那首要的場所(locus)。教會才是基督徒見證那首要的場所。而家庭首要的敵人就是教會。教會提醒人,他們的命途不是藉著延續家族來得以完成,而是透過一羣在不認識上帝的世界中委身於敬拜上帝的人。

你絕對可以肯定,基督徒不再相信,我們為上帝作的見證是真誠的,因為他們把家庭視為一個偶像。因此,我不是「支持家庭」的。但我的確認為,在現代社會,人承認他們要向其兒女負責任,這才是人所擁有那最具決定性的道德經驗。父母沒有選擇他們的兒女。兒女是禮物,而父母蒙召要活出一種生活方式,以讓兒女成為更好的人(相對於父母不這樣做的時候)。[7]

基督徒被內嵌於一套具革命性、顛覆性的踐行之中,但他們卻沒有注意到它們的重要性。單單指出基督徒是那些每個星期日都上教會的人,這或許是一個重要的踐行,比我們所知的更甚。基督徒有沒有不應在星期日做的事?早已沒有人這樣問,但我們認為我們必須再次正視這個問題。在這個世界裏,工作是人的價值所不能少的元素;在這個世界裏,我們大部分的鄰居都會認為星期日早上是到湖畔或除草的好時機;單單起牀、更衣、上教會,已成為某種非暴力的抗爭,是一種言說的方式:「我們想要不同的世界,有別於你所服事的那一個。」我們單單教導兒女說，我們要上教會，未能解釋其「深層意義」——這或許在政治層面上已具有巨大的含義。

「韋利蒙博士，你可以推薦一本說明長老宗（Presbyterian）信念的書籍嗎？」他問。

「你為甚麼以為我有這樣的書？」韋利蒙問。「這正是你們長老宗信徒的問題，你們總是在看書。你們應該像我們衞理公會信徒一樣，感到熱血沸騰。」

「噢，在大急流城（Grand Rapids），我們認識的人全都上教會。這也是我們在每個星期日早上都做的事。因此，當我來到這裏上大學，我繼續按這個習慣來生活。每個星期日，我都會起牀、更衣、上教會。但我發現，我是惟一離開宿舍的人。而且還有這些問題。」

「問題？」

「是的，問題。最初都是溫厚的。但近來，我兄弟會的一位組員，昨天責罵我說：『你以為自己上教會，就是與眾不同的嗎？我在上週末的派對中見到你。你不比我們好。你為甚麼要上教會？』

「因此，我需要一本書，好解釋我是誰和我在做甚麼。從來沒人要求我解釋身為長老宗信徒是甚麼意思。」他說。

韋利蒙說：「真好！杜克大學（Duke Univesity）甚至成功地讓長老宗信徒變得更有趣了！」

細微的、習以為常的、看似毫不重要的踐行——例如：上教會、不與非我們配偶的人進行性行為、不說含有種族歧視成分的笑話、言說真理——在現今的掙扎中有了新的含義。

又或想想教會年曆，想想為甚麼基督徒不應在教會慶祝感恩節（Thanksgiving）和母親節吧！我們不可以這樣慶祝，因為對我們而言，感恩節只是在聖餐上的，因此它不應該被任命為國家節日。即使到了今天，我們聽聞有聯合衞理公會的牧者，因拒絕聖誕老人在聖誕節前的星期日來教會，而遭辭退。就他的會眾而言，這似乎是一個荒謬的回應，會眾為了牧者討厭聖誕老人而如此小題大作。然而，就如那位牧者告訴我們：「回望那次紛爭，我認為他們以為我是在攻擊他們所信的一切東西（即使我沒有留意到）。假如那次事件不是引發其他問題，他們就不會這樣生我的氣了。」

我們需要一些擁有技能的牧者，他們能分析我們當下的踐行，質問這些踐行是服事哪一個社會秩序，並帶領我們進入特殊的基督教習慣。

註釋：

1. Ernst Troeltsch, *The Social Teachings of the Christian Churches,* vol.2, trans. Olive Wyon（London: Allen & Unwin, 1931）, 994.
2. John Milbank, *Theology and Social Theology: Beyond Secular Reason*（Oxford: Blackwell, 1990）, 111 ~ 121.
3. Douglas Sloan, *Faith and Knowledge: Mainline Protestantism and American Higher Education*（Louisville, KY: Westminster/John Knox Press, 1994）, xx.

4. George Marsden, *The Soul of The American University*（New York, NY: Oxford University Press, 1994）.
5. Thomas E. Ricks, "'New' Marines Illustrate Growing Gap Between Military and Society," in *The Wall Street Journal,* Thursday, July 27, 1995.
6. Alasdair MacIntyre, *After Virtue*（South Bend, IN: University of Notre Dame Press, 1984）, 187.
7. Interview of Stanley Hauerwas by Neil Alexander, *Cokesbury Good Books Catalog*（Fall/Winter 1992～1993）.

12
作門徒的操練
喜樂的異類

有些人對我們使用**異類僑居者**（resident aliens）一詞，感到受冒犯，恐怕我們是在以某種方式踐踏拉丁美洲裔的移民。這些觀察者的主要目的是要幫助新移民感到想要成為好的美國人。

對於新移民感到像新移民，我們並沒有問題。確實，我們聽過一位墨西哥裔的美國婦人，在感恩節前一天接受公共電台的訪問。她提到她抵達美國時的恐懼。這是一個完全陌生的地方。她擔心其兒女。在十一月，有一天，她的丈夫帶了一隻火雞回家，那是一隻巨大的火雞，是他的上司送給他的感恩節禮物。

「這東西很醜陋，而且非常屬白人的東西，」那婦人說。「我不會煮牠來吃的。」

「但這是美國人的東西啊！」她的丈夫說。「所有美國人都吃類似這樣的東西。這就是他們所說的『感恩節』。」

「但我不知道我們是否真的想成為美國人，」她說。「我認為我們要很小心。我們要看看這一切是甚麼意思。」

「這只是一隻火雞，」丈夫說。「吃火雞能帶來甚麼問題呢？」

「我煮熟了那火雞，」她說。「第二天，我們就像美國人一樣，全部圍著桌子，吃那巨大的火雞。我的丈夫吃了，兒女吃了，但我一點也沒有吃。」

這位婦人心裏知道，有些更重要的東西會因我們的飲食方式而受到危害。她清楚知道對這個新的文化要當心。最初只是吃火雞，再者吃其他東西，接下來你很快就會發現，你的兒子是在銀行界工作。

彼得前書以**客旅**（aliens；希臘文是"*paroikos*"和"*parpidamos*"）這個主要隱喻，來形容基督徒與周遭社羣秩序的關係。（我們要在此感謝福樂神學院〔Fuller Theological Seminary〕的沃夫〔Miroslav Volf〕，他提出了這個很好的洞見。）從二世紀開始，**客旅**就是基督徒自我理解的重點。重洗派（Anabaptists）、奧古斯丁（Augustine）、新生道夫（Zinzendorf）都採取這樣的理解；較近期的包括了潘霍華（Dietrich Bonhoeffer）的《追隨基督》（*The Cost of Discipleship*）、沃利斯（Jim Wallis）的《客旅》（*Sojourners*），以及史贊費羅（William Stringfellow）那振振有辭的《給基督徒和其他在陌生地的客旅的倫理》（*An Ethic for Christians and Other Aliens in a Strange Land*, 1973）。在《異類僑居者》（*Resident Aliens*；編按：即本書第一部）出版後，我們才驚訝地發現，原來我們沒有提到史贊費羅的著作。在再次翻閱那本書的過程中，叫我們感到羞愧的是我們發現，他在二十年前早已處理到這些課題。

亞伯拉罕離開他的本地及本族（創十二 1）。他的後代要「在埃及地也作過寄居的（aliens）」（利十九 34）。約翰福音說：耶穌「到自己的地方來，自己的人倒不接待他」（約一 11）。

無家可歸（homelessness）是我們這個世代的核心隱喻。我們把焦點放在無家可歸的困境上，是否因為這個社會把無家可歸的街頭露宿者視為失敗的記號，也因為我們在無家可歸者的身上也看見自己的形象？

天主教小說家柏西（Walker Percy）在其小說中，探討這種獨立的、有時絕望的，且往往被人誤解的「無家可歸」的意思。他在一篇廣為人知的文章中問道：

> 為甚麼人在普通的星期三下午，於一個美好的環境中（例如：新澤西州〔New Jersey〕的索迪山區〔Short Hills〕）會傾向感到不悅？為甚麼同一個人在不好的環境中（例如：在颶風中身處於奇勒高〔Key Largo〕的破舊酒店裏）會傾向感到很好？
>
> 為甚麼一個擁有一間漂亮的房子，有鍾愛的妻子和家人，有好的工作，其需要及渴望都得到滿足的人，在乘坐火車由拉克蒙特（Larchmont）前往紐約時，往往會不知何故地感到不悅？

> 為甚麼人在二十世紀所達到的美好生活是多麼差劣，以致惟有世界災難、暗殺、飛機失事、大屠殺等新聞，才能把人的視線從平常早上的悲傷轉移開去？
>
> 當人發現他的年代已經過去，但他又因未明白新世代的理論，以致他無法認識自己，一切都顛倒過來，在應該感到喜樂的時候卻感到難過，在應該感到難過的時間卻感到喜樂；那他可以做甚麼呢？[1]

最近，「X世代」（Generation X）的小說家柯普蘭（Douglas Coupland）質疑，這一代的人是否從來都沒有一個家，以致我們根本不能說他們是「迷失了」。在他的著作《仿效上帝的生命》（*Life After God*）中，其中一位角色與他的年青朋友談話，並說：

> 「我知道你們認為我的生命是一個笑話——是沒有出息的。但我很快樂。我並不像是迷失的。我們都是……中產階層，怎會迷失呢？迷失的意思是，你一開始時曾有信仰或某些東西，而中產階層是沒有這類東西的。因此，我們永遠不會迷失。那麼，若不是成為迷失的人，我們會成為怎樣的人呢？我們到底會是怎樣的人呢？史葛，你告訴我吧！」[2]

假如你要指控我們為社會學的實在（sociological realities）提供合理的神學證成，就這樣做吧！但我們認為，在千禧年完結時，北美有愈來愈多的基督徒會發現有些東西很不對勁，此乃是上帝所賜下的理想禮物；他們感到迷失，四處飄泊，飄浮在大量不確定、無家可歸之上。毫無疑問，彼得把初期基督徒指定為客旅、寄居的，此乃由於水禮把人推出主導秩序之外，這不是基於水禮的要求，而是因為主導秩序無法容忍那些接受水禮的人。任何無法在聖壇前下拜的人，都不獲接受的；而那壇印有這宣稱：所有的不寬容都必須被拒絕，除了對「我們必須平等地寬容所有宣稱」的不寬容。

克理索（Celsus）是在我們已有的記載中屬首批的評論家。在二世紀中，克理索指控基督徒因對古典哲學和藝術的憎恨，而高舉他們與具支配地位的希羅文化之間的分別。根據這位首先藐視基督教並有意要除去基督教的有識之士，基督徒是一羣怪異的人，因為他們喜歡作怪異的人。我們給克理索的駁斥是，基督徒與社會之間的距離，很大部分是取決於社會的。那獨特的社會，對於那些敬拜以色列和教會那又真又活的上帝的人，有多開放呢？基督徒與周遭社會之間的任何距離，並非源於我們對世界憎恨。畢竟，身為基督徒，我們受教導而知道，這個世界是上帝的創造，是屬於上帝的。我們所拒絕的世界是**我們的**世界，是我們所愛的世界；我們所拜的是這個世界的神明。身為基督徒，我們並不是與世界裏那些敗壞的鄰居保持距離，而是與我們心裏的世界保持距離。任何的距離都不是因為我們對世界的憎恨，而是因為我們愛上帝。

麥克魯（John S. McClure）在痛斥異類僑居者為教派／小眾主義式的修正主義（sectarian revisionism）後，繼而警告宣講者：假如要跟隨其他異類僑居者，那只會導致講道的內容愈來愈狹窄、排他，並且這宣講會：

> 邀請人抱著懷疑其周遭世界的心態而生活，並對福音信息在文化上所能完成的事，接納一個十分狹窄和獨特的定義……這個傾向會叫人產生恐懼、優越、偏見，甚至對世界的憎恨。[3]

熱心的文化遷就主義者時常認為，教會是「狹窄的」，而世界是「遼闊的」。

《異類僑居者》的作者並不是呼籲教會成為一個排他的教派／小眾（sect），自以為義地聚集一起去審判世界。相反，他們呼籲教會回復它原來的樣子——「來自天上的僑居地」（colony of heaven），挑戰它所愛的世界，並願意為世界而死，卻不會迎合這個世界。

我們實際上可以盼望這樣的教會可從現有的教會中破繭而出嗎？最近，多倫多（Toronto）一間教

> 會正在物色新的傳道人（minister）。但它首先定立了一份使命聲明——宣言（manifesto）——一個目的。其中一項如下：「我們想要一位領袖，他必須敢於挑戰我們去認真看待隨福音而來的危機。」
>
> 那樣的教會或會是被釘十字架的教會，但它絕不會是了無生氣的教會。[4]
>
> 《多倫多之星》（*The Toronto Star*，22/06/1991）

當韋利蒙（William H. Willimon）在澳洲——在此處那些被認定為基督徒的人佔全國人口不足百分之二十——的時候，那裏曾有一則新聞報導，提及悉尼（Sydney）一間五旬宗教會（pentecostal church）在一個月內已第二次被人惡意破壞。較早的時候，有人放火焚燒教會；而這一次則有人打破教會的窗子，用滅火喉向內射水，破壞建築物內的東西。教會位於一個小小的商業中心裏，因此當破壞者向教會灌水時，鄰近的商店也受到影響。

教會旁的花店店主投訴說：「當我租這個鋪位時，從沒有人告訴我，店旁是一間教會。我對於在教會旁邊經營生意，我真的感到頗不高興。上次是火災，今次就是這樣子。一個受尊重的行業，如我的生意，無法在這裏經營。我所有的貨物都損壞了。」

記者問一位警方發言人：「你認為這是反宗教的暴行嗎？」

「反宗教？不。這是教會。」警員說。

「但是一個月內發生了兩次事故。難道這不像某事在發生，如有人嘗試要對教會說些甚麼嗎？」

「不。這只是兩次隨意的惡意破壞事件。」警員說。

那叫我們留下深刻印象的是，假如這些破壞事件是發生在清真寺、猶太人會堂或非洲裔美國人的教會中，**所有人**都會稱之為種族歧視或反宗教的暴行，因為這些羣體明顯地有別於那具支配地位的秩序，並且定期因那些原因而受到攻擊。迄今為止，我們無法察覺到，教會與清真寺的處境愈來愈相似。

悉尼警方拒絕承認這是反基督教的暴行，這亦是十分有趣的。平心而論，或許警方很不習慣這樣的教會：它是這樣的有趣，其信息與生命是如此清晰，以致周遭的文化清楚知道它是一個威脅！無論是在悉尼或其他地方，焚燒教會或向教會灌水，都應當被視為世界對教會的使命的確認！

我們住在美好的時代裏。身處在文化上混亂和社會完全崩潰（為人所熟知的如洛杉磯市中心〔downtown LA〕）的時代中，基督教信仰一直都發展不錯。水禮指出我們與上帝的疏離、異化，也同時鼓勵我們擁抱新的文化和羣體（教會）；它給我們一些東西，是值得我們為之而與世界疏遠，並幫助我們享受做怪人。

身為異類，我們不是要讓世界變得更差，好讓教會重拾它的表裏一致/整全性（integrity）。即使我們沒有叫世界變得更差，世界本身已經夠敗壞了。確實，我們察覺到，假如教會恰當地是異類的，世界裏的美善也可以出現於教會。

身為基督徒，我們所敬拜的上帝是在世界裏的，當我們發現教會以外的人及其踐行，比教會內的更為忠心，我們不應感到驚訝。

基督徒不需要讓世界變得更差，好讓我們重拾我們的表裏一致/整全性。相反，我們一切所要做的，就是成為上帝所創造我們的樣式；因為身為基督徒，我們已受造而成為故事的一部分，除非我們體現這個故事，否則世界就無法知道這故事。除非基督徒作見證，否則世界無法知道上帝早已選擇藉著猶太人來救贖世界。

基督徒最初並不是蒙召要成為異類。耶穌呼召我們「在耶路撒冷、猶太全地，和撒瑪利亞，直到地極」（徒一8；譯按：原書誤作「路一8」）成為**見證人**（witnesses）。「見證人」一詞的希臘文，與**殉道者**（martyr）一詞是同字根的，這是十分有趣的，而又是意義重大的。耶穌沒有呼召我們躲在防護屏後面，而是吩咐我們：「你們要去，使萬民作我的門徒⋯⋯給他們施洗⋯⋯教訓他們遵守」（太二十八19）。

然而，作為見證人，教會要宣告一些比世界的宣稱更為有趣的信息；這是很重要的。我們要信賴世界，因為在某程度上它會漠視我們，這是由於我們沒有甚麼可宣告，以致世界在別處也聽不到我們的信息。當教會成為扶輪會（Rotary），它就必告失敗，因為扶輪會只在最恰當的時間內聚會，並提供午餐！

即使在新約聖經最具排他性的書卷中，我們都是蒙召要「在外邦人中，應當品行端正⋯⋯〔他們〕因看見你們的好行為，便在鑒察的日子歸榮耀給上帝」(彼前二12)。我們對教會情況的擔憂，不只是關注內部的健康情況。我們的關注源於我們對作見證人的委身。教會不是為了自己而存在，而是為了拯救世界；教會存在，就是要「宣揚那召你們出黑暗入奇妙光明者的美德」(彼前二9)。因此，問題並非：「我們**應否**在這個世界裏過著基督徒的生活？」因為我們是沒有選擇的。反而，問題是：「上帝既然以耶穌基督的身分來到這個世界，我們**應該**如何生活？」這個問題不單關乎教會的存亡，也關乎宣教、傳福音的含義。

我們其中一名學生受到一個教派／小眾——謠傳在校園中活動——所影響。他的父母致電韋利蒙，急於要拯救他們的兒子脫離這個苛求的分離派小組的支配。這個小組完全主宰了這位年輕人的生命。

當韋利蒙與這名學生見面時，他們談到他在小組裏的經歷。當韋利蒙問他時，他便告訴韋利蒙，他在中西部(Midwest)的信義宗教會(Lutheran church)中成長，而他的父母一直都是教會中的活躍分子。

「我必須要問，那你怎麼會參與這個奇怪的邊緣小組？」韋利蒙問。

「一切都是由我探訪他們的首個星期日開始的。當我步入他們的教會時，我看見有黑人、白人，以及不同種族的人。你可以感受到愛。我們的教會一直向我**宣講**這種愛的團契，但在我走進那個小組之前，我從沒見過這樣的團契。我對自己說：『這就是我一直時刻聽聞，卻在此以前從未親眼得見的教會。』」

韋利蒙等了一會，才繼續問他其他問題。

如此，我們也來到關於操練（discipline）的問題。

教會增長的古舊方式

教會要成為一個受操練的羣體，這是甚麼意思呢？現在我們要把我們對教會的描述，與大部分教會增長運動（church-growth movement）所提供的描述並列在一起。有一個關於佐敦（Clarence Jordan）的精彩故事。他探訪過一間位於南部腹地（Deep South）的教會，它融合了不同種族的人士。這間教會是相當大型的，但卻是徹底地融合，不單黑人和白人之間融洽相處，富有的人與貧窮的人也是一樣，這令佐敦大感驚訝。他問年長的山區牧者：「你是如何令教會變成這個樣子的？」

「甚麼樣子？」牧者反問。佐敦繼續解釋，對不同的人在一間教會內竟可以如融合，而且是一間位於南部的教會，他感到很驚訝。牧者說：「噢，當我們的牧者離開這小小的教會時，我對眾執事說：『讓我作牧者吧！』成為牧者後的首個星期日，我翻開聖經，並讀出：『你們受洗歸入基督的都是披戴基督了。並不分猶太人、希臘人，自主的、為奴的，或男或女，因為你們在基督耶穌裏都成為一了。』

「接著，我說：『假如你們與基督耶穌成為一，你們就要與所有種類的人成為一。假如你們做不到，你們就是沒有與基督耶穌裏成為一了。』」佐敦問之後發生了甚麼事。

「噢，」牧者說。「眾執事叫我進入內室，並告訴我他們不想再聽到類似的講道。」佐敦問他有何回應。「我辭退了那些執事，」牧者吼著說。

「那接下來呢？」佐敦問。

「噢，」年長的山區講道者說。「我在那教會講道，最後它只剩下四人。但不久之後，它變得愈來愈大。而我亦發現，有時候，復興不是意指使更多人來到，而是趕走那些不愛耶穌的人。」

我們承認這一點；我們都是衞理公會（Methodists）的信徒。衞理公會在歷史上一直強調傳福音是建立具操練的羣體的方法，而不是教會增長的方案。

畢竟，衞理公會是一個運動，意外地成為了一間教會。衞斯理（John Wesley）從沒想過要在英國聖公會（Church of England）以外創立另一個宗派，他只想在英國聖公會內推動一個具操練的運動，以在英國聖公會內進行改革。這正是為甚麼衞理公會在教會上從未感到舒適。我們既非明確地屬新教的，亦非明確地屬天主教的。因此，惟有成為一羣渴望透過遇上其他受基督操練的人、並與之合一的人，衞理公會才會有意義的。

我們的同工哈辛勒得（Richard Heizenrater）在其《衞斯理與衞理公會信徒》（*Wesley and the People Called Methodists*）一書中便精彩地清楚說明這一點。在十八世紀，衞理公會是一個非比尋常的聯合體，包含那些願意向英國的「下層社會」宣講的人。同樣重要的是它把他們組成不同的「班級」(Classes)。這些「班級」的出現，是基於衛理公會要籌款，以付清建立衛理公會聚會地方所需的欠款。曾經有人提議，在被稱為衛理公會的團體(Methodist Society)中，所有成員每星期要捐出一便士——這個做法早已在鑄造業團體(Foundry Society)內執行過——為要幫助貧窮人。但是，有人反對這個建議，認為不是所有團體中的成員都能負擔這個開支。因此，科爾(Captain Foy)建議把衛理公會團體分為一些十二人小組，每個組長要負責每星期交出十二便士，假如無法籌得足夠款項，組長就要自己支付不夠的金額。他自願把十一位最貧窮的人納入他的小組。[5]

於是，衛理公會便開始成為具操練、互相幫助和扶貧的羣體。它的成聖觀(sanctification)和完全觀(perfection)，乃是建基於其在這些班級中的拯救論(soteriology)，透過這些班級，衛理公會信徒使彼此的生命互為脆弱的，以致他們能達至完全。這正是衛理公會，尤其是衛斯理，時刻所強調的，他們的主張與傳統基督教所持守的沒有分別。相反，他們所追求的是發現那些讓人成為基督徒、大家可以共同持守的踐行。實際上，十八世紀的衛理公會好比那時代的黑人穆斯林(Black Muslims)。他們立約承諾過具操練的生活，無論是在其神學語言上，還是在與該語言相稱的踐行上，都要成為一羣不會單單因為他們是貧窮的，而被迫過著墮落的生活的人。

有關加入衛理公會團體的考查程序，衛斯理在其法規編纂（codification）中清楚說明，會友要遵從以下的規例：「如欲成為團體的一分子，人只需要顯示出一個狀況：『渴望脫離那將要來的烈怒，想要從罪裏得拯救』。然而，對於那些想繼續留在團體中的人，他們必須『證明他們亟欲得拯救。首先，不可作惡……其次，要有善行……第三，要完全依從上帝的命令。』」[6] 這些規例全部附以具體例子。這些例子都是採用了衞斯理其逐人出團體的經驗。舉例來說，被逐的包括：兩人因為咒罵別人和說粗話，兩人經常不守安息日，十七人酗酒，兩人賣烈酒，三人爭吵及喧嚷，一人虐打妻子，三人規常地刻意說謊、說抱怨及惡毒的話語，一人游手好閒及懶惰，以及二十九人對信仰漫不經心。

衞理公會的信徒人數不斷增長。這是因為它藉著拯救人脫離十八世紀英國社會那普遍習慣的墮落，從而提供拯救。當然，衞理公會除了作反省外，他們同樣反抗他們所身處的社會。但我們要說的是，這些人內嵌於上帝的拯救之中，因為他們得著新的生活方式，以致他們得著拯救，得以脫離社會秩序加在他們身上的期望。

就如哈辛勒得所指出，衞斯理嘗試藉著傳遞聖經有關聖潔的信息而改革教會，但最諷刺的是，它竟然導致衞理公會信徒加強其對身分的自我意識，亦因而增加了要脫離英國聖公會的壓力。[7] 這個分離在美國人的處境中，變得尤其有力，因衞理公會以其自身為結果。結果，衞理公會成為新教教派（schism）的一員，它藉著以其自身為結果，而不是具操練的嘗試，為要建立一羣聖潔的、渴望彼此合一的人，從而展示了其不忠心的一面。

衞理公會與異類生活的其他形式在傳統裏都有資源，藉著提供技能讓我們對抗我們這世代的權力，從而可以呼籲我們回到忠心的生活。這些資源都是最簡單不過的東西，例如再次學習如何藉著列舉罪而認罪。作為一羣認識到我們現在的模樣是由過去的忠誠所塑造的人，透過一些簡單的行動如學習聯合起來及同心認信，我們就可以得著這些資源。

我信上帝，全能的父，
創造天地的主；
我信耶穌基督，上帝的獨生子，我們的主；
因著聖靈成孕，
由童女馬利亞所生，
在本丟彼拉多手下受難，
被釘於十字架上，死了，葬了；
下到陰間；
第三天從死裏復活；
祂升天，
坐在全能父上帝的右邊；
將來必從那裏降臨，審判活人死人。
我信聖靈；
神聖大公教會；
聖徒相通；
罪得赦免；

身體復活；

並且永生。阿們。

（編按：《使徒信經》中譯參《歷代基督教信條》，三版〔香港：基督教文藝，1986〕，頁20～21。）

當我們宣認類似的信經（creeds），我們就成為那跨越多個世紀的教會踐行的一部分，與昔日的聖徒和那些在我們當中的聖徒合一，為了一同對抗這個世界的力量。信經不只是「信念宣言」（statements of belief）。相反，我們透過學習言說這言語，從中得著對抗世界的資源。這正是為甚麼異類僑居者拒絕把教義脫離生活，卻確實相信一羣正確地知道如何宣認耶穌基督為我們的主的人，也是一羣會因要向彼此及向世界言說真理而感到擔憂的人。當然，這樣的人必須被謙卑及盼望的德性所支配，因為我們知道，真理不是屬於我們的。謙卑不是虛偽的謙遜，而是有自信——這個自信是因為我們知道，透過主內弟兄姊妹所給予的照料，我們已經被造而成為一個更為出色的人，比我們自己所能成為的更出色。

雖然教會有著遷就別人的本性，但我們仍然發現教會具有大能力。舉例來說，侯活士（Stanley Hauerwas）輪廓分明地記得他的教會所經歷過的一個奇妙星期日。那是「平信徒主日」（Lay Sunday）。侯活士看不起平信徒主日，因為那是神職人員的、高傲的崇拜。但在那個星期日，在崇拜中的一部分，有三位平信徒作見證分享。首先是一位年輕母親，是一名實習醫生的妻子，她有三個小孩。她在亞拉巴馬（Alabama）的羅馬天主教會中成長，如今她已是衞理公會的會友。她分享說，她的生活主要是藉著教導孩子聖經故事，帶他們上教會，提醒他們已經接受了水禮，並幫助他們明白成為基督身體的一員是甚麼意思，從而養育兒女，使他們成為教會的一分子。她說：「我知道這並非甚麼大不了的事情，但在這一刻，我相信這是上帝要我做的事。」

接下來分享的是一位年輕男士，他不是一位特別卓越的人。他是在國家機構內工作。他分享說，他必須要上教會，因為他需要有人提醒他：基督徒不應說謊。他需要這種提醒，他說這是由於他每一天的工作都會聽到很多謊言；要拒絕試探，不與這些人同流合污，這是非常艱難的。因此，他每個星期日也上教會，盼望可以更新其言詞，以致他將不會工作時說謊。這樣做或許無法幫助他獲得晉升，但他寧可成為基督徒。

最後，會眾中一位年長的寡婦分享說，對她而言，基督教與縫棉被（quilting；編按：或譯「縫百家布」）有密切的關係。她描述在第二次世界大戰時，她如何在海軍擔任譯解密碼員，專門破解日本海軍的密碼。她說，在那段日子，她從來沒有認真地想過他們是在與誰作戰。然而，她現在是管理一個國際縫棉被聚會的人，她的聚會每年也會吸引附近大學的畢業生配偶來應徵。在過程中，她曾經遇過幾位年輕的日本女子，她們很想學習縫棉被的技巧，而透過她們，她已找到日本的基督教。在過程中，她已明白到，在日本投下原子彈，對我們所具有的意思，實在是很可怕的。

她繼續說，即使她縫棉被的工作看似算不得甚麼，但這也可以是一種聯繫世界各地基督徒的方法。雖然有點可笑，但她留意到，縫棉被的工人認為他們要做點甚麼去提出那個委身。因此，個別縫棉被的團體鼓勵其會員縫製三寸乘五寸的棉被，並前往華盛頓，用他們的棉被圍繞著五角大樓（Pentagon）。這就是她以基督徒身分貢獻世界的方式。而侯活士所能夠想到的只是：「耶穌，感謝祢！」因為祂提醒我們，雖然我們與死亡十分相近，但祂還是從我們當中興起生命。

今天，我們需要的是使這些人的生命成為我們班級的中心的方法——以致我們可以成為一羣具操練的人，能向彼此承擔責任，以致我們把福音的正直（honesty）和謙卑獻給世界。成為持重的、具操練的人，與一位能夠認信，並說「我信上帝，全能的父」的人，有著密切的關係。基督徒的道德並不是一個從我們認信的踐行中抽離的道德，因為我們應過著聖潔的生活，並能夠作出這樣的認信。

我們所追求的不是要成為一大羣人，卻要成為真實（true）的人。假如我們是真實的羣體，我們相信我們將會吸引更多人。但是，上帝不需要很多人，才能顯露祂的國度——因為最終的重點不是關於我們，而是關於上帝自己。是的，因此，我們想要分享這個好信息，告訴人上帝為了拯救我們而已做了甚麼事。

對於侯活士以無意扭曲了的上帝國憑證（kingdomof-God credentials），與教會對政治民主制度的支持混為一談，人或會予以寬容，但卻會問上帝統治（theonomy）是否仍是基督徒羣體惟一的政治選擇。很多支持民主制度的福音派人士不會把上帝國與民主制度混為一談，但他們會歡迎上帝國對政府角色的限制，以及它對宗教自由與其他超越國家限定的人權基礎的強調。

對於侯活士的觀點，人所錯過的是他清楚地指出，基督徒為甚麼要負責任地在兩個羣體中生活。他拒絕在社會上從公眾領域中抽離，並主張要有選擇性地服事，他強調要分先後次序。但是，甚麼東西會推動那些遵從登山寶訓的基督徒，使他們超越人際之間的關注，進到大眾共享的公共關注？而真理，就是普遍地有效的真理，豈不是與饒恕、盼望、和平一樣，都是教會作公共參與的基本關注？無論如何，教會都受吩咐要向公眾傳福音。在侯活士的觀點中，甚麼是給教會作公共參與的命令呢？假如選擇性服事是關乎世俗的審慎，藉著基督徒的價值觀作甄別，那麼公共參與及上帝國的來臨之間又有甚麼關係呢？公共參與是任意選擇的嗎？或是基督徒應該按他們的能力及勝任程度來參與？若是如此，為甚麼呢？

正是由於基督徒羣體是真正的教會，它需要被提醒：它不可躲藏起來，不向世界作鹽作光。我

> 認為，教會要警告世界，法律和公義那終極的基礎與其作定義的資源，乃在於那位自我啟示的上帝其超越的旨意；教會要向世界宣告那普遍的標準，就是基督再來的時候，用來審判世人和國家的標準；教會要鼓勵社會去按上帝的命令——它們會威脅到那些不知悔改的人——帶著期盼地作自我判斷；教會也要按其本身的身分，示範出其對教會和歷史之主的忠心順服所含有的意思；教會也要向世界展示，服事又真又活的上帝會有甚麼賞賜。[8]
>
> 亨利（Carl F. Henry）

對我們而言，傳福音就是把一羣人帶進基督教的操練之中，以拯救他們脱離世界。這不是説要呼召他們脱離世上的服事，雖然有些世上的服事將會變得很困難。反而，這意味著，他們將會有所須的操練，足以使他們在世上成為基督徒，這就是我們對世界的服事。

想想操練與友誼的關係。受操練，就意味著要使我們的生命易受朋友的傷害。即是説，我們需要一些願意告訴我們關於我們本身的真相的朋友。侯活士常常一有機會就會告訴別人他是和平主義者（pacifist），因為他顯然是一位來自德州、十分暴力的人。他建立別人對他的期望，而藉這些期望，他就能夠持續地忠於他所認為是真的事情——雖然他有時候會很厭惡別人對和平主義所引發的事的理解。成為和平主義者的一個方法，就是出去告訴所有人，你是和平主義者。這樣，在隨後而來的爭論與挑戰中，你將會成為你所承認的那個人。你開始酷似你的論點。

換言之，基督徒生活就是藉著水禮，把自己置於其他人的生命處境中，以致可以使我們可以成為更出色的人，比單憑自己所做到的好得多。操練就是這樣的一種脆弱性。操練，意味著藉著被加進一些基督教的習慣，把某些選擇完全從生命中剔除，而這些習慣會反映出那些選擇為不切實際的。因此，基督徒不會受姦淫或自殺試探，因為那些都不是我們的選擇。我們會選用那些詞彙來標出一些不會在教會內發生的決定。當然，它們還是會發生的，而那正是為甚麼我們對有方法讓我們可具辨別力地回應這些事件而感到高興。

務要記住，我們這些異類僑居者是在作戰中的。假如你正在作戰，你需要成為一羣具操練的人的一員，他們可以支持你作戰。換言之，你必須經過軍事訓練，藉著學習嶄新的語言，來訓練你的注意力，就如海軍陸戰隊會教你說出時間的方法一樣。因此，你將會有方法幫助世界，讓它知道它是世界，因為你說出時間的方式與世界的方式不再一樣。

操練不是某些像操練意志力的東西，要我們做一些我們不想做的事情。相反，操練就是要得到一些習慣，藉此我們只會做那些我們樂意去做的事情。基督徒的操練讓我們得著喜樂，因為透過操練，我們得著能力——若非如此，我們將不能得著它的。

《多樂》訪問韋利蒙和侯活士[9]

多樂(The Door):在這個文化中，成為一位「異類僑居者」是甚麼意思？

韋利蒙：其意思是，福音是怪異的東西；假如你相信福音，那你就是怪異的人。假如你相信福音，你就會發現自己與這個社會最被人普遍持守的、最為人深深肯定的價值觀發生衝突。我記得沃利斯(Jim Wallis；《客旅雜誌》〔*Sojourners Magazine*〕的編輯)所說關於他童年時的故事。他的父母是基要派信徒(fundamentalists)，他們不想他去看電影。在他成為青少年後一段時期，他不斷從電影指南中尋找合適的電影，以嘗試改變父母的心態。他邀請其教會青少年小組的一位姊妹，與他一同看《仙樂飄飄處處聞》(*The Sound of Music*)。他把此事告訴父母，他們沒有說甚麼。他以為他勝利在望了。但當他準備出發與這位姊妹看《仙樂飄飄處處聞》時，他的父親站在門口，流著淚說：「請不要這樣做。這違反了我們的信仰。」沃利斯最後也去了看電影。在他腦海所堅持的是，整個電影業是怎樣可笑，尤其是考慮到現今的情況。他相信，在門的另一邊真的有些東西存在。「異類僑居者」是一些站在文化大門口的人。假如我們不這樣做，我們就會漸漸被侵蝕，到一天醒來的時間，你或許已經身處共和黨國家會議(Republican National Convention)裏。侯活士與我一樣，都相信福音的特性。身處於大學校園裏，我不斷地感到驚訝，基督徒最簡單細微的日常習慣，也會被視為徹底的和怪異的。

多樂：根據你剛才所說的話和你們在書裏所寫的東西，似乎你們在說，教會應該放棄透過政府來影響社會。

韋利蒙：我們要說的是，當你與政府合作時，你應該像豪豬做愛一樣，要十分小心……

多樂：有人批評，你們的著作主張教會應該放棄透過政府來影響社會，這是不負社會責任的說法。

韋利蒙：政客最喜歡「責任」（responsibility）等詞彙。但當你以政治責任為名而接受海灣戰爭（Gulf War）後，一切也變得容易接受了。我們是教會，或許在與伊拉克（Iraq）的戰事中，我們所能做最「負責任」的行動是應該說：「這是由暴君統治的國家。我們今年應該要以這地為傳福音的重要地點，因此，我們要差派一千名宣教士前往伊拉克。」那就會出色地把一切事情弄糟了。政府將會說：「那些可惡的宣教士四處傳福音，我們怎樣轟炸伊拉克？」而我們就會說：「那是你的問題。但假如你傷及其中一位宣教士，你就要付上高昂的代價。」這就是從教會的立場而來的政治責任。

多樂：教會要政蔑視府嗎？

韋利蒙：教會不會明白政府。一位黑人婦女對克林頓總統（President Clinton）說：「請為我們救救黑人男子。」他說他會盡力去做。救救黑人男子？他要怎樣做啊？他有方案做到這一點嗎？我們不明白這是甚麼回事——凱撒大帝（Caesar）下到貧民區，並說：「各位，沒事的。我們已使你們受到控制。我現在要上到華盛頓（Washington）的白宮，要為你們預備一下。」這正是我們不明白的東西。這正是我們不想參與的東西。

多樂：你不想基督徒參與政治。

侯活士：基督徒參與政治並沒有問題，只要他們是以基督徒的身分參與的。

多樂：你現在好像法威爾（Jerry Falwell）。

侯活士：我很喜歡法威爾的言論。真的。只是對美國而言，他好像一個偶像崇拜者一樣。他只是對「甚麼是基督徒政治家」有些誤解，但除此之外，他也有些好的意見……我對華盛頓的感覺就如對梵蒂岡（Vatican）的感覺一樣。嘗試不理會它。總有一天，它自己會倒下。

多樂：這聽來很沮喪呢！

侯活士：你應該感到沮喪的。

侯活士：我在紐約（New York）的一個晚宴上發表演說。柯奇（Ed Koch）也在那裏，而我坐在紐約聖公會主教的旁邊……主教告訴我，柯奇致電給他，問他位於曼克頓區（Manhattan）的每一間聖公會，可否每天晚上都接待七位無家可歸的人。〔主教〕回答說：「市長，我肯定無法為你這樣做。這樣做只會解除你的責任；為無家可歸者提供公眾住所，那可是市長你的責任。我們不會替你解除難題的。」我告訴〔主教〕，他忽略了耶穌藉著市長柯奇所說的話：基督徒有責任接待人，而市長柯奇只是嘗試提醒〔主教〕這一點。我告訴主教，他向市長說「不」的真正原因，或許是因為曼克頓區大部分的聖公會都不願意在晚上接待無家可歸者。

多樂：為甚麼你感到，你不是主教所喜歡的人之一？

侯活士：他轉過背來，整個晚上都沒有和我說話。

多樂：那教會和耶穌呢？我們看見很多教會都為到很多社會問題負上責任，但教會的屬靈生命又怎樣呢？他們與耶穌的關係是怎樣的？我們從未聽過你們提到這個問題。

韋利蒙：關於耶穌的問題，已再次成為有趣的問題。當傳道人拿著公事包和日程表四處奔波時，人與耶穌之間的親密便是十分適切的問題。無數平信徒曾經對我說：「我們想要一位屬靈領袖。」我問他們的意思是甚麼，他們亦很直接地告訴我。他們對傳道人只會談論天氣和體育消息，感到十分厭倦。在你得知患上癌症後，你的傳道人來探望你，只會花十分鐘問候你，然後就會離去，這令他們感到很挫敗。人想要一位會談論上帝的傳道人，一位喜歡談論上帝的傳道人。

侯活士：幾年前我也曾患病，一位傳道人來探望我，並很友善地對我說：「今天怎麼樣？」

多樂：噢！

侯活士：我捉著他，並說：「我痛得要死，假如你現在不為我祈禱，就立刻滾吧！」我需要一位有力的人，準備好為我支取上帝的力量。〔假如我是在醫院裏，〕我不需要那些「只有一丁點兒時間」、完全不知道他為甚麼要來的人。今天有很多傳道人犯姦淫，因為他們很孤單。他們需要感到一些能力。姦淫是一種能力。只要傳道人不肯相信上帝，姦淫這流行病會繼續下去。上帝可以轉化人的生命。聖餐是最充滿能力的東西，是任何人都能做到的。聖餐給傳道人充權。假如你呼求上帝，上帝會在那裏，而且將會令你嚇得要死。

註釋：

1. Walker Percy, *The Message in the Bottle*（New York, NY: Farrar, Straus, and Giroux, 1975）, 3～8.
2. Douglas Coupland, *Life After God*（New York, NY: Pocket Books, 1994）, 305.
3. John S. McClure, *The Four Codes of Preaching*（Philadelphia, PA: Fortress Press, 1991）, 165.
4. 埃利奧特（Clifford Elliot）是多倫多（Toronto）布魯爾街聯合教會（Bloor Street United Church）的榮休牧師，他為《多倫多之星》撰寫那篇專文。
5. Richard Heitzenrater, *Wesley and the People Called Methodists*（Nashville, TN: Abingdon Press, 1995）, 192.
6. Heitzenrater, *Wesley and the People Called Methodists*, 138.
7. Heitzenrater, *Wesley and the People Called Methodists*, 321.
8. Carl F. H. Henry, "The Church in the World or the World in the Church," *Journal of the Evangelical Theological Society* 34, 3（1991）: 381～383.
9. "Interview." *The Door*（May/June 1993）: 249～264.